Die heimlichen Spielregeln der Karriere

Jürgen Lürssen war 17 Jahre als Marketingmanager und Geschäftsführer bei mehreren großen Konzernen tätig. Seit 1999 ist er Professor für Marketing an der FH Lüneburg.

Jürgen Lürssen

Die heimlichen
Spielregeln der Karriere

Wie Sie die ungeschriebenen Gesetze
am Arbeitsplatz für Ihren Erfolg nutzen

Campus Verlag
Frankfurt/New York

Die Deutsche Bibliothek – CIP-Einheitsaufnahme

Ein Titeldatensatz für die Publikation ist bei
Der Deutschen Bibliothek erhältlich
ISBN 3-593-36717-3

2. Auflage 2002

Das Werk einschließlich aller seiner Teile ist urheberrechtlich geschützt.
Jede Verwertung ist ohne Zustimmung des Verlags unzulässig. Das gilt insbesondere
für Vervielfältigungen, Übersetzungen, Mikroverfilmungen und die Einspeicherung
und Verarbeitung in elektronischen Systemen.
Copyright © 2001 Campus Verlag GmbH, Frankfurt/Main
Umschlaggestaltung: Guido Klütsch, Köln
Umschlagmotiv: © Image Bank, Frankfurt
Satz: Fotosatz L. Huhn, Maintal-Bischofsheim
Druck und Bindung: Media-Print, Paderborn
Gedruckt auf säurefreiem und chlorfrei gebleichtem Papier.
Printed in Germany

Besuchen Sie uns im Internet: www.campus.de

Inhalt

Einleitung 9

1. Warum die heimlichen Spielregeln so wichtig für Ihre Karriere sind 13

Erfolg im Management heißt Ziele durchsetzen 13
Büropolitik: Macht und Machtkämpfe 17
Eigenschaften der Macht 20
Nicht-fachliche Kompetenzen als Schlüssel zum Erfolg . 24
Einfluss und Führung 26
Büropolitik: ein schmutziges Geschäft? 27

2. Das kleine Einmaleins der Büropolitik 30

Politisch denken und handeln 30
Grundlagen der Macht: Worauf beruht der Einfluss eines
Managers? 40
Methoden der Einflussnahme 49
Wie Sie Ziele durchsetzen: der Managementprozess aus
büropolitischer Sicht 54
Das sollten Sie mitbringen 57

3. Wie Sie ein gutes Verhältnis zu Ihrem Chef aufbauen . . . 60

Lernen Sie, Ihren Chef zu verstehen 62
Wie Sie optimal mit Ihrem Chef zusammenarbeiten . . . 66
Suchen Sie persönlichen Kontakt zu Ihrem Chef 72

6 *Die heimlichen Spielregeln der Karriere*

Wie Sie Ihren Chef über Probleme informieren 76
Übernehmen Sie die Verantwortung für Ihre Fehler . . . 77
Wie Sie mit Kritik Ihres Chefs richtig umgehen 80

4. So werden Sie mit schwierigen Vorgesetzten fertig 84

Der Überforderte 86
Der Machtlose 87
Der Delegationsunfähige 88
Der Tyrann 89
Der sich mit fremden Federn schmückt 90
Was tun, wenn Sie mehrere Chefs haben? 92

5. Networking: gute Beziehungen zu Gleichgestellten 95

Die Grundregeln des Networking 95
Vorteile eines Beziehungsnetzes 98
Quellen für neue Kontakte 101
Der erste Schritt: Kontakte knüpfen 103
Pflege des Netzwerks: Kontakte aufrechterhalten 107
Wie Sie andere für sich einnehmen 109
So stärken Sie die Beziehung 112
Duzen am Arbeitsplatz 115

6. Wissen ist Macht: vom Umgang mit vertraulichen Informationen 118

Warum Wissen Macht ist 118
Warum es in einer Organisation keine echten
Geheimnisse gibt 122
Wie Sie an vertrauliche Informationen herankommen . . 124
Wann Sie vertrauliche Informationen weitergeben dürfen 128
Was Sie unbedingt für sich behalten müssen 130
Vorsicht vor interner Spionage 131

7. Erfolgreiche Gesprächsführung: wie Sie andere überzeugen 135

Die Grundlagen erfolgreicher Kommunikation 135
Bereiten Sie das Gespräch vor 138

Schaffen Sie ein gutes Gesprächsklima 140
Finden Sie die Zielsetzungen Ihres Gesprächspartners
heraus 142
Argumentieren Sie mit Blick auf den Nutzen des Partners 148
Wie Sie auf Einwände reagieren 149
Schweigen Sie im richtigen Moment! 152

8. So machen Sie das Topmanagement auf sich aufmerksam . . 155

Sorgen Sie dafür, dass Ihr Vorgesetzter Grund hat, Sie
zu loben 156
Strahlen Sie fachliche Kompetenz aus 157
Übernehmen Sie Sonderaufgaben 159
Suchen Sie die Nähe der Geschäftsführung 162
Gehen Sie ungewöhnliche Wege 165
Betreiben Sie Eigen-PR 168

9. So gewinnen Sie auf direktem Weg Macht 171

Verhalten, das Ihren Einfluss stärkt 171
Machtbewusste Kommunikation 179
Einfluss durch die äußere Erscheinung 184

10. Schwere politische Fehler: Was Sie nie machen dürfen . . 187

Widerstehen Sie der Versuchung zu illegalen Handlungen 187
Seien Sie Ihrem Chef gegenüber nicht illoyal 189
Seien Sie Ihrer Firma gegenüber nicht illoyal 194
Kritisieren Sie das Lieblingsprojekt eines Vorstands-
mitglieds nicht 196
Zeigen Sie keine karriereschädlichen Charakter-
eigenschaften 197
Weichen Sie nicht zu stark von den Gepflogenheiten ab . 199
Vermeiden Sie »Risikokontakte« 200
Klagen Sie nicht gegen Ihre Firma 201

11. Intrigen und ihre Abwehr 203

Üble Nachrede 203

Erpressung 209
Falsches Spiel 211
Fallen und offene Messer 213
Sündenbock 215
Woran Sie Intriganten erkennen 216
Voraussetzungen für die Abwehr von Intrigen 218

Geben Sie mir Ihr Feedback! 220

Anmerkungen 221

Literatur 220

Danksagung 224

Einleitung

Es gibt viele Bücher, die Ihnen die Geheimnisse der Karriere verraten wollen. Aber nur selten behandeln sie Begriffe wie *Politik*, *Macht* und – eng damit zusammenhängend – *Einfluss*, noch seltener wird deren kaum zu überschätzende Bedeutung für den beruflichen Aufstieg dargestellt. Zugegeben: Es sind diffuse und schillernde Begriffe. Es ist nicht leicht, die damit verbundenen Phänomene klar und eindeutig zu formulieren. Eben dies ist das Ziel des vorliegenden Ratgebers. Sie, der oder die Sie am Anfang Ihrer Karriere stehen, werden erfahren, wie unentbehrlich Einfluss, Macht und Politik im Büro für Ihr weiteres Fortkommen sind, unabhängig von der Art der Organisation. Ob Sie in der freien Wirtschaft oder bei einer Behörde arbeiten, ob Sie einem Verband angehören oder in ganz anderen Bereichen tätig sind: Ohne Politik, ohne Gespür dafür, wie Sie Macht und Einfluss erwerben, einsetzen und verteidigen, erreichen Sie Ihre Ziele nicht. Sie müssen einfach wissen,

- was Politik am Arbeitsplatz bedeutet und auf welchen Gesetzmäßigkeiten sie beruht,
- dass Sie innerbetriebliche Macht brauchen, um erfolgreich zu sein,
- worauf die Macht von Personen in Organisationen beruht,
- auf welche Art und Weise Macht im Büro ausgeübt wird.

Kurzum: Sie müssen lernen, in politischen Kategorien zu denken und die politische Situation in Ihrer Organisation zu verstehen. Und dabei werden Sie Sensibilität für Machtverhältnisse in Organisationen entwickeln. Dieser Ratgeber wird Sie dabei unterstützen.

Das ist aber nicht alles. Dieses Buch erscheint nicht umsonst in der Reihe Karrieresprung. Es ähnelt einem Reiseführer durch die Höhen und Tiefen des Berufsalltags. Alle Sehenswürdigkeiten werden erklärt, natürlich, aber Sie erfahren auch, wie Sie hinkommen. Und zwar ganz konkret.

Hier lesen Sie also beispielsweise nicht nur, *dass* Sie gute Beziehungen zu anderen Pesonen in Ihrer Organisation brauchen, um Macht und Einfluss zu gewinnen, sondern Sie erfahren auch ganz konkret, *wie* man gute Beziehungen zu anderen aufbaut und aufrecht erhält – präzise und leicht nachvollziehbar geschrieben.

Sie werden nicht mit der Forderung sich selbst überlassen, Sie müssten in Ihrer Organisation Dinge durchsetzen und sollten dazu in der Lage sein, andere im Gespräch zu überzeugen. Dieser Karriereführer vermittelt Ihnen das dazu notwendige Know-how – die große Linie ebenso wie die kleinen Kniffe.

Das Ziel dieses Ratgebers ist also ein Doppeltes: Sie sollen das Rüstzeug erhalten, mit dem Sie Ihre Lage in Ihrem Unternehmen hinsichtlich Ihrer Ziele und der spezifischen Widerstände, gegen die Sie angehen müssen, theoretisch durchdringen *und* praktisch verbessern. Und Sie sollen sich selbst vorher wie nachher noch in die Augen schauen können.

Eines ist klar: Wenn innerbetriebliche Konflikte ausgetragen werden, dann wird oft mit harten Bandagen gekämpft und nicht immer mit ethisch vertretbaren Mitteln. Dazu will Sie dieses Buch keineswegs ermuntern, im Gegenteil. Es informiert Sie über unsaubere Methoden, aber nur, um Ihnen Abwehrstrategien an die Hand zu geben. Sie sollen weder zum Intriganten noch zum Marionettenspieler werden, der »die da unten« grinsend an den Fäden seiner Macht zappeln lässt.

Dieses Buch wendet sich in erster Linie an Menschen, die ihre Ausbildung hinter und den Aufstieg vor sich haben. Dazu gehören Hochschulabsolventen jeder Fachrichtung in den ersten Jahren »danach« – nach dem Studium. Mit einer fachlich anspruchsvollen Stelle, aber büropolitisch gesehen grün hinter den Ohren. Dazu gehören aber auch Angestellte, deren Schwung und Engagement

Einleitung

irgendwie zerronnen sind, versickert in der Tretmühle des Berufsalltags, deren Ehrgeiz wohl vorhanden, aber nie recht zum Zug gekommen ist: Wenn Sie sich je halb verwundert, halb verbittert gefragt haben, wieso immer nur die anderen befördert werden, dann sollten Sie jetzt unbedingt weiterlesen.

In den ersten zwei Kapiteln werden die Zusammenhänge zwischen Macht, Büropolitik und Ihrer eigenen Karriere aufgezeigt. In den Kapiteln 3 bis 9 erfahren Sie, wie Sie Macht und Einfluss in Ihrer Organisation gewinnen. Abbildung 1 zeigt die verschiedenen Methoden im Überblick. Wie Sie Ihre einmal erreichte Machtposition erhalten und verteidigen, das wird in den letzten zwei Kapiteln beschrieben.

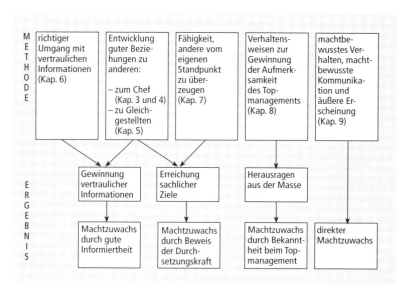

Abbildung 1:
So gewinnen Sie in Organisationen Einfluss

Ganz zum Schluss noch zwei allgemeine Bemerkungen: Die deutsche Sprache unterscheidet zwischen »ihm« und »ihr«. Wenn im Folgenden dennoch ausschließlich von »ihm« die Rede ist, ist »sie« immer mit gemeint. Es sind selbstredend stets beide Geschlechter angesprochen, im Interesse einer besseren Lesbarkeit wurde aber auf die Anwendung beider Schreibweisen verzichtet.

Die Ratschläge, die dieses Buch Ihnen nahe bringt, sind aus der Perspektive eines großen Unternehmens beschrieben. Die Verhältnisse dort sind jedoch cum grano salis auf jede hierarchisch strukturierte Organisation übertragbar, in der viele Menschen an gemeinsamen Aufgaben und Zielvorgaben arbeiten. Überall wo es Hierarchien gibt und wo Menschen zusammenarbeiten müssen, spielt Macht eine zentrale Rolle für den Erfolg des Einzelnen. Und überall dort wird im Büro auch Politik betrieben.

1.

Warum die heimlichen Spielregeln so wichtig für Ihre Karriere sind

Erfolg im Management heißt Ziele durchsetzen

Heinz K., 28 Jahre alt, hat Sorgen. Mit seiner Karriere gibt es Probleme, noch bevor sie angefangen hat. Seit fast drei Jahren ist er Assistent im Marketingbereich eines Industriekonzerns, seine erste Stelle nach dem Studium. Eigentlich sollte er längst befördert worden sein, so wie andere Nachwuchsmanager in seiner Umgebung.

Dabei fing alles so gut an. Er hatte sein BWL-Studium nach nur acht Semestern mit einem Einser-Examen abgeschlossen. Anschließend konnte er zwischen drei guten Angeboten wählen und entschied sich für seine jetzige Firma nicht zuletzt wegen ihrer Größe und ihres guten Rufes in der Branche. Mit Elan und Spaß begann er seinen Job, zumal er überzeugt war, gute Arbeit zu leisten. Nach einer kurzen Einarbeitungszeit ließ ihn sein Chef kleinere Projekte selbstständig durchführen.

Heinz K. geht gern systematisch vor. Er beginnt stets mit einer umfangreichen Analyse der Ist-Situation. Das liegt ihm besonders. Seine Ausarbeitungen wurden denn auch von seinem Chef mehrfach ausdrücklich gelobt. Im nächsten Schritt entwirft er ein Konzept einschließlich der Aufgabenverteilung an die verschiedenen Fachabteilungen.

Im Rückblick zeigt sich jedoch, dass seinen Projekten wenig Erfolg beschieden war. Das erste verlief nach kurzer Zeit im Sand, beim zweiten ist der Zeitplan schon jetzt weit überschritten und

14   *Die heimlichen Spielregeln der Karriere*

kein Ende absehbar, das dritte wurde in einer wichtigen Sitzung von dem Entscheidungsgremium bis zur Unkenntlichkeit verstümmelt, ein viertes musste er komplett überarbeiten. Immer gab es die gleichen Probleme. Entweder man ließ ihn auflaufen, das heißt, die anderen Abteilungen blockierten seine Vorschläge mit Argumenten wie »funktioniert nicht in der Praxis« oder »tolle Analyse, aber leider undurchführbar«. Oder sie lehnten die Mitarbeit ab, weil sie angeblich mit anderen Dingen überlastet waren. Oder sie verschleppten die Erledigung ihrer Aufgaben und hielten sich nicht an die vom ihm gesetzten Fristen. Wenn er nachfasste, wurde er hingehalten und vertröstet.

Besonders fürchtet er die Besprechungen, in denen die Bereichsleiter zusammensitzen und über alle Projekte beraten. Mehr als einmal wurden seine Vorschläge von den Managern anderer Abteilungen regelrecht zerpflückt. Auch sein Chef und dessen Chef sind ihm bei solchen Gelegenheiten schon mal in den Rücken gefallen, und er musste ganz von vorn anfangen.

Trotzdem hat Heinz K. den Eindruck, dass sein Chef grundsätzlich hinter ihm steht. Allerdings scheint dieser sich oft weniger für den Erfolg seiner Projekte zu interessieren als für die seiner Abteilungskollegen. Das Verhältnis zu seinem direkten Vorgesetzten bezeichnet Heinz K. als »freundlich, neutral, distanziert«. Er sieht ihn nicht sehr häufig, da dieser nur gelegentlich in sein Büro kommt oder ihn zu sich bittet. Den Chef seines Chefs sieht er noch seltener.

Inzwischen ist Heinz K. ziemlich frustriert. Er merkt, dass seine Projekte gescheitert sind. Aber die Schuld daran gibt er den anderen. Denn von seinen Analysen und der Logik seiner Schlussfolgerungen ist er überzeugt; Einwände hält er selten für gerechtfertigt. Die meisten Kollegen seien borniert und nur am Status quo interessiert, meint er. Und wenn schon mal eine Fachabteilung seinen Auftrag erledigt, warum dauert das immer so lange? Warum arbeiten die anderen eigentlich nicht, wie sie arbeiten sollten?

Heinz K. hat keine Vorstellung, was er tun könnte, um seine Karriere voranzutreiben. Deswegen überlegt er zu kündigen. Offensichtlich würdigen die Vorgesetzten seine Leistungen nicht, sonst hätten sie ihn ja schon befördert. Was kann er dafür, dass die

Warum die heimlichen Spielregeln so wichtig für Ihre Karriere sind **15**

Zusammenarbeit mit den anderen nicht funktioniert! In diversen Abteilungen sitzen halt die falschen Leute, denkt er, aber das sei ja wohl nicht sein Problem.

Heinz K. ist kein Einzelfall. Der Erfolg bleibt aus, weil er falsche Vorstellungen von der Funktionsweise einer großen Organisation hat. Er begreift nicht, dass Unternehmen keine Maschinen und Angestellte keine Rädchen sind, sondern Ansammlungen von Menschen, in denen in erster Linie die Gesetzmäßigkeiten zwischenmenschlicher Beziehungen gelten. Er versteht nichts von Macht und von den Regeln der innerbetrieblichen Politik. Heinz K. versteht, kurz gesagt, die ungeschriebenen Gesetze am Arbeitsplatz nicht.

Mitglieder von Organisationen verfolgen in ihrer Arbeit sachliche Ziele, die mit den Zielen der Organisation zu tun haben, und persönliche Ziele, die sich aus ihren Interessen ergeben. Viele haben zum Beispiel das *persönliche* Ziel, befördert zu werden, beziehungsweise Karriere zu machen, also mehrfach befördert zu werden.

Um in einer Organisation aufzusteigen, müssen Sie auf jeder hierarchischen Ebene erfolgreich arbeiten, das heißt, Ihre *sachlichen* Ziele erreichen. Diese haben Sie sich entweder selbst gesteckt oder sie wurden Ihnen von Vorgesetzten vorgegeben. Wenn Sie Ihrem Chef zum Beispiel eine Umstrukturierung der Arbeitsabläufe in Ihrer Abteilung vorschlagen, dann ist die Durchführung dieser Umstrukturierung ein Ziel, dass Sie sich selbst gesetzt haben. Wenn andererseits der Chef Ihnen einen Auftrag gibt, wird die Durchführung dieses Auftrages zu Ihrem sachlichen Ziel – egal ob es sich um eine Nebensache oder ein größeres Projekt handelt.

Wer seine sachlichen Ziele erreicht, gilt im Management als »Macher«, als einer, der dafür sorgt, dass Entscheidungen getroffen *und* umgesetzt werden.

Die Qualität eines Managers wird fast immer danach beurteilt, ob jemand in der Lage ist, etwas gegen die allgegenwärtigen, mächtigen Kräfte der Beharrung zu bewegen. Das geht manchmal so weit, dass selbst bei objektiven Misserfolgen in der Sache die Durchsetzungsfähigkeit höher bewertet wird und der Manager unter dem Strich Ansehen gewinnt.

Wer in einer Organisation Entscheidungen herbeiführen und Dinge durchsetzen will, ist in hohem Maße auf andere Menschen angewiesen. Genauer gesagt: Ohne die Mitwirkung anderer kann keine Führungskraft Ziele erreichen. Das unterscheidet ihre Tätigkeit von der eines Postboten oder eines Fließbandarbeiters, die ihre Aufgaben weitgehend allein erfüllen können. Manager müssen mit drei Personengruppen zusammenarbeiten, und zwar mit

- Vorgesetzten, also dem Chef sowie allen hierarchisch über diesem stehenden Personen (die im Weiteren Topmanagement genannt werden),
- gleichgestellten Personen in der eigenen oder in anderen Abteilungen, soweit es sich aus der jeweiligen Aufgabe ergibt (als *gleichgestellt* gelten hier alle Personen im Unternehmen, die – unabhängig von ihrem Rang – weder Vorgesetzte noch Mitarbeiter sind) und
- Mitarbeitern, falls die ersten Karriereschritte bereits gelungen sind. Unter Mitarbeitern versteht man heute das, was man früher »Untergebene« nannte.

Mitwirkung von anderen heißt konkret: Als (angehender) Manager müssen Sie erstens Ihren Chef – bei wichtigen Fragen auch das Topmanagement – dazu bewegen, Sie zu unterstützen und in Ihrem Sinne zu entscheiden, das heißt, Ihre Vorschläge zu akzeptieren oder zumindest nicht abzulehnen. Zweitens müssen Sie Gleichgestellte und drittens Ihre eigenen Mitarbeiter dazu bringen, Entscheidungen umzusetzen, also die damit verbundenen Arbeiten durchzuführen.

Je größer ein Unternehmen ist, desto mehr Arbeitsteilung weist es in der Regel auf, und desto mehr Spezialisten gibt es für die verschiedenen Aufgaben. In einer hochgradig ausdifferenzierten Organisation müssen Sie deshalb zur Durchsetzung Ihrer sachlichen Ziele mit sehr vielen Personen zusammenarbeiten, und zwar gleichgültig, welchen Rang Sie selbst in der Hierarchie bekleiden. Die Vielzahl der Arbeitsbeziehungen bedingt für Sie ein hohes Maß an Abhängigkeit von anderen bei der Erreichung Ihrer eigenen Ziele.

Büropolitik: Macht und Machtkämpfe

Wenn Sie wollen, dass andere in Ihrem Sinne tätig werden, benötigen Sie zur Durchsetzung Ihres Willens Macht. Was ist Macht? Der große Soziologe Max Weber hat den Begriff bereits in den zwanziger Jahren des vorigen Jahrhunderts folgendermaßen definiert: »Macht bedeutet jede Chance, innerhalb einer sozialen Beziehung den eigenen Willen auch gegen Widerstreben durchzusetzen, gleichviel, worauf diese Chance beruht.« Die Bedeutung des Wortes Macht ist also sehr weit auszulegen: Jedesmal wenn Sie das Verhalten eines anderen nach Ihrer Absicht beeinflussen, wenn der andere also dem folgt, was Sie sagen, dann üben Sie Macht aus. Verhalten bedeutet im betrieblichen Zusammenhang: konkretes Handeln, aber auch Zustimmung oder Ablehnung.

Macht ist also einerseits etwas, was Sie *haben* müssen. Sie beruht im betrieblichen Alltag auf einer Vielzahl von Grundlagen, die unten näher erläutert werden. Im Regelfall reicht aber der Besitz allein nicht aus. Um andere zu etwas zu bewegen, müssen Sie Ihre Macht auch *ausüben*, das heißt im konkreten Einzelfall einsetzen. Hierfür gibt es eine Vielzahl von Methoden, beispielsweise ein Verhalten belohnen, Bestrafung für ein Verhalten androhen, den anderen mit rationalen Argumenten überzeugen oder sich einschmeicheln, um ihn zu einem bestimmten Verhalten zu bewegen.

Machtausübung ist also nicht grundsätzlich mit Zwang gleichzusetzen, obwohl diese Assoziation naheliegt. Sie *kann* durch Zwang erfolgen, aber eben auch durch »sanftere« Methoden. Wie auch immer Macht eingesetzt wird: Es kommt nur auf das Ergebnis der Machtausübung an, nämlich dass der andere etwas tut (oder unterlässt), von dem Sie wollen, dass er es tut (oder unterlässt).

So verstanden sind Macht und Einfluss Synonyme, bedeutet Machtausübung das Gleiche wie Einflussnahme. Denn wenn jemand auf eine Sache oder eine Person Einfluss nimmt, dann heißt das, dass er andere dazu bringt, nach seinen Vorstellungen zu handeln. Nichts anderes ist mit dem Begriff Machtausübung gemeint.

Die oben erwähnte Abhängigkeit von anderen führt stets zur gleichen Ausgangssituation: Sie streben ein bestimmtes persönliches oder sachliches Ziel an und benötigen dafür die Unterstützung eines anderen. Wenn Sie Ihren Wunsch mitteilen, können sich zwei Situationen ergeben. Im ersten und einfachen, jedoch eher seltenen Fall verfolgt der andere dasselbe Ziel. Dann wird er Ihnen normalerweise ohne weiteres folgen.

Der zweite Fall ist der schwierigere und weitaus häufigere: Der andere hat andere Interessen und Ziele, die nicht mit den Ihren vereinbar sind. Er will Ihnen deshalb nicht folgen. In diesem Fall kommt es zum Konflikt. Er stemmt sich gegen Ihren Versuch, sein Verhalten zu beeinflussen, gleichgültig, ob er es Ihnen offen sagt oder verheimlicht. In seinem Widerstreben nutzt auch er seinen Einfluss, um zu verhindern, dass Sie sich ihm gegenüber durchsetzen.

Beispiel

Zwei Beispiele für gegensätzliche *sachliche* Ziele mögen dies verdeutlichen:

- Im Rahmen der Einführung eines neuen Produkts drängen Sie als Marketingmanager auf einen frühzeitigen Start, denn Sie haben erfahren, dass der Hauptwettbewerber Ihrer Firma ein ähnliches Produkt entwickelt, und wollen als Erster auf dem Markt sein. Der Produktionsleiter hingegen möchte zuerst eine umfangreiche Testserie fertigen, um Probleme bei der Herstellung rechtzeitig zu erkennen.
- Sie sind Controller in der Unternehmenszentrale. Am Monatsanfang müssen Sie dem Vorstand einen Bericht über die Ergebnissituation des Gesamtkonzerns vorlegen, und dazu benötigen Sie die Monatsberichte aller Tochtergesellschaften. Sie bitten deren Controller, Ihnen jeweils am ersten Werktag des neuen Monats ihre Berichte zu schicken. Ein betroffener Controller opponiert dagegen mit der Begründung, er sei am Monatsanfang mit anderen Aufgaben derart beschäftigt, dass er den Bericht erst am dritten Werktag abliefern könne.

Auch Ihre *persönlichen* Ziele können denen anderer entgegengesetzt sein, wie folgende Beispiele zeigen:

Warum die heimlichen Spielregeln so wichtig für Ihre Karriere sind · 19

Beispiel

- Als Chef einer Abteilung wollen Sie Ihren Vorgesetzten mit der besonders zügigen Erledigung einer Aufgabe beeindrucken und ordnen deswegen Überstunden an. Ein Mitarbeiter verfolgt hingegen das Ziel der Freizeitoptimierung und möchte pünktlich Feierabend machen.
- Ihr Abteilungsleiter verlässt das Unternehmen. Sie und mehrere Ihrer Kollegen möchten sein Nachfolger werden.

In der betrieblichen Realität lassen sich sachliche und persönliche Ziele in der Regel nur schwer voneinander trennen. Beispiel: Ein Projektkoordinator will sein Projekt innerhalb der geplanten Frist abschließen. Das ist sein sachliches Ziel, das ihm von seinem Chef vorgegeben wurde. Gleichzeitig würde die rechtzeitige Beendigung ihm persönlich nützen, indem sie seinen Vorgesetzten seine Fähigkeiten vor Augen führt und so seine Aufstiegschancen mehrt. Sie ist deshalb auch sein persönliches Ziel.

Ein Konflikt kann grundsätzlich auf zwei Arten beigelegt werden: durch einen Kompromiss oder durch einen Machtkampf, an dessen Ende sich einer durchsetzt. Ein Machtkampf wird letztendlich einzig und allein danach entschieden, welcher Kontrahent über mehr Einfluss verfügt.

Aber auch bei der konkreten Ausgestaltung eines Kompromisses spielt das Machtverhältnis zwischen den Konfliktparteien (neben ihrem jeweiligen Verhandlungsgeschick) eine große Rolle. Denn wer über mehr Einfluss verfügt, dessen Gewicht wird auch im Kompromiss spürbar.

Ob der Konflikt also durch Machtkampf oder Kompromiss gelöst wird: Sie brauchen Macht, um Ihre eigenen Ziele gegen Ziele anderer durchzusetzen, um also andere trotz unterschiedlicher Ziele und Interessen zur Mitwirkung an der Erreichung Ihrer Ziele zu bewegen. In diesem Sinn kann man *jede* Auseinandersetzung in der Organisation – ob klein oder groß, ob zwischen zwei oder mehr Personen – als Machtkampf ansehen.

Dies gilt insbesondere dann, wenn es vordergründig um sach-

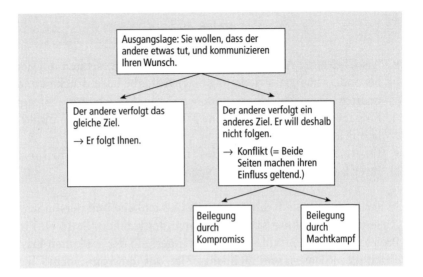

Abbildung 2:
Einsatz von Macht zur Durchsetzung eigener Ziele

liche Themen geht, was ja fast immer der Fall ist. Wer eine Sache beziehungsweise Entscheidung gegen Widerstände durchdrückt, setzt sich immer auch als Person durch. Allgemein ausgedrückt: Entscheidungsprozesse in Organisationen, bei denen um die Sache gestritten wird, spiegeln Machtkämpfe zwischen den Beteiligten wider. Abbildung 2 zeigt diese Zusammenhänge in einer Übersicht.

Machtkämpfe sind ein wichtiges Charakteristikum von Politik im Büro. *Büropolitik kann man definieren als Erwerb und Einsatz von Macht, um eigene persönliche und sachliche Ziele innerhalb der Organisation durchzusetzen, sowie alle Verhaltensweisen, die den bereits errungenen Einfluss sichern sollen.*

Eigenschaften der Macht

Innerhalb von Organisationen ist Macht nichts Absolutes, sondern immer etwas Relatives. Niemand, auch nicht der Vorstandsvorsit-

Warum die heimlichen Spielregeln so wichtig für Ihre Karriere sind **21**

zende, ist allmächtig, jedes Mitglied der Organisation hat im Verhältnis zu anderen Mitgliedern mehr oder weniger Einfluss. Anders gesagt: Jeder verfügt über ein bestimmtes Maß an Einfluss – der eine mehr, der andere weniger.

Die Macht eines Organisationsmitglieds speist sich aus einer Reihe ganz unterschiedlicher Quellen. Hierzu gehört natürlich der *Rang* in der Hierarchie. Die richtige Einschätzung des Machtumfangs einer Person ist jedoch schwierig, weil es neben solchen offensichtlichen Quellen weniger sichtbare Grundlagen gibt. Sie gewinnen beispielsweise auch Einfluss durch

- *gute Beziehungen* zu Vorgesetzten und Gleichgestellten,
- *sichtbare Erfolge*, die Sie in der Vergangenheit erreicht haben (zum Beispiel: ein Projekt gut koordiniert, einen Großkunden akquiriert, eine Firma saniert), und
- *Expertenwissen*, das auf einer besonderen fachlichen Qualifikation beruht (beispielsweise ein Hochschulabschluss in Verfahrenstechnik oder besonders intime Kenntnisse der Umweltschutzgesetzgebung).

Die verschiedenen Einflussquellen innerhalb von Organisationen werden im nächsten Kapitel ausführlich dargestellt. Die Macht, die auf diesen einzelnen Grundlagen beruht, erhält man nicht automatisch im Zeitablauf, sondern sie entsteht durch den Ensatz unterschiedlicher einflusssteigernder Methoden beziehungsweise Verhaltensweisen. Die Machtfülle einer Person setzt sich dann jeweils zusammen aus den Machtanteilen, die auf den verschiedenen Grundlagen beruhen.

Einfluss wächst also graduell. Macht lässt sich ansammeln und für einen späteren Gebrauch »aufspeichern«. Der Vorgang ist mit einem Sparkonto vergleichbar: Durch erfolgreiche Maßnahmen werden kleinere oder größere »Machtbeträge« auf das »Machtkonto« eingezahlt. Der im Zeitablauf angesammelte Einfluss kann dann in Entscheidungskämpfen eingesetzt werden.

Wer neu in ein Unternehmen eintritt, verfügt anfangs nur über den mit seinem Rang und seinem Fachwissen verbundenen Einfluss und muss sich Zug um Zug eine Machtbasis aufbauen. Auch der Verlust von Macht vollzieht sich in Einzelschritten, es sei denn, dass jemand aus der Organisation ausscheidet: Dann verliert er im Regelfall auf einen Schlag jedweden Einfluss.

Macht führt zu neuer Macht: die Machtspirale. Wie oben erwähnt, brauchen Sie Einfluss zur Durchsetzung Ihrer sachlichen Ziele. Gleichzeitig bringt aber das erfolgreiche Durchsetzen eines eigenen Ziels einen Machtzuwachs durch den damit verbundenen Zuwachs an Ansehen und Reputation. Man kann diesen Zusammenhang auch so ausdrücken: Die Ausübung von Macht, das heißt ein erfolgreich bestandener Machtkampf, führt zum Machtgewinn.

Die Umkehrung gilt aber genauso. Wenn Sie sich nicht durchsetzen können, verlieren Sie dadurch an Einfluss. Die gleichen Folgen treten ein, wenn Sie Ihre Macht nicht einsetzen, obwohl dies notwendig wäre, um Ihre eigenen Ziele zu erreichen.

Der Begriff »Machtkampf« ist uns aus dem Wortschatz der öffentlichen Politik geläufig und suggeriert, dass zwei Parteien oder Personen gegeneinander antreten und am Ende als Sieger und Verlierer dastehen. Solche Situationen kann es natürlich auch in der Büropolitik geben, etwa wenn nach dem Ausscheiden eines Vorstandsvorsitzenden der Kampf um seine Nachfolge entbrennt, in dessen Verlauf einer der Kontrahenten gewinnt und der andere das Unternehmen verlassen muss. Viel häufiger ist hingegen die bereits erwähnte Konstellation, in der die eine Seite als Resultat des Machtkampfes im Verhältnis zur anderen ihren Einfluss vermehrt, während die andere einen Teil ihrer Macht verliert.

Ein Machtkampf muss nicht unbedingt mit einer Konfrontation verbunden sein: Es wurde oben bereits angedeutet, was unter dem Begriff Machtkampf verstanden werden sollte, nämlich jeder Gegensatz von Zielen beziehungsweise Interessen, bei dem eine oder beide Seiten Macht einsetzen, um die Auseinandersetzung für sich zu entscheiden. Wenn Sie beispielsweise wollen, dass ein anderer sich in einer bestimmten Weise verhält, Sie ihm dafür eine Belohnung versprechen und er darauf eingeht, dann haben Sie diesen Machtkampf gewonnen – und zwar ohne dass es zu einer Konfrontation gekommen wäre. Entscheidend ist, dass Sie die Möglichkeit, also die Macht, hatten, den anderen dazu zu bringen, dasjenige zu tun, was Sie wollten.

Die Durchsetzung Ihrer Ziele und Interessen gelingt umso eher, je größer das Machtgefälle zwischen Ihnen und Ihren Kontrahenten ist. Um diesen Abstand zu vergrößern, gibt es zwei Möglichkeiten. Die eine besteht darin, mit *sauberen*, ethisch vertretbaren Mitteln seine eigene Macht zu vermehren, also sich selbst im Verhältnis zu den Gegnern »heraufzusetzen«. Man kann aber auch umgekehrt versuchen, den Abstand zu vergrößern, indem man den anderen herabsetzt, also dessen Position mit *unsauberen* Mitteln angreift.

Wie bereits in der Einleitung erwähnt sind unsaubere Methoden durch illegales oder legales, aber ethisch verwerfliches Verhalten gekennzeichnet. Hierzu gehören Spionage, Erpressung, üble Nachrede oder gezielte Manipulation von wahren Informationen zur Erzeugung eines falschen Eindrucks, indem Teile der Information weggelassen werden.

Leider ist die Grenzlinie zwischen sauberem und unsauberem Verhalten häufig nicht leicht zu ziehen. Beispielsweise halten die meisten Menschen die bewusste Verleumdung von Kollegen für verwerflich. Wie ist es aber mit der Weitergabe von wahren, für den Betroffenen jedoch negativen Informationen? Erlaubter Tratsch und Denunziantentum liegen hier dicht beieinander.

Unsaubere Methoden werden ihrer Natur nach *verdeckt* eingesetzt. Das heißt aber nicht, dass im Gegenzug saubere Verhaltensweisen immer *offen*, also für alle erkennbar stattfinden müssen. Wenn Sie in einer größeren Besprechung Ihren Vorschlag präsentieren, dann ist allen Anwesenden klar, welchen Standpunkt Sie haben und welche sachlichen Ziele Sie verfolgen. Aber Sie können ebenso gut versuchen, andere Personen unter vier Augen von Ihrem Vorschlag zu überzeugen, sogar unter »konspirativen« Umständen an einem Ort außerhalb der Firma, ohne dass das gleich unsauber wäre: In diesem Fall wollen Sie lediglich verhindern, dass Ihr Gegner oder Unbeteiligte etwas bemerken.

Ein Machtkampf innerhalb einer Organisation kann *kurz* oder *lang andauern*. Beispiele für die kurze Variante sind offen ausgetragene Meinungsverschiedenheiten zwischen Abteilungsleitern in einer Sitzung, an der ihr gemeinsamer Vorgesetzter teilnimmt, oder Intrigen, die die Beförderung einer Person zugunsten einer anderen verhindern sollen, oder der Versuch, einen gleichgestellten Kollegen aus einer anderen Abteilung gegen dessen Widerstand dazu zu bewegen, eine bestimmte Arbeit auszuführen. Länger andauernde Machtkämpfe bestehen in vielen Fällen aus einer Kette derartiger Scharmützel. Man kann auch die Bemühungen von Rivalen auf der gleichen hierarchischen Ebene, ihre Machtbasis kontinuierlich auszubauen, dazurechnen, auch wenn es im Zeitablauf nicht zu einem direkten Konflikt kommt. Dieser entsteht meist erst dann, wenn nur einer der Rivalen auf eine vakant gewordene Position befördert werden kann.

Um einen Machtkampf zu bestehen, also Ihre sachlichen und persönlichen Ziele durchzusetzen, müssen Sie drei Dinge beherzigen:

- Sie brauchen Macht, und zwar mehr Macht als Ihre Kontrahenten, deren Widerstand Sie überwinden wollen.
- Sie müssen die heimlichen Spielregeln kennen und – darauf aufbauend – in politischen Kategorien denken. Beispiele solcher ungeschriebenen Gesetze: Machtkämpfe sind oft nicht als solche erkennbar, weil es vordergründig um sachliche Fragen und das Wohl der Organisation geht. Dahinter stehen jedoch stets persönliche Interessen der Beteiligten. Oder: Die Stellung im Organigramm sagt nur bedingt etwas über die Machtfülle eines Organisationsmitglieds aus.
- Sie müssen schließlich politisch handeln. Das Denken in politischen Kategorien reicht nicht aus. Weitere Voraussetzung für den beruflichen Erfolg ist politisches Handeln, also die Umsetzung Ihrer politischen Erkenntnisse in entsprechende Taten.

Nicht-fachliche Kompetenzen als Schlüssel zum Erfolg

Analysiert man die oben erwähnten Grundlagen der Macht näher, so stellt man fest, dass die Einflussgewinnung in fast allen Fällen *nicht-fachliche Kompetenzen* voraussetzt. Das sind Fähigkeiten, dank derer man zielgerichtet und gut mit anderen Menschen um-

Warum die heimlichen Spielregeln so wichtig für Ihre Karriere sind **25**

geht. Menschenkenntnis, soziale Kompetenz, emotionale Intelligenz, Überzeugungskraft und Führungsqualitäten sind Beispiele solcher »Soft Skills«.

»Weiche« Eigenschaften sind offensichtlich am Werk, wenn es um Einfluss aufgrund *guter Beziehungen* geht. Aber auch für *sichtbare Erfolge* sind – neben speziellen Fachkenntnissen – gute Beziehungen zu all denjenigen, die an der Verwirklichung der eigenen Zielsetzungen mitwirken müssen, eine notwendige Voraussetzung. Macht, die auf dem *Rang* beruht, schließlich ist das Ergebnis von Beförderungen. Diese setzen ihrerseits entweder sichtbare sachliche Erfolge voraus oder gute Beziehungen zu Vorgesetzten oder – und das ist der Regelfall – beides.

Die *fachliche Qualifikation* führt zwar auch zu einem gewissen Machtzuwachs, aber dieser ist gering im Vergleich zu dem, der aus dem Einsatz der Soft Skills erwächst.

Die nicht-fachlichen Kompetenzen sind entscheidend für die Gewinnung von Macht und damit für den beruflichen Aufstieg.

Dabei stellt die Fähigkeit, in politischen Zusammenhängen zu denken und entsprechend zu handeln, für sich betrachtet eine weitere nicht-fachliche Kompetenz dar. Mit Ihrem Fachwissen allein werden Sie keine Karriere machen. Betrachten Sie Ihren Studienabschluss lieber als Eintrittskarte in die Manege: Er berechtigt Sie zur Teilnahme am Kampf um eine Karriere im Management, mehr nicht.

Von zwei fachlich gleich qualifizierten Personen hat diejenige, die zusätzlich über nicht-fachliche Kompetenzen verfügt, erheblich bessere Chancen, sich eine starke Machtbasis aufzubauen und Karriere zu machen. Und ein fachlich geringer qualifizierter Angestellter kann vor diesem Hintergrund durchaus erfolgreicher sein als besser qualifizierte Kollegen. Nach einer amerikanischen Umfrage unter Personalverantwortlichen bestimmt die fachliche Leistung die Aufstiegschancen nur zu 10 Prozent! Die Fähigkeit zur

Selbstdarstellung oder die Pflege von Beziehungen geben mit 30 Prozent beziehungsweise 60 Prozent den Ausschlag.[1] (Es gibt keine Hinweise darauf, dass dies in Europa oder speziell in den deutschsprachigen Ländern anders wäre.)

Einfluss und Führung

> Führung von Menschen in einer Organisation heißt, sie durch Einsatz der eigenen Macht dazu zu bringen, an der Verwirklichung der eigenen sachlichen Ziele mitzuwirken.

Unter dem Begriff Führung wird vielfach Personalführung im engeren Sinne verstanden, das heißt von disziplinarisch direkt unterstellten Mitarbeitern. Entsprechend bezeichnet man mit Führungsposition fast immer solche Stellen in der Organisation, in denen Mitarbeiter zu führen sind. Der dafür notwendige Einfluss resultiert im Wesentlichen aus der Macht, die auf der hierarchische Stellung beruht.

Führung bedeutet jedoch mehr: Sie erstreckt sich auf Gleichgestellte und schließt sogar die Vorgesetzten ein. Wie am Anfang dieses Kapitels dargestellt, sind Sie auf die Mitwirkung beider Gruppen angewiesen, wenn Sie Ihre Ziele erreichen wollen. Im Verhältnis zu Gleichgestellten und erst recht zu Ihrem Chef kann aber der mit Ihrem Rang verbundene Einfluss nicht als Basis für deren Führung dienen, sondern Sie brauchen Macht, die auf anderen Grundlagen beruht.

Dieser erweiterte Führungsbegriff verdeutlicht, dass nicht nur Personen, die Mitarbeiter leiten, eine Führungsaufgabe in der Organisation wahrnehmen. Jeder, der im Rahmen seiner Aufgaben mit Gleich- und Höhergestellten zusammenarbeitet, muss Menschen führen können. Und je stärker er auf die Zuarbeit anderer angewiesen ist, desto mehr Einfluss ist vonnöten, um die Aufgabe gut zu erfüllen. Ein extremes Beispiel ist der Projektmanager, des-

Warum die heimlichen Spielregeln so wichtig für Ihre Karriere sind **27**

sen Aufgabe einzig darin besteht, die Arbeiten aller am Projekt beteiligten Personen aus verschiedenen Abteilungen zu koordinieren. Er ist nicht ihr Vorgesetzter. Trotzdem muss er die anderen so führen, dass das Projekt in sachlicher und zeitlicher Hinsicht planungsgerecht fertig gestellt wird.

Die meisten Unternehmen übertragen dem Führungsnachwuchs am Anfang der Laufbahn keine Mitarbeiterverantwortung. Er muss sich zunächst als hoch qualifizierter »Einzelkämpfer« die ersten Sporen verdienen. Denn auch auf dieser Ebene muss er andere, allerdings gleichgestellte Personen führen. Gelegenheiten dazu gibt es mehr als genug, da häufig intensiv mit Angestellten aus anderen Bereichen des Unternehmens zusammengearbeitet werden muss: Entwicklungsingenieure arbeiten mit Fachleuten in der Produktion, Marketingleute mit Vertriebskollegen, Personen in der Firmenzentrale mit ihren Ansprechpartnern in den Auslandstöchtern und so weiter. In der Zusammenarbeit mit Gleichgestellten zeigt sich das politische Geschick einer Nachwuchskraft, also die Fähigkeit, Macht zu erwerben und Einfluss zu nehmen, um Ziele zu erreichen.

Eine solche Führungsaufgabe ohne eigene Mitarbeiter wird in vielen Unternehmen als gute Vorbereitung auf Positionen mit Personalverantwortung angesehen. Wer Geschick im Aufbau seiner Machtposition zeigt und sich folglich gut durchsetzen kann, empfiehlt sich für eine Beförderung zum Abteilungsleiter, also auf die erste Managementebene, bei der man eigene Mitarbeiter zugeteilt bekommt. Die Logik dieser Überlegung ist einfach: Wer es schafft, andere ohne Weisungsbefugnis zu führen, der wird erst recht Mitarbeiter führen können, denen er als Vorgesetzter Anweisungen erteilen kann.

Büropolitik: ein schmutziges Geschäft?

An dieser Stelle erscheinen Anmerkungen zur Ethik der Politik im Büro angebracht. Dem Begriff Macht haftet für viele Menschen etwas Anrüchiges an. Und ein verbreitetes Vorurteil spricht von der

»großen« Politik als »schmutzigem Geschäft«. Wer so denkt, wird dies wohl auch auf die Politik im Büro übertragen. Dabei ist Politik an sich etwas Neutrales. Sie bedeutet nichts anderes als die Durchsetzung – und zwar mithilfe von Macht – von Interessen und Zielen innerhalb von Organisationen, also in der großen Politik innerhalb von Parteien, Parlamenten und Regierungen, in der Büropolitik innerhalb von Unternehmen, Behörden und so weiter. Macht ist hier wie dort die unbedingte Voraussetzung, um überhaupt irgendetwas zu bewegen und zu verändern. Ohne Einfluss wären sowohl der Einzelne als auch die Organisation insgesamt gelähmt und zur Untätigkeit verdammt. Macht per se ist also nichts Schlechtes, sondern etwas einfach Notwendiges.

Allerdings kann man Einfluss im Großen wie im Kleinen natürlich auch missbrauchen. Politik kann hier wie dort mit fairen oder unfairen Mitteln betrieben werden. Wie Sie sich als Einzelner verhalten, müssen Sie selbst entscheiden. Sie sollten jedoch wissen, dass Machtmissbrauch und schmutzige Tricks für Ihren Erfolg nicht zwangsläufig nötig sind. Richtig ist vielmehr: Wenn Sie ehrgeizig sind und aufsteigen wollen, kommen Sie um die Büropolitik nicht herum. Ohne Macht werden Sie Ihre persönlichen Karriereziele nicht erreichen. Aber Politik im Büro funktioniert auch mit fairen Mitteln sehr gut. Hiervon handelt dieses Buch.

Das Wichtigste in Kürze

- Mitarbeiter verfolgen persönliche und sachliche Ziele. Beide sind in der Regel untrennbar miteinander verbunden.
- Um Karriere zu machen, müssen Sie auf jeder Hierarchiestufe erfolgreich arbeiten.
- Erfolgreich arbeiten bedeutet im Management, ein »Macher« zu sein, also eigene sachliche Ziele in der Organisation durchzusetzen.
- Ziele setzt man nur mit Unterstützung von Vorgesetzten, Gleichgestellten und Mitarbeitern durch.
- Um deren Unterstützung zu gewinnen, braucht man Macht.
- Macht hat, wer andere – auch gegen ihren Willen – dazu bringen kann, das zu tun, was er will.

Warum die heimlichen Spielregeln so wichtig für Ihre Karriere sind **29**

- Macht wird mit Hilfe verschiedener Methoden eingesetzt. Machteinsatz ist gleichbedeutend mit Einflussnahme.
- Unter Machtkampf versteht man den Einsatz von Macht zur Durchsetzung eigener Ziele gegen den Widerstand eines anderen, der andere Ziele verfolgt und ebenfalls seine Macht einsetzt.
- Büropolitik bedeutet das Gewinnen und Einsetzen von Macht in Organisationen – unter anderem in Machtkämpfen – zur Durchsetzung der eigenen Interessen und Ziele.
- Macht hat viele Grundlagen. Nicht-fachliche Kompetenzen haben eine viel größere Bedeutung für den Machterwerb als fachliche.
- Führung bedeutet, andere durch den Einsatz von Macht dazu zu bringen, an der Verwirklichung der eigenen Ziele mitzuwirken.
- Zu führen sind nicht nur Mitarbeiter, sondern auch Vorgesetzte und Gleichgestellte. In diesem Sinn ist jeder Manager eine Führungskraft, auch wenn er (noch) keine Mitarbeiter hat.
- Büropolitik *kann* mit unsauberen Methoden betrieben werden, funktioniert aber mit fairen Mitteln mindestens genauso gut. Die Entscheidung liegt bei Ihnen.

2.

Das kleine Einmaleins der Büropolitik

Politisch denken und handeln

Um in der Politik im Büro erfolgreich zu sein, müssen Sie zunächst einmal lernen, in politischen Kategorien zu denken.

> Politisch denken heißt erkennen, dass in jeder Organisation neben der sichtbaren Welt der Fakten, Entscheidungen und Ereignisse eine zweite Dimension existiert. Diese gewissermaßen unsichtbare Welt ist die Bühne, auf der alle Führungskräfte um Einfluss und Karriere ringen.

Die büropolitische Situation eines Unternehmens ist durch sechs Merkmale gekennzeichnet.[2] Diese sind in Übersicht 1 dargestellt.

Macht und Machtkämpfe. Alles, was in Ihrer Organisation geschieht, ist als Ausdruck und Ergebnis von Machtkämpfen zu interpretieren. Jede Handlung müssen Sie von der sachlichen, aber auch von der politischen Warte aus beurteilen: Wer gewinnt dadurch Einfluss, wer verliert? Mit anderen Worten: Sie sollten permanent die Machtverhältnisse analysieren.

> Politisch denken bedeutet zuallererst: in Machtzusammenhängen denken.

- Macht und Machtkämpfe
- Interessen
- zwischenmenschliche Beziehungen
- Abhängigkeit
- Instabilität
- Undurchsichtigkeit

Übersicht 1:
Merkmale der politischen Situation in Organisationen

Nachdem Sie neu in ein Unternehmen eingetreten sind, müssen Sie zunächst Ihre eigene Machtposition und die aller für Sie relevanten Personen richtig einschätzen, also die Ihrer Vorgesetzten sowie aller Personen, mit denen Sie zusammenarbeiten, und natürlich Ihrer Rivalen. Das Ergebnis ist ständig zu überprüfen, denn die Machtverhältnisse verändern sich in den meisten Organisationen kontinuierlich.

Um den Einfluss anderer Organisationsmitglieder genau abzuwägen, müssen Sie wissen, worauf dieser im Einzelnen beruht. Politisch denken erfordert also auch die Kenntnis der Faktoren, die beim Einzelnen zu Machtgewinn führen.

Interessen. Menschen haben sachliche und persönliche Interessen. Diese Interessen bestimmen die Ziele, die jemand im Rahmen seiner Arbeit verfolgt. Sie sind es, die ihn zum Handeln motivieren.

Politisch denken heißt in einer Organisation somit auch, die Interessen zu bedenken, die die Beteiligten in ihrer Arbeit verfolgen.

Wie bereits erwähnt, sind persönliche und sachliche Ziele in aller Regel eng miteinander verflochten. Mit jedem sachlichen Ziel versucht man gleichzeitig, ein persönliches zu erreichen. Wenn Auseinandersetzungen entstehen, sind vordergründig nur die sachlichen Differenzen sichtbar. Dahinter geht es aber in fast jedem Konflikt auch um gegensätzliche persönliche Interessen, denen im Grunde viel größere Bedeutung zukommt.

> Die persönlichen Interessen stellen die eigentliche Triebfeder menschlichen Handelns in der Organisation dar.

Hier einige Beispiele für persönliche Interessen, Bedürfnisse und Wünsche:

- materielle Vorteile, wie eine Gehaltserhöhung oder ein Dienstwagen,
- das Bedürfnis nach Anerkennung,
- der Geltungsdrang, also der Wunsch, andere durch Rang, Titel oder Statussymbole zu beeindrucken,
- der Machthunger, das heißt das Verlangen nach Macht um ihrer selbst willen, meist verbunden mit dem Wunsch, möglichst viele Personen als Vorgesetzter dominieren zu können,
- das Interesse an minimaler Arbeitszeit, wenn die Tätigkeit als wenig erfüllend und reines Mittel zur Deckung des Lebensunterhalts angesehen wird,
- das Interesse an guten Beziehungen zu den Kollegen,
- der Wunsch nach Rache für eine frühere Niederlage,
- das Interesse an einer interessanten, abwechslungsreichen Tätigkeit.

Diese Liste könnte man selbstverständlich verlängern. Wie Sie sehen, gibt es eine Vielzahl sehr unterschiedlicher persönlicher Interessen. Die meisten Menschen verfolgen mehrere Ziele gleichzeitig, wenn auch mit unterschiedlicher Intensität.

Die eigenen Ziele eines Beschäftigten können mit den offiziellen Zielen der Organisation übereinstimmen, müssen es aber nicht. Letzteres wird ihn jedoch nicht daran hindern, seine persönlichen Ziele zu verfolgen. Wenn sich beispielsweise ein exzellenter Mitarbeiter um eine Beförderung bemüht, entsprechen seine Interessen

Das kleine Einmaleins der Büropolitik   **33**

denen des Unternehmens. Dies ist aber nicht der Fall, wenn Mitarbeiter während ihrer Arbeitszeit über längere Zeit am Computer spielen oder private Telefonate führen. Hier entsprechen die persönlichen Wünsche nach Ablenkung und Ausnutzung von Unternehmensressourcen für eigene Zwecke nicht den Interessen der Firma. Persönliche Interessen sind meist relativ stabil, können sich aber trotzdem ändern. Sie müssen sie deshalb – genau wie die Machtverhältnisse – ständig beobachten.

Beispiel

Nehmen wir Herrn Berger als Beispiel: Er arbeitete acht Jahre lang sehr erfolgreich als Produktionsleiter und entwickelte Ambitionen auf die Position seines Vorgesetzten, des Alleingeschäftsführers, für den Tag, an dem dieser das Unternehmen verlassen würde. Dann erkrankte Berger jedoch lebensgefährlich und fiel für fast sechs Monate aus. Als er zurückkehrte, war er zwar wieder völlig genesen; aber wegen der Krankheit hatte er seine beruflichen und privaten Prioritäten grundlegend infrage gestellt. Plötzlich erschienen ihm andere Ziele wichtiger, als die Nachfolge seines Chefs anzutreten.

Alle innerbetrieblichen Entscheidungen und Ereignisse können die persönlichen Interessen der Beteiligten positiv oder negativ beeinflussen, ihnen also nützen oder schaden – in kleinerem oder größerem Ausmaß. Das gilt für Sie selbst genauso wie für Ihr Umfeld. Fragen Sie deshalb bei allen Entwicklungen in der Organisation nach den Auswirkungen auf persönliche Interessen.

Die Bedürfnisse und Interessen eines anderen Organisationsmitglieds sind häufig nicht offensichtlich und somit für Sie nicht leicht zu identifizieren. Versuchen Sie, sie durch Gespräche herauszufinden, entweder mit dem Betroffenen selbst oder mit Personen aus seiner Umgebung. Und beobachten Sie sein Verhalten, um daraus entsprechende Rückschlüsse zu ziehen.

Das ist für Sie aus zwei Gründen wichtig. Erstens hilft es Ihnen, das zukünftige Verhalten der anderen vorauszusehen. Denn jeder Mensch verhält sich normalerweise so, dass seine persönlichen Interessen gefördert oder zumindest nicht gefährdet werden. Und wenn Sie einschätzen können, wie sich die anderen verhalten werden, können Sie sich vorher darauf einstellen.

Zweitens wissen Sie dann, wo Übereinstimmungen und wo Gegensätze zu Ihren eigenen Interessen bestehen. Zumindest teilweise übereinstimmende Interessen sind erforderlich, um Bündnisse zu bilden, aus differierenden Interessen entsteht normalerweise Rivalität, insbesondere zwischen Personen auf gleicher Hierarchieebene. (In der Parteipolitik gilt das Bonmot: »Was ist die Steigerung von Feind? Feind, Todfeind, Parteifreund.«)

Es kann jedoch unter Rivalen mit grundsätzlich widerstrebenden Interessen teilweise Interessengleichheit und damit begrenzte Bündnisse geben. Hier ist besonders Ihr Verhältnis als Führungsnachwuchs zu gleichgestellten Arbeitskollegen erwähnenswert. Sie empfinden wahrscheinlich junge, ehrgeizige Kollegen als Konkurrenten, denn auf der nächsthöheren Hierarchiestufe gibt es natürlich weniger Positionen zu besetzen. Andererseits haben Sie bei näherer Betrachtung auch gemeinsame Interessen. Jeder von Ihnen strebt nach Einfluss, etwa indem er gute Beziehungen zu anderen, nach Möglichkeit mächtigen Personen knüpft.

Gleichgültig, wie *Sie* sich verhalten: Gute Kollegen werden früher oder später befördert werden – wenn nicht innerhalb der eigenen Abteilung, dann in einem anderen Bereich des Unternehmens. Schotten Sie sich also nicht ab, sondern sehen Sie den Aufbau guter Beziehungen zu ehrgeizigen Gleichgestellten als nützliche langfristige Investition an.

Zwischenmenschliche Beziehungen, Sympathie und Antipathie.
Neben Interessen prägen Zuneigung und Abneigung unser Verhalten und unsere Beziehungen zu anderen. Es ist nur natürlich, dass wir gern mit Menschen, die wir mögen, zusammen sind, ihnen helfen und sie vor Schaden bewahren möchten. Das Gegenteil gilt für Personen, die wir weniger schätzen.

Sympathien beeinflussen deshalb unsere Handlungen auch in der beruflichen Sphäre in erheblichem Ausmaß.

Das kleine Einmaleins der Büropolitik **35**

Dies erklärt beispielsweise ungerechte Leistungsbeurteilung durch Vorgesetzte. Im Verhältnis zu Mitarbeitern werfen Sympathien ein mildes Licht auf schlechte Leistungen und lassen mittelmäßige als Glanznummern erscheinen. Unsere subjektive Wahrnehmung wird stark davon beeinflusst, für wie schwierig wir die Begleitumstände der Leistungserstellung halten. Wenn wir jemanden mögen, tendieren wir zu der Vermutung, dass er die Leistung unter schwierigen Umständen erbracht hat.

Unter gleichrangigen Kollegen entsteht aus gegenseitiger Sympathie nicht selten Freundschaft, so wie in der Privatsphäre auch. Und ebenso oft führt Antipathie zu Gegnerschaft.

Zuneigung entwickelt sich meist spontan, ohne bewusste Steuerung, nicht nur bei Ihnen, sondern auch bei den anderen. Trotzdem haben Sie es durchaus bis zu einem gewissen Grad in der Hand, wie sehr andere Sie mögen. Auf welche Weise, wird in den folgenden Kapiteln dargestellt.

Sympathien und Antipathien – vor allem wenn sie stark ausgeprägt sind – beeinflussen nicht zuletzt unsere persönlichen Interessen. Wir wollen dem Freund nützen und demjenigen schaden, den wir nicht ausstehen können.

Dieser Einfluss von Gefühlen kann so stark sein, dass wir sogar gegen andere eigene Interessen handeln. Im Konfliktfall geben die freundschaftlichen Beziehungen häufig den Ausschlag. Das heißt konkret: Wenn wir uns entscheiden müssen, was uns in einer bestimmten Situation wichtiger ist, die Freundschaft zu einem Kollegen oder unsere eigenen Interessen, gewinnt oft die Freundschaft.

Eine weitere wichtige Komponente zwischenmenschlicher Beziehungen sind Bündnisse und Rivalitäten zwischen Personen oder auch ganzen Abteilungen. Diese muss man als solche erkennen und analysieren, worauf sie zurückgehen. Bündnis (auch Allianz oder Koalition) heißt, dass man ein Ziel gemeinsam verfolgt. Bündnisse können aufgrund gegenseitiger Sympathie oder gemeinsamer Interessen entstehen, wobei in der Regel beides gleichzeitig gegeben ist. Je stärker die gegenseitige Sympathie, desto enger das Bündnis.

> Politisch denken heißt erkennen, dass die Beziehungen zwischen Menschen von entscheidender Bedeutung sind für alles, was im Management einer Organisation geschieht.

Da Sympathien und Antipathien das menschliche Verhalten so stark beeinflussen, sollten Sie diese neben den Interessen der anderen gleichfalls analysieren – und zwar fortlaufend, denn die Beziehungen zwischen Personen können sich bekanntlich ändern.

Abhängigkeit. Ihre Arbeit als Manager ist geprägt von extremer Abhängigkeit, und zwar von Vorgesetzten, Gleichgestellten und Mitarbeitern. Niemand kann allein etwas bewirken.

> Politisch denken heißt erkennen und akzeptieren, dass Sie zur Durchsetzung Ihrer Ziele immer auf andere angewiesen sind.

Das Ausmaß Ihrer Abhängigkeit von einem anderen wird natürlich von dem Machtverhältnis beeinflusst: Je mehr Einfluss Sie im Vergleich zu ihm haben, desto geringer ist tendenziell Ihre Abhängigkeit von ihm.

Meistens besteht Abhängigkeit nicht nur in einer Richtung, sondern wechselseitig. Wenn Sie beispielsweise das Verhältnis zu Ihrem Chef betrachten, dann sind Sie natürlich in vielerlei Hinsicht sehr von ihm abhängig: Er bestimmt unter anderem Arbeitsinhalt und -umfang, das Betriebsklima und die Beförderungschancen. Umgekehrt benötigt er Sie und Ihre Kollegen aber auch zur Durchsetzung seiner Ziele und ist insofern abhängig von Ihnen – von Ihrem Können, Ihrem Engagement und Ihrer Loyalität.

Instabilität. Da es ein permanentes Ringen um Einfluss gibt, können sich die Machtverhältnisse dauernd ändern. Jede Umstrukturierung, ja eigentlich jede umstrittene betriebliche Entschei-

Das kleine Einmaleins der Büropolitik　**37**

dung verursacht bei den Beteiligten Gewinne und Verluste an Macht. Und schließlich treten laufend neue Mitarbeiter in das Unternehmen ein, während andere versetzt werden oder ganz ausscheiden.

Veränderungen des Machtgefüges können noch andere Ursachen haben:

- Interessen und Ziele einzelner Personen können sich ändern.
- Auch zwischenmenschliche Beziehungen sind nicht frei von Schwankungen.

Beides kann dazu führen, dass Allianzen zerbrechen oder neu entstehen, Rivalitäten aufflammen oder abebben.

Wie bereits erwähnt, haben Sie nur eine Möglichkeit, auf die Instabilität der politischen Situation zu reagieren: Beobachten und analysieren Sie ständig alle für Sie relevanten Personen hinsichtlich Machtfülle, Interessen und Ziele sowie wechselseitiger Beziehungen.

Politisch denken heißt erkennen, dass die politische Situation nie wirklich stabil ist.

Undurchsichtigkeit. Die politische Situation im Allgemeinen und die Machtverhältnisse im Besonderen sind aus diversen Gründen häufig nicht klar und eindeutig erkennbar:

- Der Umfang der Macht einer Person ist nicht offensichtlich, da es viele verdeckte Machtgrundlagen gibt.
- Persönliche Interessen verstecken sich hinter sachlichen Argumenten.
- Die Beziehungen zwischen den Akteuren sind schwer einzuschätzen, weil Sympathien und Antipathien, Allianzen und Rivalitäten hinter den Kulissen schwelen.
- Die bestehenden Abhängigkeiten sind schwer durchschaubar, vor allem für Berufsanfänger und Personen, die in einer Organisation neu anfangen. Das gilt vor allem für große komplexe Organisationen, die stark arbeitsteilig sind. Darüber hinaus

kann jede neue Aufgabenstellung auch zu neuen Abhängigkeiten führen, wenn mit anderen Personen als vorher zusammengearbeitet werden muss.

Exkurs:
»politische« versus »sachliche« Entscheidungen

An dieser Stelle soll kurz auf einen Sprachgebrauch eingegangen werden, den man in der Praxis häufiger antrifft. Die Rede ist vom Gegensatz zwischen »politischen« und »sachlichen« Entscheidungen. Im Gespräch unter Kollegen werden oft Sach- oder Personalentscheidungen als »politisch« bezeichnet, die der Sprecher als unsachlich und folglich falsch abqualifizieren will. Wer sich so äußert, suggeriert damit, dass eine Alternative im Unternehmensinteresse sachlich geboten, also objektiv richtig gewesen wäre – eine Alternative, die lediglich aus »politischen« Gründen nicht gewählt wurde. Er übersieht dabei drei Dinge:

- Alle betrieblichen Entscheidungen betreffen die Zukunft, und die kennt niemand. Entscheidungsträger müssen also *Annahmen* über künftige Entwicklungen treffen. Diese sind immer unsicher; man kann sich folglich trefflich darüber streiten. Deshalb ist jede plausible Annahme gerechtfertigt, Unterschiede in den Annahmen drücken unterschiedliche subjektive Einschätzungen aus. Ob eine Annahme sich schließlich objektiv als richtig oder falsch erweist, wird man erst im Nachhinein wissen.

- Entscheidungsträger verfolgen natürlich persönliche und sachliche Ziele. Das ist legitim (und sowieso nicht zu ändern). Je nachdem, wie viele Personen oder Fraktionen in die Entscheidung einbezogen sind, ergeben sich verschiedene Alternativen, die besprochen werden. In der Diskussion siegt letztendlich die Seite, die mehr Einfluss hat. Das heißt nicht, dass die unterlegene Seite eine objektiv bessere Entscheidung getroffen hätte. Sie hätte lediglich eine Entscheidung im Sinne ihrer eigenen Ziele herbeigeführt.

- Es gibt keine »objektiven« und damit dauerhaft gültigen Unternehmensinteressen. Auch die obersten Ziele der Organisation

Das kleine Einmaleins der Büropolitik **39**

werden von Personen, im Regelfall von mehreren Personen festgelegt. Entscheidungen hierüber sind deshalb – wie jede Entscheidung – das Ergebnis organisationsinterner Politik in Form von Machtkämpfen. (Hiervon ausgenommen ist nur der Fall des Einzelunternehmers, der seine Unternehmensziele allein bestimmen kann.) Bei Veränderung der Machtkonstellation in der Organisation können auch die obersten Ziele im Prinzip jederzeit revidiert werden. Insofern ist die Aussage, eine bestimmte Unternehmensentscheidung habe politischen Charakter, im Prinzip immer richtig. Falsch ist dagegen die implizite Annahme, eine objektiv richtige Entscheidung wäre möglich gewesen.

Allein die Konstruktion des künstlichen Gegensatzes »politische« versus »richtige« Entscheidung offenbart einen eklatanten Mangel an politischem Denken. Wenn in Ihrem Unternehmen jemand von einer »politisch« motivierten Entscheidung spricht, können Sie davon ausgehen, dass er zur unterlegenen Seite gehört oder mit dieser sympathisiert. Denn der Begriff »politische Entscheidung« wird gerne benutzt, um Einflusslosigkeit zu kaschieren. Eine ähnliche Form politischer Naivität äußert sich in dem Glauben, Politik im Büro habe ausschließlich mit den Beziehungen zwischen den Mitgliedern der Organisation zu tun. Die sachlichen Inhalte hingegen, das »Geschäft« sei an sich unpolitisch. Wer so denkt, übersieht, dass »die Sache« immer von Menschen bearbeitet oder entschieden wird. Insofern sind Sachentscheidungen immer auch politische Entscheidungen.

Das Denken in politischen Kategorien ist zwar eine notwendige Voraussetzung für erfolgreiche Politik im Unternehmen; aber damit allein kommt man nicht weit. Man würde sich – einem Journalisten ähnlich – in der Rolle des politischen Beobachters befinden, der alles analysiert und versteht, aber selbst nicht am Geschehen teilnimmt, geschweige denn Karriere macht. Hierfür muss zum politischen Denken etwas hinzukommen: das politische Handeln. Es umfasst drei Ebenen:

- Jedes Verhalten, das auf *Machterwerb*, also auf Schaffung und

Vergrößerung der eigenen Machtbasis ausgerichtet ist, kann als politisches Handeln angesehen werden.

- Macht zu besitzen ist aber kein Selbstzweck. Insofern bedeutet offensives politisches Handeln auch *Einsatz des eigenen Einflusses*, um sachliche und persönliche Interessen durchzusetzen. Dies schließt – wenn notwendig – die Konfrontation mit anderen ein.
- Zum defensiven politischen Verhalten gehören alle Maßnahmen zur *Erhaltung des eigenen Einflusses*, wenn dieser von anderen mit unfairen Methoden angegriffen wird. Es geht hierbei in erster Linie um die Abwehr von Intrigen.

Grundlagen der Macht:
Worauf beruht der Einfluss eines Managers?

Es ist für Sie als Führungskraft von äußerster Wichtigkeit, genau beurteilen zu können, wie viel Einfluss jemand in Ihrem Unternehmen hat und woher dieser rührt. Diese Fragen müssen Sie sich in Bezug auf sich selbst stellen und auf jede Person, mit der Sie es beruflich zu tun haben. Die richtige Einschätzung des Machtumfangs ist schwierig, weil es neben den offensichtlichen Merkmalen wie dem Rang eine Reihe weniger sichtbarer Machtquellen gibt. Dies gilt für alle Ebenen der Firmenhierarchie. Die Übersicht 2 zeigt die verschiedenen Grundlagen der innerbetrieblichen Macht im Unternehmen.

Rang und Titel. Sehr wichtig ist zunächst einmal der Rang in der Firmenhierarchie, so wie er aus dem Organigramm hervorgeht. Grundsätzlich gilt natürlich: Je höher der Rang, desto mehr Einfluss hat die Person, die die Position bekleidet. Aber neben dem Rang verrät Ihnen das Organigramm weitere machtrelevante Merkmale:

- An wen berichtet die Person? Je höher ihr Chef in der Hierarchie angesiedelt ist und je einflussreicher dieser ist, desto mehr Macht stahlt auf seine Untergebenen ab. Wenn ein Abteilungs-

Das kleine Einmaleins der Büropolitik **41**

- Rang und Titel
- gute Beziehungen zu Vorgesetzten und Gleichgestellten
- inoffizielle Informationen
- Reputation durch berufliche Erfolge
- Kontrolle über Ressourcen
- Zugehörigkeit zu einer angesehenen Abteilung
- Umfang der Budgetverantwortung
- Umfang der Umsatzverantwortung
- Karrieretempo
- Fachwissen
- räumliche Nähe zu den Mächtigen
- Statussymbole
- selbstbewusstes Auftreten

Übersicht 2:
Grundlagen innerbetrieblicher Macht

leiter an einen Hauptabteilungsleiter berichtet, ist seine Position schwächer als die eines Kollegen, der direkt dem Leiter des Geschäftsbereichs untersteht. Beispielsweise ist in vielen Firmen die PR-Abteilung dem Vorstandsvorsitzenden direkt zugeordnet. Der PR-Chef im Rang eines Abteilungsleiters hat dadurch normalerweise mehr Einfluss als mancher Hauptabteilungsleiter, der hierarchisch höher steht als er. Ähnliches gilt für die Sekretärin eines Vorstandsmitglieds.

- Wie viele Leute berichten an die Person und welche Qualifikation haben sie? Tendenziell gilt bei gleichem Rang: Je mehr Personen jemand unter sich hat, desto größer sein Einfluss. Allerdings spielt neben der reinen Anzahl auch die Qualifikation der Mitarbeiter eine Rolle. Ein Marketingleiter mit 25 Mitarbeitern, von denen die meisten studiert haben, kann ebenso viel Einfluss haben wie der Produktionsleiter mit 500 Mitarbeitern.

Eng mit dem Rang verbunden, aber nicht damit identisch, ist der Titel. Zu jeder Stufe gehört in den meisten Unternehmen ein Titel, wie Abteilungsleiter, Bereichsleiter oder Direktor. Für Positionen auf faktisch identischer Hierarchieebene kann es mehrere unterschiedliche Titel geben, denn die Verleihung eines Titels kostet wenig, vielleicht eine kleine Gehaltserhöhung, vielleicht nicht einmal das. Um Mitarbeiter zu motivieren, sind manche Firmen daher sehr kreativ im Erfinden pompöser Titel, die anstelle echter Beförderungen vergeben werden. Insofern kann ein Titel auf Einfluss hindeuten, muss es aber nicht. Es kommt auf den Einzelfall an.

Gute Beziehungen zu Vorgesetzten und Gleichgestellten. Die Entwicklung guter Beziehungen vermehrt über verschiedene Mechanismen die eigene Macht. Zunächst ist da ein einfaches psychologisches Phänomen: Je mehr jemand Sie mag, desto eher wird er bereit sein, auf Ihre Wünsche einzugehen. Das hilft, eigene Ziele gegenüber anderen durchzusetzen und stärkt Ihren Einfluss. Im betrieblichen Alltag erleichtern gute persönliche Beziehungen zu Personen, auf deren Unterstützung Sie angewiesen sind, Ihre Arbeit erheblich.

Dies gilt sowohl für Ihr Verhältnis zu Vorgesetzten wie auch zu Gleichgestellten. Wenn Sie mit Ihrem Chef gut auskommen, wird er sich leichter von Ihren Vorschlägen überzeugen lassen und Ihnen zustimmen. Kollegen werden eher bereit sein, Ihnen zuzuarbeiten und sich dabei besonders anzustrengen – also das, worum Sie sie bitten, besonders schnell und gut zu erledigen.

Einfluss durch gute Beziehungen entsteht aber zweitens auch über Bündnisse. Wie erwähnt, beruhen diese auf Interessengleichheit und meistens auch auf guten persönlichen Beziehungen. Sie können Personen, zu denen Sie einen ausgezeichneten Kontakt haben, als tatsächliche oder potenzielle Bündnispartner ansehen. Je höher diese in der Hierarchie angesiedelt sind und je intensiver der Kontakt, desto schlagkräftiger ist der Pakt.

Der Machtzuwachs durch Bündnisse entsteht gewissermaßen aus der Addition der Machtmengen der Bündnispartner. Je mehr Bündnispartner Sie haben und je einflussreicher diese sind, desto mehr Einfluss gewinnen Sie selbst. Konkret ergibt sich dies über verschiedene Wege. Sie erhalten beispielsweise Rat und Hilfestellung in Machtkämpfen, aber auch Informationen über die politische Situation, also über den Einfluss für Sie relevanter Personen, über deren

Das kleine Einmaleins der Büropolitik 43

Interessen und persönliche Beziehungen, und nicht zuletzt erfahren Sie, wie Ihre Gegner vorgehen oder was sie beabsichtigen.

Mehr Einfluss verschaffen Ihnen insbesondere verbündete Vorgesetzte, und zwar durch deren Rückendeckung bei der Verfolgung Ihrer sachlichen und persönlichen Ziele. Wenn Ihr Chef oder ein höherer Vorgesetzter Sie bei einem Vorhaben unterstützt, riskiert jeder, der sich Ihnen widersetzt, gleichzeitig einen Konflikt mit Ihrem Vorgesetzten. Ein solches Bündnis wirkt folglich am besten gegenüber Personen, die ihm ebenfalls direkt unterstellt sind. Je höher Ihr verbündeter Vorgesetzter in der Hierarchie steht, desto mehr Personen sind ihm unterstellt und desto mehr Einfluss gewinnen Sie durch die Beziehung.

Um den Einfluss eines Organisationsmitglieds bestimmen zu können, müssen Sie also die Quantität und die Qualität seiner Beziehungen abschätzen. Dies geschieht am effektivsten durch Beobachtung. Hält er sich wenig an seinem Schreibtisch, aber viel in anderen Abteilungen auf? Telefoniert er häufig mit Personen aus anderen Abteilungen? Geht er ständig mit denselben Leuten zu Tisch oder immer wieder mit anderen? Äußert er im Gespräch etwas über seine Beziehungen zu anderen Firmenmitgliedern? Wie äußern sich andere über die betreffende Person?

Eine große Anzahl von innerbetrieblichen Kontakten sagt aber noch nichts über die Qualität dieser Beziehungen aus. Hier lauten die entsprechenden Fragen: Wie eng sind die Beziehungen, die Sie beobachtet haben? Vor allem: Gibt es enge Beziehungen zu Personen auf höheren Hierarchiestufen? Trifft er sich auch privat mit anderen aus dem Unternehmen? Mit wem duzt er sich?

Inoffizielle Informationen. Ein umfangreiches innerbetriebliches Netzwerk bedeutet nicht zuletzt wegen der vielen Interna Einfluss, die Sie dadurch erfahren. Eine ganz wesentliche Voraussetzung für den Erfolg in der Büropolitik besteht darin, sehr gut über alle relevanten Personen informiert zu sein, über deren Machtfülle, Interessen, Beziehungen, Stärken und Schwächen, Pläne und Absichten. Macht durch gute Informiertheit erhöht also Ihre Chance, Machtkämpfe zu bestehen. Darüber hinaus verschaffen inoffizielle Informationen direkten Machtgewinn. Hierauf wird im sechsten

44   Die heimlichen Spielregeln der Karriere

Kapitel ausführlich eingegangen. Einflussreiche Personen sind immer sehr gut über alles auf dem Laufenden, was in der Organisation passiert.

Reputation durch berufliche Erfolge. Eine weitere wesentliche Machtquelle ist Ihre Reputation für Effektivität und Durchsetzungsfähigkeit aufgrund sichtbarer Erfolge, die sich herumgesprochen haben: »hat die Firma X saniert«, »hat dafür gesorgt, dass der Großkunde Y akquiriert werden konnte«, »hat Projekt Z durchgezogen«. Wenn Ihr Name mit solchen Aussagen in Verbindung gebracht wird, gewinnen Sie dadurch Ansehen – und Einfluss, weil Sie sich innerbetrieblich durchsetzen konnten. Ihre persönliche Autorität wird dann eher akzeptiert, andere Organisationsmitglieder werden tendenziell eher bereit sein, Ihnen zu folgen.

Aber auch ohne weithin sichtbare Erfolge gewinnt man Einfluss – wenn auch in weit geringerem Umfang – einfach durch Verlässlichkeit und überdurchschnittlich gute Sacharbeit. In diesem Fall (wie natürlich auch im vorherigen) erwächst Ihr Einfluss aus der Tatsache, dass das Unternehmen, repräsentiert durch die direkten Vorgesetzten, Sie nicht verlieren möchte.

Kontrolle über Ressourcen. Wer die Kontrolle über knappe firmeninterne Ressourcen ausübt, die für andere wichtig sind, erhält dadurch Einfluss. Wie viel, das hängt davon ab, wie wichtig diese Ressource für die anderen ist und ob es alternative Beschaffungsmöglichkeiten gibt. Der Einfluss erwächst aus der Fähigkeit, andere durch Begünstigung zu belohnen oder durch Entzug der Begünstigung zu bestrafen. Hier einige Beispiele:

• Die Sekretärin, die den Terminkalender ihres Chefs führt, kontrolliert die knappe Ressource »Zeit des Chefs«. Dies sichert ihr einen gewissen Einfluss gegenüber all jenen, die einen kurzfristigen Termin bei ihm erbitten.

• Angenommen ein Sachbearbeiter, der für die Ausstattung von Büros mit Möbeln zuständig ist, kann entscheiden, ob jemand bei Bezug eines neuen Büros gebrauchte oder neue Möbel bekommt. Dann hat er Einfluss über jeden, der ein neues Büro bezieht (unter der Voraussetzung, dass alle lieber neue Möbel hätten).

Das kleine Einmaleins der Büropolitik **45**

Von *Kontrolle* kann man allerdings nur dann sprechen, wenn der Betreffende echte Entscheidungsfreiheit bei der Abgabe der Ressource hat. Wenn sie hingegen nach festen Regeln vergeben wird, handelt es sich lediglich um Ressourcen*verwaltung*. Wer für das Büromaterial zuständig ist und Kollegen herausgeben muss, was diese benötigen, kann hieraus keinen Einfluss ableiten.

Die wichtigste Ressource, die jemand kontrollieren kann, ist die eigene, naturgemäß begrenzte Arbeitskapazität, vor allem dann, wenn eine Person oder Abteilung für mehrere interne Auftraggeber tätig werden muss, was in großen, arbeitsteiligen Organisationen häufig vorkommt. Beispiele sind die Sekretärin, die für eine ganze Abteilung arbeitet, die Werbeabteilung, die für verschiedene Sparten oder die EDV-Abteilung, die für das gesamte Unternehmen zuständig ist. Sie alle können zwar nicht prinzipiell die Zuarbeit verweigern, aber häufig sehr wohl entscheiden, in welcher Reihenfolge und wie sorgfältig sie Aufgaben abarbeiten. Ihre Macht erwächst also aus Ihrer Entscheidungsfreiheit, daraus, ob Sie jemanden bevorzugt behandeln wollen oder nicht.

Zugehörigkeit zu einer angesehenen Abteilung. Sie erzeugt für die Mitarbeiter ebenfalls Einfluss. Das Ansehen, das eine Abteilung genießt, wird natürlich stark von ihrem Leiter geprägt. Darüber hinaus gibt es aber noch zwei weitere Faktoren, die das Ansehen einer Abteilung beeinflussen:

1. Wie wichtig sind deren Aufgaben für den Erfolg des Unternehmens insgesamt? Wer in einer Kernfunktion arbeitet, die entscheidenden Einfluss auf das Wohl und Weh des Unternehmens hat, genießt bei gleichem Rang tendenziell mehr Ansehen und damit mehr Einfluss als jemand, der in einem Randbereich tätig ist. Welche Bereiche zu den Kernfunktionen gehören und welche nicht, lässt sich nicht generell beantworten, sondern hängt von der speziellen Ausrichtung des Unternehmens ab. In fast allen Firmen sind beispielsweise Vertrieb, Marketing und Controlling Kernbereiche. Die Funktion Kundendienst hingegen stellt häufig einen Randbereich dar, für eine auf Serviceleistungen spezialisierte Firma hingegen selbstverständlich eine Kernfunktion.

2. Innerhalb der Kernfunktionen gibt es häufig sowohl Linien- als auch Stabsabteilungen. Die Mitglieder der Linienabteilungen sind im Allgemeinen angesehener und damit einflussreicher als ihre Stabskollegen. Ein Beispiel: Innerhalb des Vertriebs ist die Verkaufsplanung eine Stabs-, das Großkundenmanagement eine Linienabteilung. Bei gleichem Rang ist der Großkundenmanager tendenziell einflussreicher als der Verkaufsplaner.

Umfang der Budgetverantwortung. Die Höhe des verantworteten Budgets beeinflusst ebenfalls, wieviel Macht eine Person hat. Bei gleichem Rang und gleicher Mitarbeiterzahl hat zum Beispiel der Marketingleiter der Konsumgütersparte eines Unternehmens mit einem Werbeetat von 20 Millionen mehr Einfluss als sein Kollege im Investitionsgüterbereich mit einem 3-Millionen-Budget. Man kann sagen: Je höher die Kosten sind, deren Ausgaben jemand verantwortet, desto mehr Vertrauen der Vorgesetzten in den Stelleninhaber drückt sich darin aus, desto einflussreicher ist er folglich.

Umfang der Umsatzverantwortung. Die gleiche Logik herrscht auf der Umsatzseite. Bei gleichem Rang weist die Umsatzverantwortung unter Vertriebs- und Marketingmitarbeitern häufig recht große Unterschiede auf. Wer einen Kunden, eine Marke oder einen Geschäftsbereich mit hohem Umsatz betreut, hat mehr Einfluss als ein Kollege mit geringerer Verantwortung.

Karrieretempo. Eine weitere Machtgrundlage ist die Geschwindigkeit, mit der jemand bisher Karriere gemacht hat. Wenn jemand in relativ kurzer Zeit mehrmals befördert worden ist, dann heißt das doch, dass er entweder auf jeder Stufe eine herausragende Leistung erbracht haben muss oder sehr gute Beziehungen »nach oben« hat oder beides. In jedem Fall wächst der Einfluss des Betreffenden, denn die meisten Menschen werden versuchen, sich mit ihm gut zu stellen, schon weil sie annehmen, dass der Shooting-Star noch Aufstiegspotenzial hat und vielleicht einmal ihr Vorgesetzter werden könnte.

Fachwissen. Einfluss entsteht auch aus überlegenem Wissen auf einem bestimmten Fachgebiet. Je wichtiger dieses Fachwissen für

Das kleine Einmaleins der Büropolitik **47**

den Erfolg der Organisation und je schwieriger es außerhalb der Firma zu beschaffen ist, desto einflussreicher ist der Experte. Für Hochschulabsolventen ist ihre fachliche Qualifikation in ihrer ersten Stelle die wichtigste Machtquelle.

Räumliche Nähe zu den Mächtigen. Eine weitere Quelle von Einfluss birgt die räumliche Nähe zu den Menschen, die die Geschicke der Organisation lenken. Je näher am Machtzentrum sich jemand im physischen Sinn befindet, desto einflussreicher ist er auch selbst. Hierfür gibt es zwei einleuchtende Gründe:

- Räumliche Nähe verbessert die Chancen einer Person, mit den Einflussreichen ins Gespräch zu kommen und gute persönliche Beziehungen zu ihnen aufzubauen.
- Räumliche Nähe symbolisiert gleichzeitig die Bedeutung einer Person. Jeder, auch der Mächtige, umgibt sich gerne mit Personen seines Vertrauens, die ihm sympathisch sind und ihm nützen können. Dies nimmt man folglich zu Recht von allen Personen an, die zum Umfeld der Mächtigen gehören.

Ein Beispiel für physische Nähe stellt die Lage des Büros eines Managers dar. Je näher am Büro des Vorstandsvorsitzenden es liegt, desto einflussreicher ist die Führungskraft. Auch der Einfluss von Vorstandsassistenten wurzelt nicht nur darin, dass sie direkt an ein Vorstandsmitglied berichten, sondern auch darin, dass sie direkten Zugang zu Ihrem Chef haben und sich häufig in seiner Nähe aufhalten.

Statussymbole. Quelle und Ausdruck von Einfluss sind Statussymbole. Sie zeigen die Macht des Besitzers an und verleihen ihm damit auch Macht. Einige werden vom Unternehmen verliehen, etwa ein Dienstwagen oder ein Einzelbüro. Andere kann man sich selbst beschaffen, wie teure Kleidung oder bestimmte Accessoires.

Betrachten wir zunächst die von der Firma verliehenen Symbole. Viele sind direkt an einen bestimmten Rang in der Hierarchie gekoppelt. Hierzu zählt das Büro: Größe, Lage (Eckbüros sind besonders begehrt) und Ausstattung (Möbel, PC, Telefon, Teppiche, Lampen und Ähnliches) sind in den meisten Organisationen für jede Hierarchieebene festgelegt. Ebenfalls sehr wichtig: der Dienstwagen. Auch beim Auto gibt es genaue Abstufungen nach Dienstrang. Weitere Statussymbole sind beispielsweise ein reservierter Parkplatz auf dem Firmengelände (je näher am Eingang des Bürogebäudes, desto besser), Flugreisen in der Business-Class oder die Teilnahme an bestimmten Konferenzen für Führungskräfte. Auch wenn die Unternehmensleitung meistens genau festgelegt hat, welche Privilegien auf welcher Stufe gewährt werden, so gibt es doch immer wieder Ausnahmen. Es lohnt sich also, um Statussymbole zu kämpfen. Denn wenn es Ihnen gelingt, ein Privileg zu erhalten, das Ihnen »eigentlich gar nicht zusteht«, dann bedeutet dies einen unmittelbaren Machtzuwachs für Sie. Man wird in Ihnen jemand sehen, der »einen guten Draht nach oben« haben muss. Sonst hätten Sie das ja nicht geschafft.

Zu den Statussymbolen, die nicht von der Firma verliehen werden, gehören Kleidung und Accessoires, wie Schreibgeräte, Feuerzeug, Besprechungsmappen, bei Frauen auch Schmuck und Handtasche. Insbesondere hochwertige Kleidung verleiht der Nachwuchsführungskraft in den meisten Unternehmen Macht, da sie die Zugehörigkeit zum Management für alle deutlich sichtbar demonstriert. Hieran sollten Sie folglich nicht sparen. Allerdings empfiehlt es sich, dass man sich dem Firmenstil anpasst. Am besten orientieren Sie sich an Ihrem direkten Vorgesetzten beziehungsweise an der Hierarchieebene über Ihnen, die Sie ja erreichen wollen. Sie sollten dabei vermeiden, sich besser zu kleiden als Ihr Chef oder gar als dessen Chef. Das Gleiche gilt für die Accessoires.

Selbstbewusstes Auftreten. In gewissem Umfang entsteht Einfluss auch durch selbstbewusstes Auftreten. Hierzu gehören die Körperhaltung und der Gang genauso wie die Sprache.

Wie man sieht, rührt Macht aus vielen Quellen. Dies führt dazu, dass die offizielle Position im Organigramm des Unternehmens nur sehr bedingt etwas über die Macht und die Bedeutung des Stelleninhabers aussagt. Zwei Personen auf der gleichen hierarchischen Ebene können sehr unterschiedlich viel Macht haben. Die Mächtigere von ihnen kann sogar mächtiger sein als Personen auf der nächsthöheren Hierarchiestufe. Wichtig für die Einschätzung der Macht einer Person ist es, alle genannten Grundlagen zu analysieren. Sie alle können die Machtfülle verstärken und Defizite auf dem einen Feld lassen sich zumindest teilweise durch Stärken auf einem anderen ausgleichen.

Wie finden Sie nun heraus, wie viel Einfluss jemand hat? Bisher sollte eines deutlich geworden sein: Ihre wichtigste Informationsquelle liegt in Ihrer eigenen Beobachtung aller Personen Ihres beruflichen Umfeldes. Wie treten sie auf? Welchen Umfang und welche Qualität hat ihr Netzwerk? Welche Ressourcen kontrollieren sie? Über welche Statussymbole verfügen sie?

Weitere Informationsquellen sind Ihr Chef – wenn Sie zu ihm ein gutes Verhältnis haben – und Ihr innerbetriebliches Netzwerk, darunter insbesondere die älteren Kollegen. Sie sind meist schon länger in der Firma und haben die Entwicklung aller wichtigen Personen mit verfolgt. Und sie geben gerne Auskunft, vor allem wenn sie beruflich keinen Ehrgeiz mehr haben und in Ihnen keinen Konkurrenten sehen.

Auch das Studium der Verteiler von innerbetrieblichen Memos ist manchmal aufschlussreich: Wer wird informiert, der eigentlich direkt nichts mit der Sache zu tun hat? Wer steht nicht auf dem Verteiler, der eigentlich informiert werden müsste? Hieraus lassen sich Hinweise auf zu- oder abnehmenden Einfluss im Unternehmen gewinnen.

Methoden der Einflussnahme

Um Ihre Ziele durchsetzen zu können, kommt es aber nicht nur darauf an, Macht zu besitzen. Sie müssen sie auch einsetzen, also andere dazu bringen, das zu tun, was Sie wollen. Hierfür gibt es eine Vielzahl von Möglichkeiten. Die wichtigsten Methoden sind in Übersicht 3 dargestellt.[3]

Tauschhandel. Ausgetauscht werden Gefälligkeiten. Man versteht darunter zum einen das Versprechen von Belohnungen für erwünschtes Verhalten (»Wenn du dieses tust, erhältst du jenes von

- Tauschhandel
- Schmeichelei
- sich auf Vorgesetzte berufen
- Verbündete einsetzen
- rational argumentieren
- Zwang

Übersicht 3:
Methoden der Machtausübung

mir.«). Zum anderen zählt auch das Einlösen von Gefälligkeits-
»Guthaben« dazu (»Du schuldest mir noch einen Gefallen, weil
ich dir damals geholfen habe; tu du also jetzt bitte dieses für
mich.«). Tauschhandel beruht auf der so genannten Norm der Re-
ziprozität (Gegenseitigkeit): Wenn uns jemand etwas Gutes getan
hat, fühlen wir uns verpflichtet, ihm im Gegenzug auch etwas Gutes zu tun. Und wenn wir etwas von jemandem wollen, müssen wir
uns jetzt oder später in irgendeiner Weise dafür erkenntlich zeigen:
»Eine Hand wäscht die andere.«

Schmeichelei. Hiermit ist gemeint, sich beim anderen beliebt zu
machen, um ihn zu einem konkreten Verhalten zu veranlassen. Im
Allgemeinen Sprachgebrauch ruft das Wort »einschmeicheln« negative Assoziationen hervor, und zwar aus zwei Gründen:

- Man verbindet damit übertriebenes und folglich *unaufrichtiges*
  Lob beziehungsweise unaufrichtige Komplimente.
- Es bedeutet gleichzeitig *zielgerichtetes* – und auch aus diesem
  Grund »falsches« – Lob. Man lobt den anderen, um ihn dazu
  zu bewegen, etwas für einen selbst Vorteilhaftes zu tun.

Wir definieren hingegen Schmeichelei völlig neutral als Methode
der innerbetrieblichen Einflussnahme, die auf guten zwischenmenschlichen Beziehungen beruht. Das bedeutet einerseits sehr
wohl, dass die Komplimente zielgerichtet, also mit einer bestimmten Absicht gemacht werden. Aber sich einschmeicheln *muss nicht*
bedeuten, dass das Lob übertrieben oder verlogen ist. Es gibt auch

subtile und ehrliche Formen des Einschmeichelns, zum Beispiel wenn Sie sich für den anderen interessieren oder wenn Sie dem anderen ehrliche Anerkennung aussprechen.

Sich auf Vorgesetzte berufen. In diesem Fall benutzt man die formale Autorität höherer Vorgesetzter, um andere dazu zu bewegen, im eigenen Sinne zu handeln. »Der Vorstand wünscht das so« oder »Befehl von oben«; solche Aussagen charakterisieren in typischer Weise diese Methode. Bei der konkreten Umsetzung können Sie auf mehrere Arten vorgehen. Sie sollten sich die deutlich sichtbare Unterstützung Ihrer eigenen Vorgesetzten für Ihr Projekt oder Ihre konkrete Zielsetzung sichern. Das kann aber auch bedeuten, Zwang auf den anderen auszuüben, indem Sie sich zum Beispiel bei seinem Vorgesetzten oder bei einem Ihrer gemeinsamen Vorgesetzten beschweren. Dann müssen Sie sich aber vorher vergewissern, dass der betreffende Vorgesetzte wirklich voll auf Ihrer Seite steht.

Verbündete einsetzen. Der Einsatz von Verbündeten zur Durchsetzung der eigenen Ziele ist ebenfalls eine verbreitete Methode. Hierunter ist zum Beispiel ein diskreter Hinweis zu verstehen, dass Sie über gute persönliche Beziehungen zu einflussreichen Personen in der Organisation verfügen, mit dem Ziel, Dritte zur Zusammenarbeit in Ihrem Sinn zu bewegen. Anders, als wenn Sie sich auf Vorgesetzte berufen, geht es hier nicht um die Unterstützung bei einem konkreten Projekt, sondern um Ihre guten Beziehungen als solche. Ein weiterer Fall ist die Koalitionsbildung, bei der Sie andere Mitglieder Ihres Netzwerks zur Hilfestellung gewinnen, beispielsweise, dass diese in einer Sitzung Ihren Standpunkt unterstützen.

Rational argumentieren. Eine sehr wichtige Methode der Einflussnahme besteht darin, den oder die anderen mit rationalen Argumenten zu überzeugen, sich Ihrem Willen gemäß zu verhalten. Die meisten Manager sehen sich selbst als Person, die Entscheidungen rein rational auf der Basis von Fakten und Logik trifft. Das ist folglich auch das Selbstbild fast aller Organisationen. Deshalb ist es praktisch überall üblich, Entscheidungen durch Analyse der relevanten Fakten vorzubereiten und diese schriftlich darzulegen. Je wichtiger die Entscheidung, desto umfangreicher ist normalerweise die vorhergehende Analyse. Hiermit soll abgesichert werden, dass die jeweils bestmögliche Entscheidung getroffen wird. Insofern sind die meisten Manager sehr empfänglich für rationale Argumente und vertrauen Analysen, die ihnen fundiert erscheinen.

Wenn Sie eine Entscheidungsvorlage vorbereiten, bestehen Ihre Möglichkeiten der Einflussnahme durch rationale Argumente darin,

- bestimmte Annahmen insbesondere über zukünftige Entwicklungen zu treffen, die Ihre Sichtweise stützen und
- mehr oder stärkere Pro- als Kontra-Argumente zu nennen.

Gehen Sie dabei aber vorsichtig vor. Wenn Sie zu einseitig argumentieren, wird man Ihre Absichten durchschauen und Ihren Empfehlungen nicht vertrauen. Und: Die gleichen Methoden werden natürlich auch Ihre Gegner anwenden. Klopfen Sie also alle Entscheidungsvorlagen, die von anderen erstellt wurden, daraufhin ab.

Zwang. Hierunter sind alle Maßnahmen zu verstehen, die den anderen für fehlende Kooperation bestrafen und ihn damit zwingen wollen, seine Ablehnung sofort oder mindestens für die Zukunft aufzugeben. Zu dieser Methode gehört auch

- eine Bestrafung zur Abschreckung anzudrohen sowie
- eine Gewährung eines Vorteils zu beenden oder dies anzudrohen.

Die Nachteile dieser Methode sind offensichtlich. Sie machen sich denjenigen, dem Sie auf diese Weise Ihren Willen aufdrücken wollen, zu Ihrem Feind. Dies ist bei den anderen Taktiken nicht zwangsläufig der Fall. Er wird sich rächen wollen, und dies unabhängig von Ihren guten Absichten, was das Vorantreiben und den Erfolg Ihres Projekts angeht.

Insofern sollten Sie Zwang nur als allerletzte Möglichkeit in Betracht ziehen, wenn andere Methoden versagt haben. Aber selbst dann empfiehlt sich der Einsatz von Zwang nur im Ausnahmefall.

Das kleine Einmaleins der Büropolitik   53

Dieser liegt vor, wenn der andere Ihnen mit seinen Racheplänen nicht gefährlich werden kann, da er aktuell schon wesentlich weniger Einfluss hat als Sie *und* Sie auch für die Zukunft keinen Machtzuwachs für ihn erwarten.

Trotzdem bleiben immer Risiken. In Zeiten permanenter Umstrukturierungen und Fusionen können Sie plötzlich wieder auf jemanden treffen, mit dem Sie nie gerechnet hätten. Die Welt ist klein! Und wenn Sie beruflich Pech haben sollten, könnte sich Ihr Einfluss eines Tages wieder verringern.»Man soll beim Aufstieg nie Leute treten, denen man beim Abstieg wieder begegnen könnte«, sagt ein Sprichwort.

Welche der vorgestellten Methoden Sie benutzen sollten, hängt von mehreren Faktoren ab:

- Wie viel Macht haben Sie im Verhältnis zur anderen Person? Bestimmte Methoden verbieten sich gegenüber Personen, die Ihnen in dieser Hinsicht überlegen sind.
- Worauf basiert Ihr Einfluss hauptsächlich? Manche der beschriebenen Methoden können beziehungsweise sollten Sie nur einsetzen, wenn Sie über die entsprechenden Machtgrundlagen verfügen. Um Verbündete einzusetzen, müssen Sie welche haben. Oder: Wenn Sie Expertenwissen haben, liegt der Versuch nahe, andere mit rationalen Argumenten zu beeinflussen.
- Wie schätzen Sie den Charakter des anderen ein? Manche Menschen reagieren eher auf Schmeicheleien, andere auf rationale Argumente oder Geschenke. Sie werden entsprechend positiv auf Ihre Versuche reagieren, sie mit entsprechenden Methoden zu beeinflussen.
- Worum geht es in der Situation konkret? Selbstverständlich wird man gegenüber einer Person nicht immer nur ein und dieselbe Methode einsetzen. Im Gegenteil: Die Kunst der Einflussnahme besteht darin, je nach Situation – das heißt je nachdem, worum es bei dem Konflikt geht – die jeweils wirkungsvollste Methode auszuwählen.

Wenn eine Methode sich in einer Situation als wirkungslos erweist, greift man zu einer anderen. Zum Beispiel versucht man es in vielen Fällen zuerst mit rationalen Argumenten. Falls dies nicht funk-

54   *Die heimlichen Spielregeln der Karriere*

tioniert, beruft man sich auf höhere Vorgesetzte oder verspricht eine Belohnung.

Die dargestellten Methoden werden häufig kombiniert. Wenn Sie beispielsweise jemanden im Gespräch überzeugen wollen, geht das oft am besten, wenn Sie sich einschmeicheln und zusätzlich rational argumentieren.

Wie Sie Ziele durchsetzen: der Managementprozess aus büropolitischer Sicht

Auf der Grundlage des bisher Gesagten soll nun der Managementprozess aus büropolitischer Sicht dargestellt werden. Wie gehen Sie politisch geschickt vor, wenn Sie eine Entscheidung in Ihrer Organisation durchsetzen wollen? Übersicht 4 zeigt die notwendigen Einzelschritte.[4]

Eigenes Ziel festlegen.   Das eigene Ziel bestimmen Sie entweder selbst, indem Sie die Initiative ergreifen und ein Projekt definieren, das Sie durchführen wollen. Oder das Ziel wird Ihnen von Ihrem Vorgesetzten vorgegeben.

Abhängigkeiten identifizieren.   Wenn Ihr Chef Sie beauftragt, haben Sie in aller Regel von Anfang an seine Unterstützung. Wenn Sie hingegen selbst aktiv werden und sich ein Ziel setzen wollen, sind Sie zunächst einmal von der Zustimmung Ihrer Vorgesetzten

- eigenes Ziel festlegen
- Abhängigkeiten identifizieren
- Interessen und Ziele herausfinden
- Machtgrundlagen analysieren
- entscheiden und handeln

Übersicht 4:
Der Managementprozess aus büropolitischer Sicht

Das kleine Einmaleins der Büropolitik   55

abhängig. Sie müssen zuerst Ihren Chef und – je nach Wichtigkeit des Vorhabens – auch die Geschäftsleitung für Ihre Idee gewinnen. Hierbei sollten Sie stufenweise vorgehen: Als Erstes versuchen Sie, Ihren Chef im Einzelgespräch zu überzeugen. Anschließend – und nun mit seiner Unterstützung – wenden Sie sich an das Topmanagement. Wenn dies in Ihrer Firma schriftlich geschehen muss, also in Form eines Antrags oder einer ausführlichen Entscheidungsvorlage, dann sorgen Sie dafür, dass Ihr Vorgesetzter mit unterschreibt. Dadurch hat Ihr Vorschlag erheblich mehr Gewicht.

Als Nächstes müssen Sie analysieren, von welchen Mitarbeitern aus welchen Abteilungen der Erfolg Ihres Projekts oder einzelner Teilschritte abhängt. Wer muss also von Ihnen geführt werden? Und wie viel Einfluss hat er? Personen, deren Kooperation für den Erfolg Ihres Projekts notwendig ist, lassen sich aufteilen in solche, die aktiv mitarbeiten müssen, und solche, die zustimmen müssen oder zumindest nicht ablehnen sollten (häufig die Vorgesetzten der anderen).

Beide Gruppen sind in der Lage, die Durchführung Ihres Projekts zu verzögern oder in Einzelfällen sogar zu blockieren. Gerade für Nachwuchsmanager, die relativ neu in einem Unternehmen sind, ist es häufig nicht einfach, alle Abhängigkeiten zu identifizieren. Dies gilt besonders für große Firmen und Organisationen. Informationen über Abhängigkeiten – vor allem über solche, die nicht aus dem Organigramm hervorgehen – kann man von seinem Chef, aber auch von Kollegen erhalten, die schon länger im Unternehmen sind.

Interessen und Ziele herausfinden. Nachdem Sie alle Abteilungen und Personen bestimmt haben, die kooperieren müssen, sollten Sie im nächsten Schritt deren Interessen und Ziele herausfinden. Daraus können Sie dann schließen, welchen Standpunkt jeder von ihnen wahrscheinlich hinsichtlich Ihres Projekts einnehmen wird und warum. Wer wird von Ihrem Plan positiv oder negativ tangiert? Insbesondere müssen Sie versuchen herauszufinden, wer sich Ihnen widersetzen könnte. Es gibt eine Vielzahl von Gründen, warum andere Ihnen die Zusammenarbeit verweigern könnten. Einige Beispiele:

- starke Belastung oder Überlastung durch andere Aufgaben und Projekte,
- andere befürchtete Nachteile durch Mitarbeit,
- Misstrauen Ihnen oder Ihrem Chef oder Ihrer ganzen Abteilung gegenüber,
- Rache für eine frühere Niederlage,
- abweichende Vorstellungen über die Zielsetzung des Projekts oder gar komplette Ablehnung der Projektidee,
- andere Vorstellungen über die konkrete Ausgestaltung der Hilfe, die Sie von dem anderen bekommen sollten.

Einige dieser Gründe liegen manchmal auf der Hand, andere sind schwieriger herauszufinden. Analysieren Sie nüchtern die jeweiligen Interessen. Jemand, der persönliche Nachteile befürchten muss, etwa in Form von Mehrarbeit ohne einen wie auch immer gearteten Ausgleich, wird sich nur schwer zur Zusammenarbeit bewegen lassen. Auch im Fall, dass die Arbeitsleistung einer Person von ihrem Vorgesetzten nur danach beurteilt wird, was sie im engen Rahmen der eigenen Abteilungsaufgaben leistet, wird diese Person zur Hilfestellung an andere Abteilungen kaum bereit sein.

Verschiedene Abteilungen haben häufig unterschiedliche grundsätzliche Zielsetzungen und Prioritäten, was die Zusammenarbeit nicht unbedingt fördert. Ein klassischer Konflikt ist beispielsweise der zwischen Produktion und Marketing hinsichtlich der Vielfalt der angebotenen Produktvarianten. Die Produktion möchte wenige Varianten in großen Stückzahlen herstellen, um durch Massenfertigung die Kosten so gering wie möglich zu halten. Das Marketing hingegen plädiert für möglichst viele Varianten, um möglichst alle verschiedenen Kundenwünsche optimal zufrieden zu stellen und den Umsatz zu maximieren.

Machtgrundlagen analysieren. Der nächste Schritt besteht zum einen in einer Analyse der Machtgrundlagen der Personen, von denen Sie bei der Durchführung Ihrer Aufgabe abhängig sind. Zum anderen müssen Sie Ihre eigene Machtfülle abschätzen und gegen die der anderen abwägen. Auf welchen Grundlagen beruht Ihr Einfluss, auf welchen der Einfluss der anderen? Wie viel Einfluss haben Sie im Verhältnis zu jedem Einzelnen Ihrer Kontrahenten? Gegen wen werden Sie sich mühelos durchsetzen können? Gegen wen nur mit Mühe? Gegen wen ganz sicher nicht? Was können Sie kurzfristig tun, um Ihren Einfluss auszubauen? Sind Bündnisse möglich? Diese Fragen müssen Sie sich im Rahmen der Machtanalyse stellen.

Entscheiden und handeln. Nun sollten Sie die verschiedenen möglichen Methoden der Einflussnahme abwägen und sich für eine entscheiden: Wie wollen Sie konkret vorgehen? Und zuletzt müssen Sie Ihre Absicht in die Tat umsetzen.

Das sollten Sie mitbringen

Jeffrey Pfeffer nennt mehrere persönliche Eigenschaften, die wichtig für den Erfolg in der Büropolitik sind.[5] Einige sind eher trivial und gelten für alle erfolgreichen Menschen, zum Beispiel überdurchschnittliche Energie, Durchhaltevermögen und die Fokussierung auf ein Ziel. Darüber hinaus führt Pfeffer die in Übersicht 5 aufgelisteten Merkmale an, die speziell in der Büropolitik für den Erfolg unerlässlich sind.

Sensibilität für andere Menschen. Hiermit ist Menschenkenntnis und die Fähigkeit gemeint, sich in andere hineinzufühlen, was wiederum sehr gute kommunikative Fähigkeiten voraussetzt. Es bedeutet, die Wünsche und Schwächen der anderen zu verstehen und wie man sie am besten erreicht und beeinflusst. Diese Sensibiliät erfordert eine ganz genaue Beobachtung der anderen, ihrer Verhaltensweisen, ihrer Körpersprache und Mimik sowie sehr genaues

- Sensibilität für andere Menschen
- Flexibilität
- Bereitschaft zu Konflikten
- Fähigkeit zur Anpassung an andere

Übersicht 5:
Unerlässliche Eigenschaften des erfolgreichen Büropolitikers

58 Die heimlichen Spielregeln der Karriere

Zuhören. Auf den letzten Aspekt wird in Kapitel 7 näher eingegangen. Kurzum: Anstatt sich selbst müssen Sie die anderen in den Mittelpunkt aller Ihrer Überlegungen stellen.

Flexibilität. Der erfolgreiche Büropolitiker passt die eigene Position laufend den sich ändernden Verhältnissen an. Obwohl er an seinem langfristigen Ziel eisern festhält, ist er in der Wahl seiner Mittel auf dem Weg dahin flexibel. Er wechselt Ansichten und Verhalten, sobald er merkt, dass diese nicht länger Erfolg versprechen, weil die Umstände andere sind. Positiv ausgedrückt bedeutet Flexibilität das Gegenteil von Starrsinn, negativ ausgedrückt heißt es, sein Fähnlein nach dem Wind zu hängen. Ein wichtiger Aspekt der Beweglichkeit: Wenn Sie merken, dass Sie einen Machtkampf nicht gewinnen können, dann stellen Sie ihn ein – auch wenn Sie ganz fest davon überzeugt sind, Recht zu haben. Versuchen Sie sich zu arrangieren. Wenn Sie verbissen weiterkämpfen, bis Sie vor aller Augen eindeutig verloren haben, riskieren Sie, dass man in Ihnen einen Verlierer sieht. Dies würde natürlich Ihre Macht reduzieren.

Bereitschaft zu Konflikten. Politik im Büro ist eine Abfolge von Machtkämpfen. Wer hier Erfolg haben will, muss Konflikte und Konfrontationen aushalten können. Er muss bereit sein, seinen ganzen Einfluss in die Waagschale zu werfen, um sich durchzusetzen, und wenn notwendig, auch mit harten Bandagen zu kämpfen (das heißt übrigens nicht zwangsläufig, unfair zu sein!). Wer sich durchsetzt, muss damit rechnen, dass er sich Feinde schafft; wer allseits beliebt sein will oder aus anderen Gründen konfliktscheu ist, wird sich folglich beim Einsatz seiner Macht eher zurückhalten und deshalb büropolitisch weniger erfolgreich sein.

Notwendige Konfliktfähigkeit widerspricht übrigens keineswegs der Forderung, Freundschaften aufzubauen. Man sollte immer zunächst versuchen, sich mit »sanften« Formen der Einflussnahme durchzusetzen; und dies ist umso leichter möglich, je mehr Personen es gibt, zu denen man gute persönliche Beziehungen hat. Gelingt das aber nicht, darf man vor der Anwendung harter Methoden nicht zurückschrecken.

Fähigkeit zur Anpassung an andere. Erfolgreiche Büropolitiker

Das kleine Einmaleins der Büropolitik   **59**

verfügen über ein ausgedehntes Netzwerk von Freunden und Verbündeten. Sie müssen mit sehr vielen verschiedenen Menschen gut auskommen, sich selbst also in zwischenmenschlichen Beziehungen zurücknehmen können. Wer stets dominieren will, riskiert den Dauerkonflikt und letztlich das Ende der Beziehung. Er wird nicht lange Freunde haben.

Das Wichtigste in Kürze

- In jeder Organisation existiert eine unsichtbare politische Welt.
- Die politische Situation ist durch sechs Merkmale beziehungsweise Gesetzmäßigkeiten gekenntzeichnet: Macht und Machtkämpfe, Interessen der Beteiligten, Einfluss von Sympathien und Antipathien auf zwischenmenschliche Beziehungen, Abhängigkeit von anderen, Instabilität im Zeitablauf und Undurchsichtigkeit.
- Politisch *denken* bedeutet, die politische Lage anhand dieser Gesetzmäßigkeiten zu analysieren.
- Politisch *handeln* heißt, anhand dieser Erkenntnisse Macht zu gewinnen, Einfluss zu nehmen und seinen Einfluss zu verteidigen.
- Innerbetrieblicher Einfluss beruht auf Rang und Titel, guten Beziehungen, informellen Informationen, Reputation durch berufliche Erfolge, Ressourcenkontrolle, Höhe der Budget- und Umsatzverantwortung, Karrieretempo, Fachwissen, Nähe zur Macht, Statussymbolen sowie einem selbstbewussten Auftreten.
- Einfluss nimmt man durch Tauschhandel, Schmeichelei, Berufung auf Vorgesetzte, Einsatz von Verbündeten, rationale Argumente oder Zwang.
- Wer sich durchsetzen will, muss wissen, von wem er abhängig ist, welche Interessen die betreffenden Personen verfolgen und wie einflussreich sie sind. Sind diese Punkte klar, gilt es eine Strategie der Einflussnahme zu entwickeln und umzusetzen.
- Der erfolgreiche Büropolitiker ist einfühlsam, flexibel, nicht konfliktscheu und anpassungsfähig.

3.

Wie Sie ein gutes Verhältnis zu Ihrem Chef aufbauen

Ihr Chef, also Ihr direkter Vorgesetzter, ist für Sie in jeder Hinsicht – auch und vor allem im Hinblick auf Ihre Karriere – die wichtigste Person in der ganzen Organisation.

Im vorherigen Kapitel wurde bereits erwähnt, dass eine gute Beziehung zu Ihrem Chef für Sie eine wichtige Machtgrundlage darstellt, denn er beeinflusst Ihren Erfolg maßgeblich, indem er Ihnen bei der Durchsetzung Ihrer sachlichen Ziele hilft und Ihnen bei Auseinandersetzungen den Rücken stärkt.

Aber noch aus einem anderen Grund kommt einem guten Verhältnis zu Ihrem Chef ganz besondere Bedeutung zu: Wenn er Sie nicht empfiehlt, haben Sie praktisch keine Aussicht auf Beförderung. (Hiervon gibt es nur wenige Ausnahmen, etwa wenn Sie Sohn oder Tochter des Inhabers sind.) Es ist Ihr direkter Vorgesetzter, der durch seine positive oder negative Beurteilung Ihrer Fähigkeiten und Leistungen und die entsprechende Kommunikation nach »oben« Ihre beruflichen Ziele maßgeblich fördern oder behindern kann.

Ob Sie mit Ihrem Chef gut auskommen, ist zunächst einmal, wie bei allen persönlichen Beziehungen, eine Frage der spontanen Sympathie und der »gemeinsamen Wellenlänge«. Hierbei kann man Glück haben oder auch nicht. Denn in vielen Fällen kann man sich seinen Vorgesetzten nicht aussuchen, etwa wenn man im Rahmen einer Umorganisation einen neuen Chef bekommt.

Wie Sie ein gutes Verhältnis zu Ihrem Chef aufbauen **61**

Wenn Sie sich bewerben, können Sie zumindest theoretisch Ihren Chef bestimmen, indem Sie eine angebotene Stelle annehmen oder ablehnen. In der Regel wird man ein Angebot aber auch dann annehmen, wenn der künftige Vorgesetzte nicht den eigenen Idealvorstellungen entspricht – zumindest, wenn sonst alles an dem Angebot stimmt oder man keine Alternative zu haben glaubt. Allerdings sollten Sie eine Stelle, und sei sie noch so attraktiv, ablehnen, wenn Ihnen der zukünftige direkte Vorgesetzte ausgesprochen unsympathisch ist oder Sie das sichere Gefühl haben, dass die »Chemie nicht stimmt«. Im Zweifel beruhen solche Gefühle auf Gegenseitigkeit und entpuppen sich bei der späteren Zusammenarbeit als dauerhaftes Handicap.

Gleichgültig, welche Startbedingungen für Ihr Verhältnis zu Ihrem Chef gegeben sind: Wenn Sie Karriere machen wollen, müssen Sie alles daran setzen, eine gute Beziehung zu Ihrem Chef aufzubauen. Diese ist – wie bereits dargestellt – von wechselseitiger Abhängigkeit geprägt.

Versuchen Sie deshalb, diese Beziehung von Ihrer Seite aus aktiv zu gestalten, das heißt ein Verhältnis zu entwickeln, in dem Sie Ihre eigenen Erwartungen und Ziele nicht nur mitteilen, sondern letztlich auch durchsetzen können. Mit anderen Worten: Es geht für Sie darum, Ihren Vorgesetzten zu führen. Er wird Ihnen umso leichter folgen, je besser Sie sich auf ihn einstellen und ihn für sich einnehmen. Was Sie in verschiedenen Situationen tun können und sollten, um dieses Ziel zu erreichen, wird in diesem und dem folgenden Kapitel beschrieben.

Vorab jedoch noch eine kurze Bemerkung zur Haltung Ihres Chefs Ihnen gegenüber: Wenn er Sie selbst eingestellt hat, dann können Sie zumindest in der Anfangszeit mit erheblichem Wohlwollen von seiner Seite rechnen. Er hat persönliches Interesse an Ihrem Erfolg, beweist er doch damit seinen Vorgesetzten, dass er fähig ist, die richtigen Mitarbeiter auszuwählen und einzustellen.

Lernen Sie, Ihren Chef zu verstehen

Ihre grundsätzliche Einstellung zur Zusammenarbeit mit Ihrem Vorgesetzten sollte von dem Wunsch geprägt sein, ihn in jeder Hinsicht bei der Verwirklichung seiner Ziele wirksam zu unterstützen.

Berufliche Ziele und Prioritäten Ihres Chefs   Sie sollten sich darum bemühen, der Problemlöser Ihres Vorgesetzten zu sein. Darum müssen Sie zunächst die beruflichen Prioritäten ihres Chefs genau analysieren. Hierbei gilt es zu unterscheiden zwischen vordergründigen Sachzielen (beispielsweise »Umsatz steigern«, »Kosten senken« oder »reibungsloses Funktionieren der Abteilung«) und seinen persönlichen Interessen, die häufig nicht so offensichtlich sind.

Möglicherweise ist er – so wie Sie – ehrgeizig und möchte befördert werden. Vielleicht will er sich zu diesem Zweck im Unternehmen profilieren, zum Beispiel indem er neue Aufgaben an sich beziehungsweise an seine Abteilung zieht? Oder ist er nicht an einer weiteren Karriere interessiert und eher defensiv eingestellt? Führt er eine ineffiziente Abteilung und »mauert« gegen alle Veränderungen, weil er Statuseinbußen befürchtet, wenn die Abteilung verkleinert wird? Es ist für Sie in jedem Fall wichtig herauszufinden, welche persönlichen Ziele und Interessen Ihr Chef in Wahrheit verfolgt. Nur so können Sie ihn mit Ihrer Arbeit bei der Erreichung dieser Ziele unterstützen.

Erwartungen an die Mitarbeiter.   Die Ziele von Vorgesetzten können sehr unterschiedlich sein, die Erwartungen nicht minder. Sie werden aber nicht immer eindeutig formuliert, meistens weil Vorgesetzte sich nicht offen über ihre eigentlichen Ziele äußern mögen. Um Ihren Chef wirksam unterstützen zu können, müssen Sie jedoch herausfinden, was er genau von Ihnen erwartet. Hierfür gibt es eine Reihe von Möglichkeiten:

- Sprechen Sie mit Ihrem Chef. Bitten Sie ihn, wann immer möglich, um Feedback, ob Sie einen einzelnen Auftrag zu seiner Zu-

Wie Sie ein gutes Verhältnis zu Ihrem Chef aufbauen **63**

friedenheit erledigt haben. Und fragen Sie ihn ab und zu ganz allgemein, ob Sie seine Erwartungen vollständig erfüllen und wenn nicht, wo Sie sich verbessern können.

- Analysieren Sie sein Verhalten. Wenn Sie es sorgfältig beobachten, werden Sie Rückschlüsse auf seine Erwartungen ziehen können. Dasselbe gilt für seine schriftlichen und mündlichen Äußerungen. Welche Verhaltensweisen oder Leistungen von Kollegen lobt er besonders? Welche anderen Abteilungen oder Personen aus anderen Abteilungen kritisiert er und aus welchen Gründen?
- Versetzen Sie sich in seine Lage. Wenn Sie seine Ziele und Prioritäten hätten, was würden Sie dann von Ihren Mitarbeitern erwarten? Womit könnten Ihre Mitarbeiter Ihnen am meisten helfen?
- Fragen Sie die Kollegen und ehemalige Mitarbeiter der Abteilung. Sie können häufig Auskunft über die Erwartungen des Chefs geben.

Entscheidend ist, dass Sie aktiv nach verlässlichen Informationen über die Ziele und Erwartungen des Chefs suchen und möglichst viele Quellen »anzapfen«, um einigermaßen sichere Erkenntnisse zu gewinnen. Ein häufiger Fehler besteht darin, Vermutungen anzustellen statt sich zu informieren.

Was versteht Ihr Chef unter einer guten Leistung? Vorgesetzte sind prinzipiell frei in der Festlegung der Aufgaben und Prioritäten ihrer Mitarbeiter. Jeder Chef legt außerdem bei der Leistungsbeurteilung auf unterschiedliche Dinge besonderen Wert: Beispielsweise ist der eine detailversessen, den anderen interessiert nur die »große Linie«. Der eine legt bei schriftlichen Ausarbeitungen Wert auf perfekte Form, dem anderen genügen handschriftliche Notizen.

Es ist extrem wichtig, sich klar zu machen, dass es insbesondere für Managementfunktionen keine allgemein gültigen, objektiven Maßstäbe dafür gibt, welche Leistungen überhaupt dazugehören und was im Einzelnen als gute Leistung gelten soll. Manager sind immer vom (natürlich subjektiven) Urteil anderer, insbesondere ihrer Vorgesetzten abhängig. Ob Sie also gute Leistungen erbringen, entscheidet in erster Linie Ihr Boss. Der Personalberater Heiko

Mell hat dies überdeutlich, aber absolut zutreffend ausgedrückt: »Ein ›guter‹ Mitarbeiter ist jemand, den sein Chef dafür hält.«[6]

> Es gibt im Management keine objektiven Maßstäbe für die Qualität eines Mitarbeiters. In erster Linie definiert der Chef, was eine gute Leistung ist.

Entscheidend ist also, vom Chef als guter Mitarbeiter *eingestuft* zu werden. Es ist sinnlos, ein *objektiv* guter Mitarbeiter sein zu wollen. Widerstehen Sie der Versuchung, selbst zu definieren, welche Leistung in Ihrer jeweiligen Position als gut anzusehen wäre. Es gibt dafür keine objektiven Kriterien! Deshalb ist Ihr Chef für Ihre Karriere so wichtig, und deshalb ist es im Regelfall aussichtslos, sich ohne gute Beurteilung durch den direkten Vorgesetzten Hoffnungen auf eine Beförderung zu machen.

Der Chef vertritt in diesem Zusammenhang natürlich die Interessen des Unternehmens. Selbst wenn Sie hierüber andere Vorstellungen haben sollten als er, so werden Sie sich auch hierin anpassen müssen. Eine Auseinandersetzung über die Ziele und Prioritäten seiner Abteilung oder des Unternehmens können Sie nicht gewinnen, da im Regelfall das Topmanagement hinter Ihrem Vorgesetzten steht. Es hat ihn schließlich seinerzeit auf diese Position befördert.

Führungskräfte beurteilen die Leistung ihrer Mitarbeiter nicht nur in qualitativer, sondern auch in quantitativer Hinsicht. Letztere messen sie leider in erster Linie an der Zahl der durchschnittlich erbrachten Überstunden, obwohl jemand mit vielen Überstunden nicht zwangsläufig ein besonders produktiver Mitarbeiter sein muss.

Die »Chefsprache« verstehen. Bis hierher ging es darum, Verständnis für die Ziele und Erwartungen Ihres Vorgesetzten zu entwickeln. Den Chef »verstehen« ist aber auch wörtlich zu interpretieren. Die Rede ist von der »Chefsprache«, also bestimmten Sprachmustern, die von vielen Vorgesetzten benutzt werden.

Manche Vorgesetzte drücken sich nicht klar und deutlich aus,

Wie Sie ein gutes Verhältnis zu Ihrem Chef aufbauen **65**

sondern umschreiben ihre Anweisungen aus Feigheit oder Höflichkeit:»Dies und jenes sollte doch einmal gemacht werden ...« oder »Wenn es Ihnen nicht zu viel ausmacht ...«. Das soll in Wirklichkeit heißen:»Tun Sie es bitte.«»Wenn ich Ihnen einen Vorschlag machen kann ...« ist oft die blumige Version von:»So soll es gemacht werden.« Auch Kritik an den Mitarbeitern wird häufig nur in verklausulierter Form vorgebracht. Auf dieses Phänomen wird weiter unten näher eingegangen.

Ebenfalls richtig interpretieren müssen Sie mündliche »Zusagen« hinsichtlich Ihrer beruflichen Zukunft im Unternehmen. Wenn Ihr Vorgesetzter zum Beispiel sagt:»Ich könnte mir sehr gut vorstellen, dass Sie einmal meinen Platz einnehmen«, dann ist das nichts als eine unverbindliche Zukunftsvision. Sie müssen genau hinhören, unter welchen Bedingungen und zu welchem Zeitpunkt Ihnen eine neue Aufgabe, eine Beförderung oder Versetzung in Aussicht gestellt wird. Dabei sind mehrere Dinge zu beachten:

• Das Wichtigste zuerst: Ihr Chef kann nicht über Ihre Beförderung auf seine Ebene oder gar als Nachfolger auf seinen Posten entscheiden. Er kann sich lediglich für Sie einsetzen – mehr nicht.

• Es ist ein Charakterzug mancher Menschen, leichtfertig etwas zu versprechen und es mit der Einhaltung nicht so genau zu nehmen. Vielleicht gehört Ihr Chef zu dieser Sorte.

• Ihr Chef könnte Ihnen aus taktischen Gründen wissentlich etwas zusagen, von dem er ganz genau weiß, dass er es nicht einhalten will oder kann, beispielsweise um Sie kurzfristig zu einer besonderen Leistung zu motivieren. Ein solches unfaires Verhalten ist sicher nicht die Regel, kann aber vorkommen.

• Die Bedingungen und Voraussetzungen für die Einhaltung der Zusage können sich ändern. Dies gilt insbesondere für die Meinungen höherer Vorgesetzter, die Situation der Firma, die innerbetrieblichen Machtverhältnisse und so weiter.

Generell gilt für alle Zusagen Ihres Chefs hinsichtlich Ihrer Karriere: Mündlich gegebene Versprechungen sind lediglich Absichtserklärungen. Mehr sollten Sie folglich nicht hineininterpretieren.

Tipps für Ihren Erfolg

- Analysieren Sie die beruflichen Ziele und Prioritäten Ihres Chefs.
- Erkennen Sie seine Erwartungen an seine Mitarbeiter.
- Finden Sie heraus, was er unter einer guten Leistung versteht.
- Lernen Sie, seine »Chefsprache« zu verstehen.

Wie Sie optimal mit Ihrem Chef zusammenarbeiten

Passen Sie sich seinem Arbeitsstil an. Jeder Vorgesetzte hat einen anderen Arbeitsstil, der wiederum häufig von der Unternehmenskultur geprägt ist. Die gilt insbesondere für die Art der Kommunikation. In manchen Firmen wird sehr viel Wert auf schriftliche Kommunikation im Sinne von Analysen, Memoranden, Entscheidungsvorlagen und Protokollen gelegt. Keine noch so unwichtige Entscheidung wird dort gefällt, die nicht ausführlich schriftlich vorbereitet worden wäre. In anderen Firmen dominieren persönliche Gespräche, Telefonate, spontane Besprechungen und Konferenzen, die Entscheidungsfindung läuft eher informell ab.

Zwischen beiden Extremen gibt es viele Varianten. Auch Ihr Chef wird in dieser Hinsicht einen ganz bestimmten Arbeitsstil pflegen, an den Sie sich so weit es geht anpassen sollten, um die Zusammenarbeit möglichst reibungslos zu gestalten. Der persönliche Arbeitsstil Ihres Vorgesetzten betrifft folgende für Sie relevante Bereiche:

- *Wie will Ihr Chef informiert werden?* Manche legen großen Wert auf schriftliche Berichte, andere lassen sich lieber mündlich informieren, weil sie zum Lesen zu faul oder zu ungeduldig

Wie Sie ein gutes Verhältnis zu Ihrem Chef aufbauen   **67**

sind. Man kann in diesem Zusammenhang von einem »mündlichen« und einem »schriftlichen« Typ sprechen (»reader« und »listener«).[7]

- *Wie führt er Arbeitsgespräche?* Auf Abteilungsebene lassen sich Arbeitsgespräche zwischen Chef und Mitarbeitern unterscheiden in Zweiergespräche und Abteilungsbesprechungen. Manche Vorgesetzte reden am liebsten nur unter vier Augen und meiden Abteilungsbesprechungen. Andere bevorzugen regelmäßige Abteilungsbesprechungen für den Informationsaustausch mit ihren Mitarbeitern, um die Notwendigkeit von Einzelgesprächen möglichst gering zu halten.

Mancher Vorgesetzte hat stets eine »offene Tür« und erwartet von seinen Mitarbeitern, dass sie auf ihn zukommen. Bei anderen muss man um einen Gesprächstermin bitten. Wieder andere halten regelmäßige Einzelbesprechungen an einem »jour fixe« mit ihren Mitarbeitern ab.

Der eine Vorgesetzte führt gern häufig, mitunter täglich, kurze Gespräche mit seinen Mitarbeitern und ergreift von sich aus die Initiative; der andere bevorzugt längere Gespräche in längeren Abständen, zum Beispiel einmal pro Woche. Hinsichtlich der Vorbereitung von Arbeitsgesprächen will der eine vor dem Gespräch eine schriftliche Ausarbeitung als Diskussionsgrundlage oder Entscheidungsvorlage erhalten; dem anderen genügt es, während des Gesprächs gründlich informiert zu werden.

- *Wie entscheidet Ihr Chef?* Arbeitsgespräche dienen nicht nur der Information des Chefs, sondern meistens gleichzeitig der Entscheidung. Vorgesetzte, die gerne spontan entscheiden, werden häufige Einzelgespräche bevorzugen oder öfters spontan Abteilungsbesprechungen einberufen. Eher systematisch arbeitende und entscheidende Chefs treffen ihre Entscheidungen lieber in regelmäßig stattfindenden Besprechungen.

- *Delegiert Ihr Chef Verantwortung?* Die Zusammenarbeit wird von einem ganz wesentlichen Aspekt stark beeinflusst: von seiner Fähigkeit und Bereitschaft, Verantwortung und da-

68   *Die heimlichen Spielregeln der Karriere*

mit Entscheidungsbefugnisse an Mitarbeiter zu delegieren. Der gut delegierende Chef will die Begründungen von Entscheidungen über weniger wichtige Vorgänge gar nicht wissen; allenfalls interessiert ihn das Ergebnis, manchmal nicht einmal das. Der extreme Gegentypus ist der Vorgesetzte, der jedes Detail selbst entscheiden will. Er lässt sich die Entscheidung von seinen Mitarbeitern lediglich vorbereiten und diskutiert sie (vielleicht) mit ihnen, trifft sie dann aber allein.

Wie auch immer der Arbeitsstil Ihres Vorgesetzten sein mag, er erwartet in der Regel, dass Sie sich anpassen. Das gilt bei den meisten Chefs auch für ihren Arbeitsrhythmus. Frühaufsteher sehen es gern, wenn ihre Mitarbeiter ebenfalls früh mit der Arbeit anfangen. Ein Spätaufsteher wird dies nicht erwarten. Jedoch arbeitet er häufig bis spät in den Abend hinein und hat wenig Verständnis für Mitarbeiter, die um 16.30 Uhr gehen – auch wenn sie bereits um 7 Uhr angefangen haben.

Seien Sie verlässlich.   Ihr Chef wird Sie nur dann als Mitarbeiter schätzen, wenn er sich vollständig auf Sie verlassen kann. Dazu gehört, dass Sie Ihre Aufgaben genau in dem Sinne ausführen, wie er sie Ihnen gestellt hat. Machen Sie sich deshalb Notizen, wenn Ihr Chef mit Ihnen eine Aufgabe durchspricht. Stellen Sie durch Rückfragen sicher, dass Sie wirklich in jeder Hinsicht genau verstanden haben, was er verlangt. Dies ist natürlich besonders wichtig bei Vorgesetzten, die eine Tendenz zu ungenauen Aufgabenstellungen haben.

Ferner gehört zur Verlässlichkeit, dass Sie die von Ihrem Chef gesetzten Termine unbedingt einhalten. Falls Ihr Vorgesetzter Ihnen keinen Termin für die Fertigstellung einer Aufgabe setzt, fragen Sie danach oder schlagen Sie von sich aus einen Zeitpunkt vor, den Sie bequem einhalten können. Dies ist deshalb wichtig, weil Ihr Chef auch dann einen (mindestens ungefähren) Termin im Hinterkopf hat, wenn er Ihnen keinen nennt. Wenn Sie die Aufgabe bis dahin nicht erledigt haben, wird er Ihnen zwar keinen Vorwurf machen können, aber auch nicht richtig zufrieden sein.

Falls Ihnen andererseits ein von Ihrem Chef gesetzter Termin zu eng erscheint, erklären Sie ihm das ruhig und sachlich, indem Sie

Wie Sie ein gutes Verhältnis zu Ihrem Chef aufbauen 69

alles aufzählen, was Sie zu dem Zeitpunkt gerade bearbeiten. Versuchen Sie in diesem Fall, den Termin etwas hinauszuschieben. Häufig werden Sie Erfolg haben. Anderenfalls bitten Sie Ihren Chef, die Prioritäten Ihrer Projekte neu zu definieren. Wenn die neue Aufgabe so dringend ist, was kann dann noch etwas warten? Wenn ein Termin trotzdem zu platzen droht, informieren Sie Ihren Chef rechtzeitig und nicht erst an dem betreffenden Tag. Vorgesetzte mögen keine schlechten Überraschungen.

Zur Verlässlichkeit kann man auch die sofortige Inangriffnahme einer gestellten Aufgabe zählen. Es beeindruckt Ihren Chef sehr, wenn Sie mit der Erledigung eines Auftrags gleich beginnen, nachdem er Ihnen gestellt worden ist. Er wird bewusst oder unbewusst denken:»Wenn die Sache ohne Verzögerung angepackt wird, ist die Wahrscheinlichkeit groß, dass sie rechtzeitig zu Ende gebracht wird.« Außerdem erzeugen Sie von sich bei Ihrem Chef mit solchem Verhalten ein Bild von Tatkraft und Engagement.

Machen Sie Vorschläge. Wenn Sie mit der Analyse eines Problems beauftragt werden, machen Sie Vorschläge zu seiner Lösung. Zeigen Sie möglichst mehrere alternative Lösungswege auf, bewerten Sie sie und entscheiden Sie sich für einen davon. Das ist dann Ihr Vorschlag gegenüber Ihrem Chef, den Sie gut begründen müssen. Hieraus wird sich normalerweise eine Diskussion zwischen Ihnen und Ihrem Vorgesetzten entwickeln.

Auch wenn er am Ende Ihre Empfehlung nicht akzeptiert und anders entscheidet: Wichtig ist, dass Ihr Vorschlag und seine Begründung eine qualifizierte Diskussion ermöglicht. Sie sollten sich als geistiger »Sparringspartner« Ihres Chefs verstehen. Nachdem er alle Aspekte des Problems und der Lösungsmöglichkeiten mit Ihnen diskutiert hat, wird er sich – falls er selbst die Entscheidung trifft – sicherer fühlen, dass es eine gute Entscheidung ist.

Trifft Ihr Vorgesetzter hingegen die Entscheidung nicht selbst, dann muss er seine Empfehlung gegenüber seinem Chef oder einem Entscheidungsgremium vertreten. Auch in diesem Falle wird Ihr Chef sich sicherer fühlen, wenn er die Thematik vorher intensiv mit Ihnen besprochen hat.

Zeigen Sie Eigeninitiative. Von einem Manager wird erwartet, dass er sich selbst Aufgaben stellt. Um von Ihrem Vorgesetzten als sehr gute Führungskraft eingestuft zu werden, reicht es nicht aus, dass Sie alle gestellten Aufgaben verlässlich erfüllen. Sie müssen darüber hinaus eigene Initiative zeigen, das heißt sich selbst Aufgaben stellen, sich selbst »Arbeit suchen«. Sie haben ja die Ziele und Prioritäten Ihres Chefs analysiert. Darauf aufbauend sollten Sie aus eigenem Antrieb Vorschläge erarbeiten und Ihrem Chef unterbreiten, wie diese Ziele noch besser erreicht werden könnten. Das beeindruckt Ihren Chef wie kaum etwas anderes.

Wenn Ihre Vorschläge allerdings *betriebsinterne* Abläufe oder Regeln betreffen, müssen Sie große Sensibilität zeigen. Denn diese Regelungen sind ja irgendwann von irgendjemandem im Unternehmen beschlossen worden, und zwar natürlich unter der Annahme, dass sie die bestmöglichen seien. Jeder Verbesserungsvorschlag stellt deshalb gleichzeitig eine Kritik an den Urhebern der aktuellen Regelung dar. Insofern gilt es immer, zunächst herauszufinden, wer für die bestehende Situation verantwortlich ist. Der Verbesserungsvorschlag muss dann so sensibel formuliert werden, dass die Kompetenz des oder der Verantwortlichen nicht infrage gestellt wird. Dies gilt natürlich vor allem, wenn die betreffenden Personen noch im Unternehmen sind.

Halten Sie Ihren Chef immer auf dem Laufenden. Sie sollten Ihren Chef über *alle* Ihre Aktivitäten jederzeit auf dem Laufenden halten. Dies bedeutet zum einen, ihn regelmäßig persönlich, telefonisch oder schriftlich zu informieren, zum anderen heißt das, ihm von *jedem* Schriftstück beziehungsweise E-Mail, die Sie versenden, eine Kopie zukommen zu lassen. Dies hat für Sie nur Vorteile:

- Sie dokumentieren dadurch Ihren Fleiß und Ihre Anstrengungen. Wenn Sie einen Auftrag gerade übernommen haben, zeigen Sie Ihrem Chef, dass Sie die Aufgabe ohne Verzögerung in Angriff genommen haben.
- Andererseits ist es natürlich für Ihren Chef (und damit auch für Sie) vorteilhaft, wenn er gut informiert ist. So kann er zum Beispiel plötzliche Anfragen seines Chefs prompt beantworten – etwas, was auch von ihm erwartet wird. Denn im anderen Fall müsste er zunächst bei Ihnen Details nachfragen. Dies könnte

bei seinem Vorgesetzten leicht den Eindruck erwecken, Ihr Chef wisse nicht genau, was in seiner Abteilung passiert, er habe also seine Abteilung »nicht im Griff«.

- Sollten Sie mit Ihrem Schreiben einen Fauxpas oder gar einen gravierenden Fehler begangen haben, so wird dies auf Sie, aber auch auf Ihren Chef zurückfallen. In einem solchen Fall ist es besser, wenn Ihr Chef schon vorab durch Kopie über das Schreiben informiert ist und nicht erst durch die Reaktion der Adressaten aus allen Wolken fällt.
- Und schließlich: Wenn Sie Ihren Chef nicht permanent informieren, kann er leicht das Gefühl bekommen, Sie wollten ihn übergehen, selbst wenn Sie das überhaupt nicht beabsichtigt haben. Sie sollten Ihren Chef also wirklich über alles informieren, immer nach dem Motto »Lieber zu viel als zu wenig«. Wenn er dann bestimmte Informationen nicht mehr erhalten möchte, wird er es Ihnen schon sagen.

Die Tatsache, dass eine umfassende Information des Vorgesetzten nur Vorteile mit sich bringt, macht es umso erstaunlicher, dass so häufig gegen diese Regel verstoßen wird. Vielfach denken Mitarbeiter, dass ihr Chef ja sowieso weiß, was sie tun (schließlich hat er sie ja selbst beauftragt). Oder sie glauben, sie bräuchten ihn nicht zu informieren, solange alles gut läuft und es keine Probleme gibt.

»Gute Leistungen sprechen für sich«, ist eine weit verbreitete Auffassung. Sie unterstellt, dass der Chef wohl über andere Kanäle von den Leistungen seines Mitarbeiters erfahren wird. Tatsächlich will Ihr Vorgesetzter aber auch dann von Ihnen informiert werden, wenn Ihr Projekt gut beziehungsweise planmäßig läuft. Dies gibt ihm ein Gefühl der Sicherheit und der Kontrolle über das Geschehen, für das ja letztlich *er* verantwortlich ist, auch wenn er Sie mit den Einzelheiten der Durchführung beauftragt hat.

Übernehmen Sie Aufgaben, die Ihrem Chef unangenehm sind. Normalerweise wird Ihr Chef sowieso die ihm unangenehmen Aufgaben auf Sie und Ihre Kollegen abwälzen. Aber es kann auch vorkommen, dass er seinen Mitarbeitern bestimmte Aufgaben nicht zutraut und diese dann notgedrungen selbst erledigt, beispielsweise einen Vortrag ausarbeiten, den er selbst halten soll.

Wenn Sie merken, dass Ihr Chef etwas nur widerwillig tut, und Sie trauen sich die Aufgabe zu, dann schlagen Sie ihm vor, dass Sie sie für ihn erledigen. Wenn Sie Ihre Sache gut machen, wird er Ihnen mit Sicherheit sehr dankbar sein.

Tipps für Ihren Erfolg

- Analysieren Sie den Arbeitsstil Ihres Chefs und passen Sie sich daran an.
- Sorgen Sie dafür, dass Ihr Chef sich hundertprozentig auf Sie verlassen kann.
- Sucht Ihr Chef die Diskussion mit Ihnen? Wenn ja, seien Sie ihm ein guter »Sparringspartner«.
- Zeigen Sie Eigeninitiative, indem Sie sich selbst Aufgaben suchen.
- Halten Sie Ihren Chef immer über alles auf dem Laufenden.
- Übernehmen Sie Aufgaben, die Ihrem Chef unangenehm sind.

Suchen Sie persönlichen Kontakt zu Ihrem Chef

Die Wichtigkeit guter persönlicher Beziehungen wurde in den vorangegangenen Kapiteln bereits betont. Dies gilt in besonderem Maße für Ihren direkten Vorgesetzten. Eine Voraussetzung hierfür ist, dass Sie ihn möglichst häufig sehen oder sprechen und somit engen Kontakt zu ihm halten.

Wenn Ihr Chef ein verschlossener Mensch ist und von sich aus kaum Kontakt zu Ihnen sucht, dann müssen *Sie* sich darum bemühen und Gründe oder Vorwände finden, ihn zu sprechen, wobei Ihre Absicht natürlich nicht erkennbar sein sollte. Mögliche Gründe können sein:

Wie Sie ein gutes Verhältnis zu Ihrem Chef aufbauen   **73**

- Sie gehen gemeinsam mittagessen.
- Sie fahren gemeinsam zu einem auswärtigen Termin.
- Sie bitten ihn um seine Meinung zu einem Problem oder informieren ihn mündlich über Zwischenstände bei der Bearbeitung Ihres Projekts.
- Sie überbringen ihm eine Telefonnachricht persönlich, anstatt ihm einen Zettel auf seinen Schreibtisch zu legen.

Ein möglichst häufiger Kontakt zu Ihrem Chef hat für Sie eine ganze Reihe von Vorteilen:

- Sie lernen ihn besser kennen: seine Arbeitsweise, seine Einstellungen und Verhaltensweisen, seine Vorlieben und Abneigungen – seine ganze Persönlichkeit. Mit diesem Wissen können Sie sich besser auf ihn einstellen.
- Normalerweise spricht man nach einer gewissen Zeit auch über private Dinge. Vielleicht entdecken Sie gemeinsame Interessen oder Hobbys. Wenn ja, umso besser für Ihr Verhältnis!
- Sie haben die Möglichkeit, sich selbst darzustellen und Ihre Persönlichkeit und Ihre Stärken zum Ausdruck zu bringen. Sie sollten sich dabei nicht scheuen, bei gegebenem Anlass auch Ihre Erfolge, die er nicht kennt, zu erwähnen, etwa solche, die Sie bei früheren Arbeitgebern erzielt haben.

Bei Ihren Bemühungen um Kontakt müssen Sie aber aufpassen, dass Sie Ihrem Vorgesetzten nicht »auf den Geist gehen«. Achten Sie deshalb während eines Gesprächs auf kleinste Signale, die darauf hindeuten, dass Ihr Chef die Unterredung verkürzen oder beenden möchte. Auch hinsichtlich der Häufigkeit von Besprechungen oder anderen Kontakten müssen Sie sensibel registrieren, ob Ihr Chef Sie so oft sehen möchte wie Sie ihn.

Vorsicht beim Einschmeicheln.   Für manche Mitarbeiter ist die Versuchung groß, sich bei ihrem Vorgesetzten einzuschmeicheln. Hierunter sind im Wesentlichen zwei unterschiedliche Verhaltensweisen zu verstehen, die aber nicht immer positiv wirken und zu deren Anwendung folglich nicht generell geraten werden kann.

Die eine Art sich einzuschmeicheln besteht darin, den Chef zu loben. Wie in Kapitel 5 noch ausführlicher dargestellt wird, freut

74   *Die heimlichen Spielregeln der Karriere*

sich jeder Mensch über Lob und Anerkennung, jeder Vorgesetzte also auch. Aber längst nicht jeder Chef freut sich über ein Lob seines Mitarbeiters. Hierin sehen viele nur einen offenkundigen Versuch sich einzuschmeicheln und reagieren darauf verärgert. Die Chance auf eine positive Aufnahme des Lobs ist am größten, wenn es spontan geäußert wird und wirklich ehrlich gemeint ist.

Die andere Art des Einschmeichelns besteht darin, Interesse an den persönlichen Angelegenheiten des Chefs zu zeigen. Auch diese Technik wird in Kapitel 5 noch genauer behandelt: Viele Menschen sprechen über nichts lieber als über sich selbst, ihr Leben, ihre Familie, ihre Hobbys. Auch darin machen Chefs keine Ausnahme. Sie finden deshalb jeden, der sich danach erkundigt, von vornherein sympathisch.

Diesen Umstand kann man versuchen auszunutzen, indem man durch entsprechende Fragen Interesse ausdrückt: »War Ihr Besuch auf dem Flohmarkt letztes Wochenende erfolgreich?«, »Machen Sie beim Golfspiel Fortschritte?« Vorsicht ist aber auch hier angezeigt, denn er könnte es merken, wenn Ihr Interesse nur vorgetäuscht ist. Falls Ihr Interesse aber echt ist, etwa weil Sie das gleiche Hobby haben wie Ihr Chef, wird er sicherlich nicht das Gefühl haben, Sie wollten sich einschmeicheln, wenn Sie ein entsprechendes Gespräch suchen.

Wenn Ihr Chef Sie privat einlädt. Wenn Ihr Chef Sie außerhalb der Dienstzeit privat einlädt, zum Beispiel zu sich nach Hause, dann können Sie dies in der Regel als positives Zeichen werten. Ihr Chef zeigt Ihnen damit, dass auch er an einem guten Verhältnis interessiert ist. Denn zu einer solchen Einladung ist er nicht verpflichtet, und sie verkürzt seine ohnehin knapp bemessene Freizeit. Dies gilt besonders, wenn Sie einzeln oder im Rahmen eines kleinen Kreises eingeladen werden – im Gegensatz zu einer privaten Einladung der kompletten Abteilung durch den Chef. Letztere hat natürlich auch außerhalb der Dienstzeit einen dienstlichen Charakter. Im Zusammenhang mit privaten Einladungen sollten Sie einige Regeln beachten:

- *Gespräche über die Arbeit.* Finden Sie heraus, über was Ihr Chef als Gastgeber sprechen möchte. Ein Gespräch über die Arbeit liegt natürlich nahe, denn es ist die Arbeit, die Sie am stärksten mit ihm verbindet. In manchen Fällen möchte Ihr Chef vielleicht nichts mehr von der Arbeit hören. Oder er ist daran interessiert, Sie privat kennen zu lernen mit Ihren Vorlieben und Abneigungen, Ihren Einstellungen und Erfahrungen. Häufig wird am Anfang der Einladung über den Job gesprochen. Achten Sie aber immer darauf, ob Ihr Chef das Thema wechseln möchte.

- *Persönliche Probleme.* Auch wenn Sie im Rahmen solcher Privateinladungen und -gespräche eine gegenseitige Sympathie feststellen und Vertrauen zu Ihrem Chef gewinnen: Vermeiden Sie, mit ihm über Ihre persönlichen Probleme zu sprechen. Das Gleiche gilt für Ihre eventuell vorhandene selbstkritische Einstellung zu Ihren beruflichen Fähigkeiten und Qualifikationen. Gerade am Anfang der Karriere kann es vorkommen, dass man unsicher wird und sich fragt:»Habe ich wirklich das Zeug für eine steile Karriere?« Oder:» Fehlen mir nicht wichtige Qualifikationen, die erfolgreiche Manager auszeichnen?« Selbstzweifel und persönliche Probleme wird auch ein Chef, der es gut mit Ihnen meint, nur allzu leicht als Zeichen der Schwäche ansehen. Wenn Sie hierüber sprechen wollen, suchen Sie sich jemanden außerhalb Ihrer Firma.

- *Negative Kommentare über Ihre Kollegen.* Vermeiden Sie es im vertraulichen Gespräch mit Ihrem Chef, sich abfällig über Abteilungskollegen zu äußern. Möglicherweise fragt Ihr Chef Sie aber konkret, wie Sie Kollegen einschätzen, insbesondere deren Schwächen. In diesem Fall sollten Sie konstruktiv darstellen, wie einem Kollegen geholfen werden könnte, anstatt genüsslich seine Schwächen aufzuzeigen und über ihn zu lästern.

- *Alkohol.* Genießen Sie bei privaten Einladungen bei Ihrem Chef Alkohol in Maßen. Wenn Sie zu viel trinken, riskieren Sie, zu leutselig zu werden und die Kontrolle über das, was Sie sagen, zu verlieren. Darüber hinaus könnte Ihr Vorgesetzter – insbesondere wenn er selbst wenig trinkt – Ihren hohen Alkoholkonsum als Charakterschwäche interpretieren.

- *Freundschaft.* Unter günstigen Umständen kann das Verhältnis zu Ihrem Chef sich zur Freundschaft entwickeln. Auch dann sollten Sie niemals vergessen, dass er Ihr Vorgesetzter bleibt. Sie werden mit dieser Doppelrolle als Mitarbeiter und Freund am besten zurechtkommen, wenn Sie nicht aktiv versuchen, daraus berufliche Vorteile zu ziehen. Bitten Sie Ihren Chef also nie um einen besonderen beruflichen Gefallen. Überlassen Sie die Entscheidung ihm, Sie als Freund besser zu behandeln als Ihre Abteilungskollegen, die nicht dasselbe Verhältnis zu ihm haben.

Tipps für Ihren Erfolg

- Bemühen Sie sich um möglichst intensiven persönlichen Kontakt zu Ihrem Chef.
- Achten Sie darauf, nicht negativ durch offensichtliches Einschmeicheln aufzufallen.
- Beachten Sie die Empfehlungen für den Fall, dass Ihr Chef Sie privat einlädt.

Wie Sie Ihren Chef über Probleme informieren

Sie werden bei Ihrer Arbeit immer wieder auf Probleme stoßen, für die Sie nicht verantwortlich sind und die Sie nicht allein lösen können, wie etwa eine Zeitverzögerung bei Ihrem Projekt, die auf nicht vorhersehbare technische Ursachen zurückzuführen ist. Wenn etwas aus dem Ruder gerät, das Ihnen die Erfüllung Ihrer Aufgaben erschwert, müssen Sie natürlich Ihren Chef informieren.

Manche Vorgesetzte mögen aber nicht mit Problemen belästigt werden – eine nur zu menschliche Reaktion. Wenn ein Mitarbeiter eine schlechte Neuigkeit überbringt, reagieren sie entsprechend ungehalten. Im Extremfall fällt sie sogar negativ auf den Überbringer zurück. Aber auch wenn es Ihrem Vorgesetzten nicht gefällt –

er weiß natürlich, dass er informiert werden muss. Beugen Sie einer negativen Reaktion von seiner Seite durch folgende Verhaltensweisen vor:

- Informieren Sie Ihren Chef so schnell wie möglich. Viele Probleme weiten sich mit der Zeit aus. Wenn Sie sofort Alarm schlagen, sind die Chancen einer raschen, unkomplizierten Lösung größer.
- Es ist besser, wenn *Sie* Ihren Chef informieren. Sonst werden es andere für Sie tun. Dies zu verhindern ist ein weiterer Grund für eine schnelle Information Ihres Vorgesetzten.
- Überbringen Sie die schlechte Nachricht immer zusammen mit einem oder, besser noch, mit mehreren alternativen Lösungsvorschlägen. Sagen Sie also nicht: »Chef, wir haben da ein großes Problem. Wie können wir es lösen?«, sondern: »Zur Lösung des Problems könnten wir die Maßnahmen X oder Y oder Z durchführen. Sie haben jeweils folgende Vor- und Nachteile: ... Ich schlage vor, dass wir es mit Y versuchen. Sind Sie einverstanden?«
- Wenn möglich, kombinieren Sie die schlechte Nachricht mit einer guten. Dies hebt die Stimmung Ihres Chefs.
- Informieren Sie Ihren Chef immer wahrheitsgemäß. Versuchen Sie nicht, ein existierendes Problem gegenüber Ihrem Chef zu verharmlosen oder gar zu verheimlichen. Wenn er später die Wahrheit erfährt, wird dies Ihre Glaubwürdigkeit untergraben und sein Vertrauen in Sie schwer erschüttern. Im schlimmsten Fall wird er Sie für unaufrichtig halten. Es liegt auf der Hand, dass dies für Ihre Karriere gravierende negative Konsequenzen hätte.

Übernehmen Sie die Verantwortung für Ihre Fehler

In diesem Abschnitt geht es um Probleme, die Sie selbst verursacht haben. Jeder macht gelegentlich Fehler oder trifft eine falsche Entscheidung. Wenn daraufhin etwas fehlschlägt, macht es gar keinen guten Eindruck, wenn Sie versuchen, Ihre Verantwortung abzustreiten und die Schuld auf andere zu schieben.

> Wer eigene Fehler nicht zugeben mag und in solchen Situationen Ausflüchte sucht, wird als schwache Persönlichkeit eingestuft und mindert dadurch seine Chancen auf eine Beförderung.

Wer hingegen einen Fehler unumwunden eingesteht, zeigt Selbstvertrauen und erscheint deshalb viel eher als starke Persönlichkeit. Geben Sie also offen zu, dass Ihnen ein Fehler unterlaufen ist, auch wenn es Ihnen schwer fällt. Bedenken Sie:»Nur wer nichts tut, begeht auch keine Fehler.« Und:»Einen Fehler kann jeder einmal machen, nur nicht denselben Fehler zweimal.« Aus Fehlschlägen lernen heißt, sie als eine wertvolle Quelle für neue Erkenntnisse anzusehen.

Die Verantwortung für einen Fehler zu übernehmen bedeutet aber nicht, dass Sie sich nicht rechtfertigen sollten oder dürften. Eine gute Argumentationsweise, um eine falsche Entscheidung zu erklären, schlägt Helga Drummond vor.[8] Sie umfasst drei Schritte:

- Stellen Sie dar, dass Ihre Entscheidung auf früheren Erfahrungen beruhte und deshalb durchaus vernünftig war.
- Weisen Sie darauf hin, dass Ihnen die Risiken dieser Entscheidung bewusst waren, dass sie sich jedoch nicht grundsätzlich von den Risiken ähnlicher Entscheidungen in der Vergangenheit unterschieden hätten – Entscheidungen, die sich später als richtig erwiesen.
- Zeigen Sie abschließend auf, dass die tatsächlich eingetretenen Verluste beziehungsweise Probleme geringer als anfangs befürchtet ausfielen, also geringer als sie es im schlimmsten Fall angesichts des eingegangenen Risikos hätten sein können.

Wie Sie ein gutes Verhältnis zu Ihrem Chef aufbauen **79**

Aus der Praxis

Hierzu ein Beispiel: Herr Teews ist Großkundenmanager des Süßwarenherstellers Sweet AG und betreut die Einkaufszentralen mehrerer großer Handelskonzerne. Seine Gesprächspartner sind die jeweiligen Chefeinkäufer. Diese entscheiden einerseits über die Listung, also die Aufnahme neuer Produkte (Bonbons, Schokoriegel, Kaugummi und so weiter) in ihr Sortiment. Zum anderen legen sie fest, welche Sonderangebotsaktionen in ihren Filialen durchgeführt werden. Wie ihre Konkurrenten zahlt auch die Sweet AG einen hohen Aktionszuschuss, wenn eine Supermarktkette eine solche Aktion mit einem Sweet-Artikel durchführt.

Die Sweet AG plant zum 1. November eine große Neueinführung: Schokolade mit Zitronengeschmack. Erfahrungsgemäß kann es bei neuen Produkten immer Zeitverzögerungen aufgrund technischer Schwierigkeiten geben. Andererseits würde Herr Teews gern den Umsatz aus einer großen Sonderangebotsaktion zur Einführung des neuen Produkts noch im alten Jahr für sich verbuchen. Also bietet er mehreren Kunden Aktionszuschüsse in Höhe von insgesamt 120 000 Euro für eine Einführungsaktion in der zweiten Novemberhälfte an.

Leider gibt es beim Start der Produktion in letzter Minute eine gravierende Panne. Die Erstauslieferung der Ware verzögert sich darum bis kurz vor Weihnachten. Die Aktion ist also geplatzt. Die betroffenen Einkäufer sind sauer, nicht zuletzt weil sie bereits Geld in ihre Handelswerbung für das neue Produkt investiert haben. Sie verlangen ihre Aktionszuschüsse in voller Höhe. Nach langen Verhandlungen gelingt es Herrn Teews, die Schadenersatzzahlungen auf insgesamt 45 000 Euro zu begrenzen.

Gegenüber seinem Chef rechtfertigt Herr Teews sich folgendermaßen: »Ja, es war vielleicht etwas voreilig von mir, meinen Kunden bereits für Mitte November die Einführungsaktion anzubieten. Und natürlich übernehme ich die volle Verantwortung für die dadurch eingetretenen Probleme. Aber mit dem Aktionsangebot gelang es mir, eine Aktion unseres Hauptkonkurrenten in diesem Zeitraum bei meinen Kunden zu verhindern. Und hätten wir die Ware liefern können, hätten wir noch in diesem Jahr einen Zusatzumsatz von 1,8 Millionen Euro gehabt. Auch wenn mir bewusst ist, dass ein gewisses Verspätungsrisiko bei jeder Neueinführung existiert, so gab es doch bei den letzten beiden Einführungen keine Zeitverzögerungen. Deshalb schien mir das Risiko vertretbar. Ich habe meinen Kunden Zahlungen in Höhe von insgesamt 120 000 Euro zugesagt. Anfangs bestanden sie auf Zahlung des vollen Betrags, weil es ja nicht ihre Schuld war, dass die Aktion nicht zustande kam. Glücklicherweise ist es mir gelungen, in harten Verhandlungen unsere Zahlungen auf etwa ein Drittel des Ursprungsbetrages zu begrenzen.«

An diesem Beispiel wird deutlich: Wann immer möglich, sollten Sie bei Ihrer Rechtfertigung gleichzeitig aufzeigen, was Sie zur Schadensbehebung bereits alles unternommen haben.

Wie Sie mit Kritik Ihres Chefs richtig umgehen

Nur auf Basis einer kritischen Beurteilung der eigenen Leistung durch andere (oder sich selbst) hat man die Chance, sich zu verbessern. Deshalb sollten Sie grundsätzlich jede Kritik von anderen an Ihrer Arbeitsleistung ernst nehmen und darauf positiv reagieren. Dies gilt vor allem für Kritik durch Ihren Chef. Denn hierbei müssen Sie ein besonderes Phänomen beachten: Mit Ausnahme einiger weniger Tyrannen kritisieren Vorgesetzte Ihre Mitarbeiter in der Regel nicht gerne.

> Den meisten Chefs ist es unangenehm, ihre Mitarbeiter zu kritisieren.

Die Gründe für diese Zurückhaltung sind nicht ganz klar, denn es ist das gute Recht eines Vorgesetzten, die Arbeitsergebnisse oder das Arbeitsverhalten seiner Mitarbeiter zu kritisieren. Es gibt jedoch eine begründete Vermutung: Wie die meisten Menschen hat auch der Chef das Bedürfnis, von den Menschen seiner Umgebung –

Wie Sie ein gutes Verhältnis zu Ihrem Chef aufbauen **81**

also unter anderem von seinen Mitarbeitern – gemocht und geschätzt zu werden. Wenn er nun seine Mitarbeiter kritisiert, befürchtet er, dass sie darauf mit Ablehnung oder gar Feindseligkeit reagieren. Diese Angst ist zwar meistens unbegründet; nichtsdestotrotz existiert sie bei vielen Vorgesetzten.

Deshalb wird Kritik häufig nur leise angedeutet, in einen Scherz »verpackt« oder gar zusammen mit Lob vorgebracht. Beispiele: »Einen Geschwindigkeitsrekord haben Sie ja bei dieser Aufgabe nicht gerade aufgestellt« bedeutet: »Sie waren viel zu langsam. Ich bin sehr unzufrieden mit Ihrem Arbeitstempo.«

»Sie haben ja eine hervorragende Präsentation ausgearbeitet. Nur schade, dass Ihre anderen Projekte in der Zwischenzeit nicht vorangekommen sind« will heißen: »Sie setzen Ihre Prioritäten falsch. Anstatt Ihre Zeit mit Powerpoint-Spielereien zu vergeuden, sollten Sie lieber zusehen, dass Sie Ihre Projekte vorantreiben.«

Egal wie die Kritik versteckt wird – Sie müssen sie genau heraushören und interpretieren können.

Woran es auch immer liegen mag, die meisten Chefs äußern Kritik erst dann, wenn sie es für dringend erforderlich halten. Sie können als kritisierter Mitarbeiter folglich davon ausgehen, dass die Kritik nicht einfach so dahergesagt ist oder einen weniger wichtigen Aspekt Ihrer Arbeitsleistung betrifft. Vielmehr sollten Sie annehmen, dass Ihr Chef sehr unzufrieden ist und dies möglicherweise schon seit längerem. Häufig ist die geäußerte Kritik nur die »Spitze des Eisbergs«.[9]

Sie sollten keinesfalls mit Ausreden und Ausflüchten reagieren und ihn damit zu einer Diskussion zwingen, die ihm zutiefst unangenehm ist. Es hat ihn in vielen Fällen schon Überwindung genug gekostet, die Kritik überhaupt zu äußern. Ausreden sind außerdem meistens sinnlos, denn sie bringen den Vorgesetzten nicht von seiner Meinung ab. Und sie riskieren, von Ihrem Chef als jemand beurteilt zu werden, der nicht bereit ist, eigene Fehler oder Schwächen zuzugeben und daraus zu lernen beziehungsweise daran zu arbeiten. Eine solche Einschätzung ist natürlich Gift für die weitere Karriere. Im schlimmsten Fall wird Ihr Chef Sie als hoffnungslosen Fall einstufen.

Nehmen Sie die Kritik Ihres Chefs ruhig und sachlich zur

82   *Die heimlichen Spielregeln der Karriere*

Kenntnis. Sollte sie auf sachlich falschen Annahmen beruhen und objektiv ungerechtfertigt sein, müssen Sie sich natürlich wehren, indem Sie die Angelegenheit richtig stellen. Hierfür sollten Sie sich aber Zeit nehmen und nicht sofort antworten. Analysieren Sie in Ruhe, ob die Kritik wirklich völlig unberechtigt ist oder nicht doch wenigstens teilweise zutrifft. Soweit sie unberechtigt ist, sammeln Sie Beweise, natürlich am besten schriftliche Unterlagen, und tragen Ihrem Chef Ihre Sicht der Dinge in einem zweiten Gespräch wohlfundiert und in Ruhe vor.

Das Wichtigste in Kürze

- Ihr Chef ist Ihre wichtigste Person in der ganzen Organisation; ein gutes Verhältnis zu ihm ist für Ihren beruflichen Aufstieg von großer Bedeutung.
- Finden Sie seine persönlichen Ziele und Erwartungen an die Mitarbeiter heraus: Als Chef bestimmt *er,* was er als eine gute Leistung ansieht und wen er folglich für einen guten Mitarbeiter hält.
- Unterstützen Sie ihn in jeder Hinsicht bei der Verwirklichung seiner Ziele.
- Den Chef »verstehen« heißt auch, die »Chefsprache« richtig zu interpretieren.
- Optimale Zusammenarbeit bedeutet, sich an den Arbeitsstil des Chefs anzupassen, ihn permanent zu informieren, verlässlich zu sein und Eigeninitiative zu zeigen.
- Bemühen Sie sich um ein gutes persönliches Verhältnis zu Ihrem Chef. Dies setzt persönlichen Kontakt und Gespräche über Persönliches voraus. Seien Sie aber vorsichtig beim Einschmeicheln. Und beachten Sie gewisse Verhaltensregeln bei Privateinladungen.
- Melden Sie Probleme in Ihrem Verantwortungsbereich frühzeitig. Bieten Sie gleichzeitig Lösungsvorschläge an.
- Übernehmen Sie die Verantwortung für Ihre Fehlentscheidungen, begründen Sie jedoch, wie es dazu kommen konnte.
- Die meisten Chefs kritisieren ihre Mitarbeiter nicht gern. Deshalb: Nehmen Sie es sehr ernst, wenn Ihr Chef Einwände

äußert. Selbst bei objektiv unberechtigter Kritik: ruhig anhören, Argumente sammeln, in zweitem Gespräch ruhig darlegen.

4.

So werden Sie mit schwierigen Vorgesetzten fertig

Ein gutes Verhältnis zu Ihrem Chef ist von immenser Bedeutung für Ihre Karriere. Allerdings gibt es Vorgesetzte, die es ihren Mitarbeitern sehr schwer machen, zu Ihnen eine gute Beziehung aufzubauen. Sie sind fachlich inkompetent, haben Führungsschwächen oder weisen charakterliche Defizite auf.

> Bei Problemen mit Ihrem Chef sollten Sie zunächst immer bei sich selbst nach den Ursachen suchen. Dort liegen sie nämlich häufig (zumindest teilweise).

Wenn Sie Probleme mit Ihrem Chef haben, liegt es nahe, die Ursachen ihm anzulasten. Es kann durchaus sein, dass Ihr Chef schwierig ist. Bevor Sie aber dieses Urteil fällen, sollten Sie die Gründe bei sich selbst suchen. Haben Sie wirklich alles unternommen, um ein gutes Verhältnis zu ihm aufzubauen? Oder haben Sie ihn – vielleicht ohne es zu wollen – durch illoyales Verhalten brüskiert, wie es in Kapitel 10 beschrieben wird?

Auch wenn Sie bei Ihrem Chef nur Unfähigkeit erkennen können, bedenken Sie, dass jeder Schwächen *und* Stärken hat. Wer von seinem Vorgesetzten nicht viel hält, vergisst das leicht. Irgendetwas muss Ihr Chef richtig gemacht haben. Sonst hätte er, bei all seinen Defiziten, seine jetzige Position nicht erreicht. Andererseits: Bloß weil er der Vorgesetzte ist, heißt das noch lange nicht, dass er unfehlbar, allwissend und charakterlich ein-

So werden Sie mit schwierigen Vorgesetzten fertig **85**

wandfrei sein muss. Den perfekten Vorgesetzten gibt es genauso wenig wie den perfekten Mitarbeiter.

Wenn Sie Probleme mit Ihrem Vorgesetzten haben, sollten Sie sich folgende Überlegungen vor Augen führen (sie wurden teilweise in anderem Zusammenhang schon im vorherigen Kapitel erwähnt):

- Eine offene Auseinandersetzung können Sie kaum gewinnen. In aller Regel werden seine Vorgesetzten sich hinter ihn stellen. Gegen diese Solidarität in der Hierarchie haben Sie im Normalfall keine Chance.
- Auf gar keinen Fall sollten Sie sich abkapseln und Ihrem Chef aus dem Weg gehen. Gute Leistungen sprechen keineswegs für sich selbst – im Allgemeinen nicht und schon gar nicht, wenn Sie ein gespanntes Verhältnis zu Ihrem Chef haben. Er wird Ihre Leistungen durch eine negativ gefärbte Brille sehen und Sie sicher nicht für eine Beförderung empfehlen.
- Ärger mit dem Chef kann Ihre Karrierechancen auch außerhalb des jetzigen Unternehmens vermindern. Diese Gefahr besteht zum einen, wenn eine Firma, bei der Sie sich beworben haben, bei Ihrem jetzigen Vorgesetzten eine Referenz einholt, zum anderen in kleinen, überschaubaren Branchen, in denen »jeder jeden kennt«. Hier kann es leicht vorkommen, dass Ihr Chef über Probleme mit Ihnen mit Managern aus anderen Firmen spricht. Nun erwartet jeder Arbeitgeber grundsätzlich von seinen Mitarbeitern, dass sie auch mit schwierigen Chefs zurechtkommen, dass sie »funktionieren«. In dieser Hinsicht sind alle Vorgesetzten dieser Welt einer Meinung – selbst die von konkurrierenden Firmen. Wenn ein potenzieller Vorgesetzter in einem Bewerbungsverfahren von Ihren Schwierigkeiten mit Ihrem derzeitigen Chef erfährt, wird er sich dreimal überlegen, ob er Sie einstellt – muss er doch befürchten, dass auch er mit Ihnen Probleme bekommt.

In diesem Kapitel werden einige häufiger vorkommende Arten schwieriger Vorgesetzter beschrieben – ohne Anspruch auf Vollständigkeit (vgl. Übersicht 6). Es wird aufgezeigt, was Sie in diesen Fällen unternehmen können, um trotz der Probleme eine möglichst

- der Überforderte
- der Machtlose
- der Delegationsunfähige
- der Tyrann
- der sich mit fremden Federn schmückt

Übersicht 6:
Typen schwieriger Vorgesetzter

gute Beziehung zu Ihrem Chef zu unterhalten und Ihre Interessen durchzusetzen. Sollte sich dies trotz intensiver Bemühungen letztlich als fruchtlos erweisen und sich Ihr Vorgesetzter als Karrierebremse erweisen, dann hilft nur eines: kündigen!

Die fünf vorgestellten Problemfälle sind gewissermaßen »Idealtypen«. In der Realität gibt es selbstverständlich Vorgesetzte, die weitgehend einem Profil entsprechen. Es kommt aber auch vor, dass ein einzelner Vorgesetzter mehrere der genannten problematischen Eigenschaften in sich vereint.

Alle folgenden Abschnitte sind in drei Unterabschnitte aufgeteilt. Unter »Definition« wird der jeweilige Typus beschrieben. Dann wird aufgezeigt, worin »Ihr Problem« mit dieser speziellen Art von Chef besteht. Unter »Empfehlung« werden schließlich erfolgversprechende Verhaltensweisen genannt.

Am Ende dieses Kapitels wird die ebenfalls schwierige Situation behandelt, die immer wieder entsteht, wenn man mehrere Chefs gleichzeitig hat.

Der Überforderte

Definition. Hierbei handelt es sich um den Typus des fachlich unfähigen Chefs. Die fehlende Sachkenntnis kann gepaart sein mit Entscheidungsschwäche. Häufig fehlen ihm auch wichtige Sozialkompetenzen, er kann weder mit seinen Mitarbeitern noch mit an-

So werden Sie mit schwierigen Vorgesetzten fertig **87**

deren Personen in der Organisation besonders gut umgehen. Kurzum, der Mann ist mit seiner Aufgabe sichtlich überfordert und genießt deswegen keinen guten Ruf.

Ihr Problem. Das Kernproblem mit dieser Art von Chef besteht für Sie darin, dass seine Inkompetenz auf seine Mitarbeiter abstrahlt. In den Augen der übrigen Organisationsmitglieder gilt die ganze Abteilung häufig als nicht besonders kompetent. Um gegen dieses Image anzukämpfen und für sich selbst einen guten Ruf aufzubauen, müssen Sie sich noch mehr anstrengen als ohnehin schon notwendig.

Empfehlung. Da die Überforderung Ihres Chefs für Sie Probleme nach sich zieht, sind Sie normalerweise nicht gut auf ihn zu sprechen. Vielleicht freuen Sie sich sogar heimlich über seine Schwierigkeiten. Solche Schadenfreude löst aber Ihr Problem nicht im Geringsten! Für den Umgang mit schwachen Vorgesetzten gilt im Gegenteil: Helfen Sie Ihrem Chef. Versuchen Sie, seine Schwächen auszugleichen. Übernehmen Sie Aufgaben, von denen Sie wissen, dass er sie nicht gut beherrscht. So wird Ihr Chef nach außen besser dastehen und damit letztendlich auch Sie. Darüber hinaus wird er normalerweise dankbar sein und sich Ihnen verbunden fühlen. So stärken Sie Ihre Beziehung.

Der Machtlose

Definition. Eine insgesamt schwache Persönlichkeit kennzeichnet diesen Vorgesetzten. Der machtlose Chef vermag sich schon bei seinen Mitarbeitern nur schlecht durchzusetzen, manche »tanzen ihm auf der Nase herum«. Noch weniger Einfluss kann er auf Gleichgestellte und Vorgesetzte ausüben. Dabei ist er fachlich oft durchaus kompetent; das unterscheidet ihn vom Überforderten. Aufgrund seiner Einflusslosigkeit wird er aber genauso wenig von den anderen Organisationsmitgliedern respektiert.

Ihr Problem. Ein einflussloser Chef behindert Ihre Karriere, weil er Ihnen kaum Unterstützung bei der Durchsetzung Ihrer persönlichen und sachlichen Ziele geben kann. Darüber hinaus kann er häufig seine Versprechen gegenüber seinen Mitarbeitern nicht einhalten, da er von Vorgesetzten und Kollegen immer wieder gezwungen wird, seine Prioritäten zu ändern und neue Aufgaben zu übernehmen. Ein weiteres Problem entsteht unter Umständen, wenn Einzelne Ihrer Kollegen beim Chef eine Reduktion Ihrer Arbeitsbelastung erreichen oder sich von unangenehmen Aufgaben befreien lassen und Sie diese übernehmen müssen. Und schließlich strahlt das mangelnde Ansehen des Machtlosen auf seine Mitarbeiter ab.

Empfehlung. Es ist ratsam, auch einen machtlosen Chef mit aller Kraft zu unterstützen. Die Gründe sind die gleichen wie oben genannt. Durch Ihre Hilfe erwerben Sie sein Vertrauen und gewinnen Einfluss. Ist er fachlich kompetent, sollten Sie die Gelegenheit nutzen, so viel wie möglich von ihm zu lernen. Was Ihre nächste Beförderung angeht, so müssen Sie hoffen, auch ohne seine Unterstützung berufliche Erfolge erzielen zu können, um das Topmanagement auf sich aufmerksam zu machen.

Der Delegationsunfähige

Definition. Anstatt seinen Mitarbeitern Verantwortung zu übertragen, tendiert dieser Vorgesetztentyp dazu, sehr viele Arbeiten selbst zu erledigen. Insbesondere anspruchsvolle und interessante Aufgaben delegiert er nicht, weil er – manchmal sogar zu Recht – meint, er selbst könne sie besser ausführen. Eigentlich glaubt er sogar, *alles* besser machen zu können, denn in der Regel ist er fachlich sehr kompetent. Er misstraut den fachlichen Fähigkeiten seiner Mitarbeiter und befürchtet, sie könnten Fehler machen, für die er als Chef geradestehen muss. Folglich weist er ihnen nur Routineaufgaben zu und will jedes Detail selbst entscheiden. Da er nicht in der Lage ist zu delegieren, ist er natürlich ständig überlastet.

Ihr Problem. Auch dieser Vorgesetzte stellt für Sie ein Karrierehindernis dar. Nur mit anspruchsvollen Aufgaben können Sie

So werden Sie mit schwierigen Vorgesetzten fertig **89**

wichtige Erfahrungen sammeln. Nur so erweitern Sie Ihre Fach-
und Führungskompetenz. Und nur wenn Sie schwierige Aufträge
gut erledigt haben, können Sie sich eine gute Reputation erwerben.
Hierzu bekommen Sie aber unter seiner Führung keine Gelegenheit. Darüber hinaus demotiviert er Sie durch das Übermaß an stu-
pider Routinearbeit.

Empfehlung. Der Ansatzpunkt für eine Verbesserung Ihrer Situation liegt in der Überlastung Ihres Chefs. Suchen Sie sich eine
anspruchsvolle Aufgabe, deren Erfüllung Sie sich voll und ganz zu-
trauen. Dann gehen Sie zu Ihrem Vorgesetzten und bitten ihn, Sie
damit zu betrauen. Zeigen Sie ihm die Vorteile auf, die das Delegieren dieser Aufgabe an Sie für ihn hat. Der beste Zeitpunkt für
ein solches Gespräch ist, wenn er wieder einmal unter seiner Ar-
beitslast fast zusammenbricht. Wenn Sie die Aufgabe gut erfüllen,
wird er mit großer Wahrscheinlichkeit bereit sein, Ihnen weitere
Verantwortung zu übertragen.

Der Tyrann

Definition. Dieser Vorgesetzte weist charakterliche Defizite auf
und behandelt seine Mitarbeiter schlecht. Nie lobt er, sondern kritisiert fortwährend und bauscht kleinste Fehler zu Riesenproblemen
auf. Ja, er sucht regelrecht nach Fehlern, um sie »zur Schnecke« machen zu können. Er verbreitet ein Klima der Unterdrückung und
macht seinen Mitarbeitern das Leben schwer. Zu Vorgesetzten (und
Gleichgestellten) kann er hingegen die Liebenswürdigkeit selbst
sein, denn der tyrannische Chef gehört häufig zur Gattung der
»Radfahrer«, die »nach oben buckeln und nach unten treten«.

Ihr Problem. Das schlechte Arbeitsklima und die ständige Be-
fürchtung, »heruntergeputzt« zu werden, rauben Ihnen jegliche
Freude an Ihrer Arbeit. Die brauchen Sie aber, um überdurchschnittliche Leistungen zu erzielen. Damit setzt ein Teufelskreis ein.
Ihre Arbeitsergebnisse verschlechtern sich; Sie werden übermäßig
kritisiert; Sie verlieren noch mehr an Motivation und so weiter.

Empfehlung. Es liegt auf der Hand, dass es ziemlich schwierig ist, ein gutes Verhältnis zu einem Tyrannen aufzubauen. Auch würde Sie wahrscheinlich schon der Versuch dazu erhebliche Überwindung kosten. Es geht also in diesem Fall vielmehr darum zu erreichen, dass Ihre Arbeitsbedingungen erträglich werden. Hierzu sollten Sie folgende Maßnahmen erwägen:

- Suchen Sie Ihren Chef auf, und bringen Sie Ihre Kritik an seinem Verhalten zur Sprache. Sagen Sie aber nicht nur, dass Sie sich gestört fühlen, sondern versuchen Sie immer, einen direkten Bezug zu Ihrer Arbeitsleistung herzustellen. Verdeutlichen Sie ihm ganz konkret, wie sehr sein Verhalten Ihnen gegenüber Ihre Leistungen beeinträchtigt. Und das kann weder in seinem Interesse noch im Sinn des Unternehmens sein.
- Gegebenenfalls kann auch eine von allen Abteilungsmitgliedern gemeinsam vorgetragene Beschwerde Erfolg bringen.
- Wenn Sie den Mut für ein Gespräch mit dem Vorgesetzten nicht aufbringen, gibt es noch eine weitere Möglichkeit. Sie besteht darin, dass Sie Ihre Beschwerde – allein oder mit Kollegen – als anonymen Brief entweder an Ihren Chef oder an das Topmanagement richten. Stellen Sie aber auch in diesem Fall in den Vordergrund, wie sein Verhalten die Arbeitsproduktivität der Abteilung verringert.

Ganz schwierig ist in diesem Zusammenhang die Frage zu beurteilen, ob Sie sich über Ihren Chef bei dessen Vorgesetzten beschweren sollten. Im Allgemeinen ist davon dringend abzuraten; warum, das wird weiter unten im Kapitel über schwere politische Fehler erläutert. Wenn Sie aber verzweifelt sind, weil Sie alles andere erfolglos versucht haben, und wenn Sie das Verhältnis zu Ihrem Chef sowieso als zerrüttet ansehen, dann kann eine solche Beschwerde das letzte Mittel darstellen.

Der sich mit fremden Federn schmückt

Definition. Der Vorgesetzte, der sich gern mit fremden Federn schmückt, lässt sich beispielsweise von seinen Vorgesetzten für die guten Leistungen seiner Abteilung loben, ohne wichtige Beiträge einzelner Mitarbeiter zu erwähnen. Gute Vorschläge und Ideen seiner Mitarbeiter greift er schnell auf und gibt sie als seine eigenen aus. Werden diese schriftlich dargelegt und an höhere Vorgesetzte weitergeleitet, dann unterschreibt nur er die Ausarbeitung.

Ihr Problem. Wenn Ihr Chef versucht, die Anerkennung für Ihre guten Leistungen allein einzuheimsen, haben Sie natürlich das Problem, dass insbesondere Ihre höheren Vorgesetzten nicht ausreichend informiert werden. Das wiederum beeinträchtigt Ihre Beförderungschancen.

Empfehlung. Sie sind zu Recht sauer auf einen solchen Chef. Aber bevor Sie etwas unternehmen, sollten Sie kurz innehalten und sich vergegenwärtigen, dass Ihrem Chef in der Tat ein Teil der Anerkennung zusteht. Wenn seine Mitarbeiter gute Leistungen zeigen, dann auch deswegen, weil er sie gut anleitet, motiviert und unterstützt, und weil er die richtige Person mit der richtigen Aufgabe betraut hat. Er muss ja auch bei schlechten Leistungen und Fehlern seiner Mitarbeiter die Verantwortung übernehmen.

Trotzdem haben Sie natürlich ein Interesse und auch ein Anrecht, dass Ihre Ideen und Leistungen von Ihrem Chef angemessen gewürdigt und gegenüber Dritten anerkannt werden. Um dies zu erreichen, sollten Sie folgendermaßen vorgehen:

- Weisen Sie Ihren Chef freundlich und taktvoll darauf hin, dass Sie es gerne sähen, wenn er Ihre Leistungen anderen gegenüber verdeutlichen würde. Möglicherweise handelt er nicht in böser Absicht; ihm ist gar nicht bewusst, dass er die Anerkennung für Ihre Erfolge »an sich reißt«. Sollte dies der Fall sein, genügt ein solcher Hinweis, und er wird sich in Zukunft anders verhalten.
- Halten Sie alles, was Sie unternommen und erreicht haben, schriftlich fest. Wenn möglich, verschicken Sie regelmäßig Statusberichte, aus denen der Fortschritt Ihrer Projekte und Arbeiten hervorgeht, an alle, die es betrifft, insbesondere an höhere Vorgesetzte. Damit legen Sie zugleich eine Dokumentation Ihrer Erfolge an. Diese hilft bei späteren Gehaltsverhandlungen.

Was tun, wenn Sie mehrere Chefs haben?

Unter bestimmten Umständen kann es vorkommen, dass Sie nicht nur einen, sondern zwei (oder gar noch mehr) Vorgesetzte haben. Zu den häufigsten Konstellationen, die zu dieser für Sie schwierigen Situation führen, zählen die Mitarbeit in einer bereichsübergreifenden, interdisziplinären Projektgruppe neben Ihrer regulären Tätigkeit und die Matrixorganisation. Letztere ist gekennzeichnet durch eine gleichberechtigte Gliederung des Unternehmens nach Funktionen und Ländern oder nach Funktionen und Produkten.

Wenn Sie neben Ihren normalen Aufgaben einem Projektteam zugeordnet werden, bestimmt nicht mehr allein Ihr direkter Vorgesetzter über Ihre Aufgaben, sondern auch der Projektleiter. Dies kann insbesondere dann problematisch werden, wenn es sich um ein größeres und länger andauerndes Projekt handelt, in das Sie stark eingebunden sind. Sie haben dann zwei Aufgaben gleichzeitig zu erfüllen. Wenn Sie in beiden Bereichen erfolgreich sein wollen, sind Sie schnell überlastet. Dazu erhalten Sie möglicherweise einander widersprechende Anweisungen und Aufträge von beiden Seiten. Wenn Ihr Chef und der Projektleiter sich nicht abstimmen, etwa weil sie unterschiedliche Ziele verfolgen oder sich persönlich nicht leiden können, sitzen Sie in der Klemme.

Eine konsequent installierte Matrixorganisation führt oft zu ähnlichen Problemen. Neben Ihrem disziplinarischen Chef haben Sie dann noch einen Fachvorgesetzten. Das in Abbildung 3 dargestellte Beispiel verdeutlicht dies. Dort berichtet beispielsweise der Leiter des Kundendienstes in Deutschland gleichzeitig an den Geschäftsführer für Deutschland (disziplinarischer Vorgesetzter) und an den Bereichsleiter Kundendienst weltweit (fachlicher Vorgesetzter). Seine beiden Chefs stehen hierarchisch auf einer Stufe, was für diese Art von Organisation nicht untypisch ist.

Auch bei der Matrixorganisation kann es infolge mangelnder Abstimmung zwischen den Vorgesetzten leicht dazu kommen, dass Sie mit Arbeit überhäuft und mit widersprüchlichen Aufgabenstellungen konfrontiert werden.

So werden Sie mit schwierigen Vorgesetzten fertig

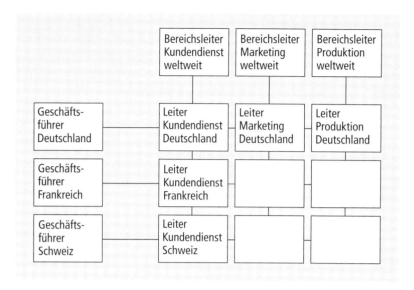

Abbildung 3:
Matrixorganisation

Empfehlung. Zunächst sollten Sie versuchen, mit beiden über das Problem reden, am besten in einem Gespräch zu dritt. Weisen Sie darauf hin, dass die Prioritäten Ihnen nicht klar sind, wenn die gesamte Arbeitsmenge in der vorgegebenen Zeit nicht zu bewältigen ist. Zeigen Sie die Gegensätzlichkeit der Anweisungen auf, wenn sie unvereinbar sind.

Betonen Sie dabei niemals, was *Sie* für Probleme mit der Situation haben, beispielsweise Ihre Arbeitsüberlastung. Weisen Sie vielmehr darauf hin, welche Probleme für die Firma entstehen können, zum Beispiel zusätzliche Kosten aufgrund von Zeitverzögerungen.

Schwierig wird die Situation, wenn sich Ihre Vorgesetzten nicht einigen können oder wollen, etwa weil sie verfeindet sind. In diesem Fall müssen Sie sich wohl oder übel entscheiden, wem Ihre Loyalität stärker gilt. Hierzu sollten Sie zunächst bestimmen, wer für Sie und Ihre Karriere der Wichtigere ist. Wenn beide den gleichen hierarchischen Rang und auch sonst vergleichbaren Einfluss haben, ist dies im Regelfall Ihr disziplinarischer Vorgesetzter.

Mehrere Vorgesetzte zu haben, kann eine schwierige Herausforderung sein. Trotzdem sollten Sie alles daran setzen, das Problem zu lösen, und nicht etwa kündigen. Erstens kann es für Ihren Ruf nur gut sein, wenn Sie gezeigt haben, dass Sie gleichzeitig mit zwei Chefs zurechtkommen können. Zweitens ist die Wahrscheinlichkeit groß, bei einem neuen Unternehmen auf eine ähnliche Situation zu treffen. Denn Matrixorganisation und interdisziplinäre Projektteams erfreuen sich heutzutage in vielen Firmen großer Beliebtheit.

Das Wichtigste in Kürze

- Wenn Sie Probleme mit Ihrem Chef haben, suchen Sie zuerst bei sich selbst die Ursache.
- Auch zu einem schwierigen Chef sollten Sie ein möglichst gutes Verhältnis entwickeln, also weder auf Konfrontation setzen noch den Kopf in den Sand stecken.
- Unterstützen Sie schwache Vorgesetzte.
- Reden Sie mit Ihrem Chef. Zeigen Sie ihm, welches Interesse *er* daran haben könnte, sein Verhalten zu ändern.
- Wenn alles nichts hilft, müssen Sie gehen.
- Wenn Sie zwei Vorgesetzte haben und diese sich nicht absprechen, gilt: Probleme zur Sprache bringen, dabei nicht über Arbeitsüberlastung klagen, sondern die negativen Folgen für die Firma betonen.

5.
Networking: gute Beziehungen zu Gleichgestellten

Die Grundregeln des Networking

In diesem Kapitel geht es um den Aufbau und die Pflege von guten Beziehungen zu anderen Menschen im Beruf, die Ihnen gleichgestellt sind. Hierfür hat sich im Englischen der Begriff Networking eingebürgert.[10] Man kann sich Personen, die sich einander verbunden fühlen, als Knoten eines Netzes vorstellen. Die Fäden symbolisieren die Beziehungen zwischen ihnen. Aus der Perspektive eines Einzelnen betrachtet ist die Summe seiner Beziehungen sein persönliches Netzwerk. Es besteht aus mehreren Teilen:

- innerbetriebliche Kontakte, das heißt alle Personen in Ihrer Firma, zu denen Sie mehr als nur eine einfache, unpersönliche Arbeitsbeziehung haben;
- Personen außerhalb Ihres Unternehmens, die Sie durch Ihre Berufstätigkeit kennen gelernt haben, wie etwa Kunden, Lieferanten oder Mitarbeiter von Wettbewerbsfirmen;
- alle Personen, die Sie privat kennen, also ehemalige Studienkollegen, Freunde, Bekannte, Verwandte.

Ihr betriebliches Netzwerk kann aus Personen mit unterschiedlichem Rang in Ihrer Firma bestehen. Auch im privaten Umfeld kennen Sie vermutlich Menschen mit ganz verschiedener sozialer Stellung. Trotzdem ist jede einzelne Beziehung prinzipiell als eine Beziehung unter Gleichgestellten anzusehen. »Gleichgestellt« bedeutet in diesem Zusammenhang, dass Sie und Ihr Netzwerkpartner die Beziehung freiwillig aufrechterhalten und keiner dem anderen etwas vorschreiben kann. Diese Gleichstellung unterscheidet die Beziehungen innerhalb Ihres Netzwerks grundsätzlich von Ihren hierarchisch definierten Beziehungen zu Ihren Vorgesetzten und Mitarbeitern (sofern Sie bereits welche haben). Die Personen, die Ihr betriebliches Netzwerk bilden, lassen sich in drei Gruppen aufteilen:

- *Abteilungskollegen mit gleichem Rang.* Diese können zwar Ihre potenziellen Rivalen sein, wenn es um eine Beförderung geht. Andererseits existieren aber zu diesen Personen meist auch verbindende Elemente: gleiche Vorgesetzte, gemeinsame oder doch ähnliche Aufgaben, meist eine vergleichbare Ausbildung, ähnliches Alter und so weiter. Insofern ist der Aufbau guter persönlicher Beziehungen zu Abteilungskollegen in der Regel am leichtesten. Dass er auch politisch klug ist, wurde bereits im zweiten Kapitel erwähnt.

  Betrachten Sie deshalb Ihre Abteilungskollegen als Verbündete. Versuchen Sie, gute Beziehungen zu allen Abteilungskollegen aufzubauen, aber konzentrieren Sie Ihre Bemühungen besonders auf die besten unter ihnen. Wenn Sie sehr gute Beziehungen zu einem Topkollegen haben, können Sie es auch leichter verschmerzen, wenn er befördert wird und nicht Sie. Eventuell können Sie später von der Beziehung profitieren, etwa wenn er Sie auf seinem Erfolgspfad mitzieht.

- *Firmenmitglieder aus anderen Abteilungen, zu denen Arbeitsbeziehungen bestehen.* Dies sind alle Personen, auf deren gute Zusammenarbeit Sie für die optimale Erfüllung Ihrer beruflichen Ziele angewiesen sind.

- *Sonstige Firmenmitglieder.* Zu ihnen bestehen zum aktuellen Zeitpunkt keine Arbeitsbeziehungen (was sich natürlich irgendwann ändern kann), aber die gemeinsame Firmenzugehörigkeit verbindet trotzdem.

Networking basiert auf sechs einfachen Grundregeln, die Sie kennen und beherzigen sollten:

1. Alles beruht auf Gegenseitigkeit. Networking bedeutet Austausch von Informationen und Gefälligkeiten. Dabei müssen Sie

Networking: gute Beziehungen zu Gleichgestellten **97**

genauso bereit sein zu geben wie zu nehmen. Networking kann Ihnen viele Vorteile bringen, aber Ihre Netzwerkpartner wollen genauso von ihrer Beziehung zu Ihnen profitieren wie umgekehrt.

2. *Quantität zählt.* Je größer Ihr Netzwerk, desto eher besteht die Chance, dass Sie bei speziellen Problemen genau die Hilfe bekommen können, die Sie benötigen, und desto mehr Informationsquellen stehen Ihnen zur Verfügung.

3. *Qualität ist ebenfalls wichtig.* Je persönlicher und intensiver Ihre Beziehung zu jemandem ist, desto mehr Informationen und Unterstützung werden Sie erwarten können. Einen guten Freund können Sie Tag und Nacht anrufen, wenn Sie ein gravierendes Problem haben, einen Arbeitskollegen in der Regel nicht. Es ist eine wichtige Voraussetzung für eine intensive, persönliche Beziehung, dass Sie andere für sich einnehmen, sich bei anderen beliebt machen können.

4. *Nutzen Sie die Dynamik Ihres Netzwerks.* Da jeder Mensch ein anderes Netzwerk hat, eröffnet Ihnen jede einzelne Beziehung in Ihrem Netzwerk die Möglichkeit, weitere Kontakte zu knüpfen. Wenn Sie die Möglichkeiten intensiv nutzen, über Ihre Netzwerkpartner neue Leute kennen zu lernen, werden Sie Ihr Netzwerk in kurzer Zeit deutlich vergrößern.

5. *Sie sind Ihres Netzwerks Schmied.* Wie groß Ihr Netzwerk ist und wie gut die einzelnen Beziehungen darin sind, das entscheiden Sie allein. *Sie* müssen aktiv werden. Warten Sie nicht darauf, dass andere auf Sie zugehen, sondern gehen Sie auf die anderen zu. Erwarten Sie nicht, dass eine Beziehung sich von allein intensiviert beziehungsweise persönlicher wird, sondern verhalten Sie sich entsprechend.

6. *Beziehungen wollen gepflegt werden.* Die Qualität einer Beziehung ist auch davon abhängig, wie häufig Sie mit Ihrem Netzwerkpartner Kontakt haben. Sie wird sich im Zeitablauf verschlechtern, wenn Ihre Kontakte seltener werden.

Wenn Sie diese Regeln umsetzen wollen, müssen Sie eine Reihe von Fähigkeiten und Verhaltensweisen beherrschen, die gewisserma-

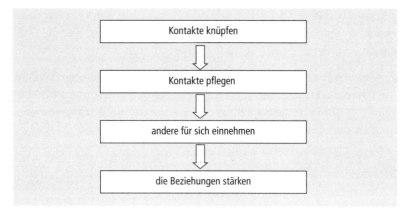

Abbildung 4:
Bausteine für erfolgreiches Networking

ßen die Bausteine für erfolgreiches Networking darstellen. Sie bilden den Kern dieses Kapitels und sind in Abbildung 4 dargestellt. Vorab sollen aber die Vorteile guter Beziehungen dargestellt und Quellen für neue Kontakte aufgezeigt werden.

Vorteile eines Beziehungsnetzes

Ein Netzwerk erleichtert Ihren Weg nach oben. Manche Vorteile treffen nur auf innerbetriebliche, andere nur auf außerbetriebliche Beziehungen zu. Wieder andere gelten für alle Arten von Beziehungen.

Die für Ihre Karriere wichtigsten Networking-Beziehungen sind natürlich die *innerhalb* Ihres Unternehmens. Wie in den ersten beiden Kapiteln erwähnt, stellt ein Netzwerk von guten Beziehungen innerhalb der Firma eine wichtige Machtgrundlage dar, zum einen, weil man so Zugang zu vertraulichen Informationen erhält, zum anderen aber auch, weil Sie nur so Ihre sachlichen Aufgaben erfolgreich erfüllen können, was Ihren Einfluss wiederum stärkt. Deshalb ist es für Sie als angehende Führungskraft ungemein wichtig, am Anfang Ihrer Karriere diesen Einfluss durch intensives Networking aufzubauen.

Networking: gute Beziehungen zu Gleichgestellten **99**

Im Einzelnen lassen sich die wichtigsten Vorteile von guten innerbetrieblichen Beziehungen folgendermaßen beschreiben:

- *Besserer Zugang zu wichtigen Informationen.* Wie im folgenden Kapitel noch ausführlich dargestellt wird, gilt auch im betrieblichen Zusammenhang:»Wissen ist Macht.« Und je mehr Kollegen Sie in Ihrem Unternehmen persönlich gut kennen, desto mehr vertrauliche Informationen über wichtige Vorgänge und Personen werden Sie erhalten.

- *Bessere Chancen für gute Arbeitsergebnisse.* Gute persönliche Beziehungen sind eine wichtige Voraussetzung für die erfolgreiche Zusammenarbeit mit gleichgestellten Firmenmitgliedern aus anderen Abteilungen. Je besser Ihre Beziehungen, desto schneller und leichter werden Sie Ihre Kollegen von Ihren eigenen Wünschen und Vorstellungen überzeugen können. Dies gilt nicht nur dann, wenn Sie auf die direkte Zuarbeit anderer Personen angewiesen sind. Nicht selten müssen Sie auch andere Personen von Ihren Ideen und Vorschlägen überzeugen, um im entscheidenden Augenblick, beispielsweise in einem Meeting, Unterstützung zu erhalten.

- *Unterstützung bei der Abwehr von Intrigen.* Ein großes innerbetriebliches Netzwerk ist Voraussetzung für eine erfolgreiche Abwehr von Intrigen. Hierauf wird im letzten Kapitel ausführlich eingegangen.

- *Chancen für Jobangebote in anderen Unternehmensbereichen.* Die Chancen, innerhalb des eigenen Bereichs aufzusteigen, hängen entscheidend von den direkten Vorgesetzten ab. Wenn Sie dagegen gute Beziehungen zu Managern in anderen Unternehmensbereichen haben, können Sie attraktive Jobangebote erhalten, die eventuell sogar eine Beförderung bedeuten. Voraussetzung ist natürlich, dass eine Stelle vakant wird und man Sie für besser geeignet hält als die Kandidaten aus dem betreffenden Bereich.

Auch gute Beziehungen zu Menschen *außerhalb* des eigenen Unternehmens können äußerst wertvoll für Ihre Karriere sein:

100   *Die heimlichen Spielregeln der Karriere*

- *Hilfe bei schwierigen beruflichen Entscheidungen.* Netzwerk-partner können Ihnen bei schwierigen Karrierefragen beratend zur Seite stehen – zum Beispiel, wenn Sie ein scheinbar attraktives Angebot innerhalb oder außerhalb Ihres Unternehmens erhalten haben oder wenn Sie beruflich in einer Sackgasse gelandet sind. (In der Regel sollten Sie alle Fragen, die in irgendeiner Weise mit Ihrer Absicht zum Firmenwechsel zu tun haben, nur mit Personen außerhalb Ihrer Firma besprechen. Sie müssen einem Arbeitskollegen schon felsenfest vertrauen können, um ihn vorher in Ihre Überlegungen einzuweihen.)

- *Chancen in anderen Unternehmen.* Wenn Sie gute Beziehungen zu Angehörigen anderer Firmen haben, werden Sie frühzeitig von interessanten Stellen erfahren, die frei werden oder neu geschaffen werden. Zwischen der Entscheidung, dass eine Stelle zu besetzen ist, und dem Beginn der aktiven Suche über Zeitungsanzeigen oder Headhunter vergeht in vielen Fällen einige Zeit, etwa für die Suche nach internen Kandidaten. Sie haben also die Chance, sich vor allen anderen Externen zu bewerben, unter Umständen sogar mit Empfehlung Ihres Netzwerkpartners.

- *Ideen übernehmen.* Im Erfahrungsaustausch mit anderen erfahren Sie, wie andere Unternehmen bestimmte Probleme lösen. Erscheint Ihnen deren Vorgehensweise als überlegen, können Sie sie Ihren Vorgesetzten vorschlagen und sich dadurch profilieren.

- *Erweiterung des fachlichen Horizonts.* Jeder Informationsaustausch erweitert Ihren Horizont. Auch wenn Sie keine geniale Idee direkt übernehmen können, verbessern Sie Ihr Know-how. Sie erhalten Empfehlungen zu guten Informationsquellen, zum Beispiel Internet-Adressen, Seminare oder Fachbücher.

Bestimmte Vorteile ergeben sich *gleichermaßen aus guten inner- und außerbetrieblichen* Beziehungen:

- *Verbesserung eigener Ideen.* Wenn Sie eine Idee haben, können Sie diese mit Ihren Netzwerkpartnern besprechen. Sie wer-

Networking: gute Beziehungen zu Gleichgestellten **101**

den es immer wieder erleben, dass man Sie auf Dinge hinweist, auf die Sie von allein nicht gekommen wären. Nichts ist schlimmer als eine Idee, die jemand nur im eigenen Kopf bebrütet hat und die sich nachher als undurchführbar erweist. Legen Sie also Ihre Ideen auf den Prüfstand Ihres Netzwerks. Sie werden dadurch fast immer deutlich verbessert. Im schlimmsten Fall wird Ihnen durch die Diskussion mit anderen klar, dass Ihre Idee undurchführbar ist – dies aber, *bevor* Sie sich damit im großen Kreis blamieren.

- *Rat von Partnern.* Dies gilt auch im umgekehrten Fall: Wenn Sie etwas nicht wissen oder unsicher sind oder wenn Ihnen keine gute Idee einfällt, wie Sie ein bestimmtes Problem lösen können, holen Sie sich Rat bei Ihrem Netzwerk. Je mehr Leute Sie fragen, desto wahrscheinlicher ist es, dass Sie eine gute Lösung finden werden.

- *Konstruktive Kritik.* Bitten Sie Ihre Netzwerkpartner auch um konstruktive Kritik an Ihrem Verhalten, vor allem an Ihrem Kommunikationsverhalten. Sie erhalten dann ehrliche Meinungen, wie Sie auf andere wirken und wo Sie sich verbessern können. Aber Sie müssen um diese Art von Feedback ausdrücklich bitten. Denn niemand wird Sie in der Regel von sich aus kritisieren – aus Angst, Ihnen zu nahe zu treten.

Abbildung 5 zeigt die beruflichen Vorteile von Beziehungen im Überblick.

Quellen für neue Kontakte

Neue Menschen können Sie bei einer Vielzahl von Gelegenheiten kennen lernen. Was die innerbetrieblichen Kontakte angeht, so hat man in den meisten Managementpositionen zwangsläufig schon in der Ausübung seiner Tätigkeit viele Arbeitsbeziehungen. Darüber hinaus haben Sie einige weitere Möglichkeiten, Ihr innerbetriebliches Netzwerk zu erweitern:

102 *Die heimlichen Spielregeln der Karriere*

Innerbetriebliche Beziehungen
- besserer Zugang zu wichtigen Informationen über Vorgänge und Personen → Machtzuwachs
- bessere Chancen für gute Arbeitsergebnisse → Machtzuwachs
- Untersützung bei der Abwehr von Intrigen
- Chancen für Jobangebote in anderen Bereichen

Außerbetriebliche Beziehungen
- Karrierechancen in anderen Unternehmen
- Ideen übernehmen von anderen Firmen
- Erweiterung des fachlichen Horizonts
- Hilfe bei schwierigen beruflichen Entscheidungen

Alle Beziehungen
- Verbesserung eigener Ideen durch Diskussion mit Netzwerkpartnern
- Rat von Netzwerkpartnern bei eigenen Problemen
- konstruktive Kritik an eigenem Verhalten

Abbildung 5:
Berufliche Vorteile von Beziehungen

- *Teilnahme an Fortbildungsveranstaltungen,* vor allem in größeren Firmen;
- *Teilnahme an Freizeitaktivitäten,* die vom Unternehmen organisiert werden, wie etwa Betriebssport, Betriebsfeste oder karitative Aktionen;
- *gezielte Ansprache beim Mittagessen,* wenn Ihr Unternehmen über eine Kantine verfügt;
- *Gründung eines Stammtisches* für Kollegen, die in ähnlichen Funktionen, aber in unterschiedlichen Bereichen der Firma arbeiten.

Außerhalb des eigenen Unternehmens sind die Möglichkeiten, beruflich interessante Kontakte zu knüpfen, ebenfalls vielfältig:

- *Kunden und Lieferanten.* In vielen Funktionen hat man beruflich Kontakt zu Personen außerhalb der Firma, die sich manchmal auch auf einer persönlichen Ebene weiterentwickeln lassen.

- *Fachmessen, Tagungen und Kongresse.* Hier treffen Sie Personen, die in der gleichen Branche oder in vergleichbarer Funktion arbeiten.

- *Ehemaligen-Vereine (Hochschule, eventuell auch Gymnasium).* Besonders die Ehemaligen des eigenen Hochschul-Fachbereichs stellen eine interessante Quelle für beruflich nützliche Kontakte dar.

- *Berufsverbände.* Bei deren Veranstaltungen, die teils geselligen, teils Fortbildungscharakter haben, treffen Sie Personen, die in anderen Firmen die gleichen Funktionen ausüben wie Sie.

- *Weiterbildungsseminare.* Diese werden von Hochschulen, Volkshochschulen und privaten Firmen angeboten. Mit Ihrer Teilnahme schlagen Sie zwei Fliegen mit einer Klappe: Neben der Chance, wichtige Anregungen für Ihre tägliche Arbeit zu erhalten, können Sie zwanglos Personen in ähnlichen beruflichen Positionen kennen lernen. Eher schüchternen Menschen gelingt die Kontaktaufnahme mit fremden Personen auf Seminaren meistens leichter als durch den Beitritt zu Vereinen. Zu einem Seminar kommen die meisten Teilnehmer als Einzelpersonen und sind entsprechend kontaktfreudig. Hingegen gibt es innerhalb von Vereinen und Verbänden häufig Gruppierungen und Cliquen, die nicht unbedingt auf ein neues Mitglied zugehen.

- *Zufallsbekanntschaften.* Im Urlaub, im Flugzeug, bei privaten Einladungen – überall ergeben sich Möglichkeiten, Personen kennen zu lernen, mit denen Sie beruflich etwas verbindet oder deren Bekanntschaft Ihnen für Ihre Karriere nützlich sein kann.

Der erste Schritt: Kontakte knüpfen

Es fällt manchen Menschen schwerer als anderen, neue Kontakte zu knüpfen, indem sie aktiv auf andere, fremde Menschen zugehen. Manche haben geradezu Angst davor, eine »wildfremde« Person anzusprechen. Hierbei ist es vor allem der Anfang des Gesprächs, der schwierig erscheint. Wie soll man das Gespräch eröffnen, wie bricht man das Eis? Wird man auf den anderen durch das, was man am Anfang sagt, einen positiven Eindruck machen oder wird man sich blamieren? Wie wird der andere reagieren: freundlich, neutral oder vielleicht sogar zurückweisend? Ist der andere überhaupt an einem Gespräch interessiert?

Wenn Ihnen diese Fragen in solchen Situationen durch den Kopf gehen, dann helfen Ihnen vielleicht die folgenden Überlegungen und Hinweise:

- Je mehr offenkundige Gemeinsamkeiten Sie mit einem anderen Menschen haben, desto leichter fällt normalerweise die Kontaktaufnahme. Für Mitglieder der gleichen Firma besteht eine wesentliche Gemeinsamkeit darin, dass sie dem gleichen Unternehmen angehören. Deshalb beginnt man ein Gespräch am besten damit, zu fragen, in welcher Abteilung der andere arbeitet und was genau seine Aufgaben sind. Dies sind ganz unverfängliche Fragen, die fast jeder gern beantwortet. Ähnliches gilt beispielsweise bei privaten Einladungen. Alle Eingeladenen haben eines gemeinsam: Sie stehen in irgendeiner Beziehung zum Gastgeber. Die naheliegende erste Frage ist also: »Und was verbindet Sie mit unserem Gastgeber?«
- Wenn Sie die Gelegenheit haben, vor dem ersten Zusammentreffen mit jemandem etwas über ihn zu erfahren, sollten Sie sie nutzen. Suchen Sie nach Gemeinsamkeiten in Ihren Erfahrungen, Bedürfnissen und Interessen, und schon haben Sie einen guten Einstieg in das Gespräch: »Ich habe gehört, Sie haben auch ...«
- Eine einfache Art, ein Gespräch anzufangen, besteht darin, eine Bemerkung zur aktuellen Situation zu machen, in der man sich gemeinsam befindet: »Eine interessante Veranstaltung ist das hier ...« oder: »Es war fast unmöglich, einen Parkplatz zu finden ...«.

Nach der Eisbrecherfrage gilt es, das Gespräch in Gang zu halten, um herauszufinden, ob mit dem anderen weitere Gemeinsamkeiten bestehen. Hierfür eignet sich Small Talk sehr gut, wie Elisabeth Bonneau schreibt.[11] Sie bezeichnet Small Talk als »sanften Türöff-

Networking: gute Beziehungen zu Gleichgestellten **105**

ner« zum anderen, genauer: zu den Gemeinsamkeiten mit dem anderen. Wenn Sie solche feststellen, dann wird sich das Gespräch von alleine weiterentwickeln und daraus vielleicht eine Beziehung entstehen. Zeigt sich hingegen keine gemeinsame Basis, können Sie die »Tür wieder schließen« und sich vom anderen abwenden, ohne unhöflich zu sein. Denn Small Talk ist seinem Wesen nach unverbindlich.

Small Talk: Eine Technik der Kontaktaufnahme, die hervorragend geeignet ist, Gemeinsamkeiten mit dem anderen zu entdecken.

Trotz der Unverbindlichkeit handelt es sich beim Small Talk keineswegs um sinnentleertes Geschwätz, mit dem man sich die Zeit vertreibt. Vielmehr ist darunter in diesem Zusammenhang eine Technik der Kontaktaufnahme zu verstehen, die Sie beherrschen sollten. Auch wenn Ihnen der Small Talk nicht besonders liegt: Sie können ihn lernen. Dazu brauchen Sie zunächst die entsprechende innere Bereitschaft, diese Kommunikationsvariante als nützliches Instrument zu akzeptieren. Für den Einstieg nach der Eisbrecherfrage können Sie dem anderen Fragen zu seiner Person stellen, ohne ihn deswegen auszufragen. Bei Gemeinsamkeiten haben Sie dann die Chance zu reagieren. Oder Sie erzählen etwas über sich selbst, wobei Sie sich aber kurz halten sollten. Hier hat der andere die Möglichkeit, auf Gemeinsamkeiten anzuspringen.

Im weiteren Verlauf des Gesprächs können Sie dann andere Themen ansprechen, etwa indem sie eine kurze Geschichte oder Anekdote erzählen. Hierbei sollten Sie aber bei Unverfänglichem bleiben, wie zum Beispiel Sport, Urlaub, Essen und Trinken, Kino, Theater, Konzert. Vermeiden Sie es auf jeden Fall, über Geld, Politik, Krankheiten, Katastrophen, Tod, Moral oder Religion zu reden. Diese Bereiche gehören zur Privatsphäre, und der andere wird meist nur ungern darüber sprechen wollen. Mit solchen Themen riskieren Sie es, die unbefangene Atmosphäre zu stören.

Wenn Sie bei einem bestimmten Thema keine Gemeinsamkeit entdecken, wird das Gespräch sehr schnell mühsam; es läuft sich tot. Jetzt gilt es, elegant das Thema zu wechseln. Das Zauberwort hierfür heißt »apropos«. Sie greifen einfach ein beliebiges Wort Ihres Gesprächspartners auf und leiten mit »apropos« zu etwas ganz anderem über. Auch wenn ein solch abrupter Themenwechsel normalerweise als unhöflich gilt und nicht gern gesehen wird: *In dieser Situation* ist der andere Ihnen dankbar, denn er empfindet wie Sie die Fruchtlosigkeit Ihres bisherigen Gesprächs.

Beim Small Talk sollten Sie auf vier Dinge achten:

1. *Sprechen Sie alle Themen nur kurz an.* Denken Sie immer daran, dass die Zielsetzung nur darin besteht, Gemeinsamkeiten zu entdecken. Wenn Sie die nicht finden, wechseln Sie schnell das Thema und versuchen dort Ihr Glück.

2. *Seien Sie nicht belehrend oder besserwisserisch.* Es geht nicht darum, den anderen von etwas zu überzeugen, sondern nur darum, ihn kennen zu lernen.

3. *Versuchen Sie, die Stärken und besonderen Fähigkeiten des anderen zu erfahren.* Dies ist wichtig, um beurteilen zu können, in welcher Hinsicht er Ihnen nützlich sein könnte. Teilen auch Sie dem anderen mit, was Sie auszeichnet. Aber schneiden Sie dabei nicht auf, und protzen Sie nicht mit Ihrem Reichtum (wenn er denn vorhanden ist).

4. *Versuchen Sie, gute Laune auszustrahlen.* Lächeln Sie viel. Und halten Sie Blickkontakt. Auch wenn das Gespräch nicht tiefschürfend ist, so ist es doch eine ernst zu nehmende Angelegenheit. Konzentrieren Sie sich also voll und ganz auf Ihren Gesprächspartner. Nichts irritiert mehr, als wenn jemand während des Gesprächs seinen Blick im Raum schweifen lässt, weil er nach anderen Personen Ausschau hält.

Wenn Sie am Ende des Gesprächs den Wunsch verspüren, den Kontakt aufrechtzuerhalten und den Eindruck haben, dass der andere dies genauso möchte, sollten Sie Visitenkarten austauschen. Deshalb empfiehlt es sich, immer eine ausreichende Anzahl von Karten mit sich zu führen – auch wenn man privat unterwegs ist.

Networking: gute Beziehungen zu Gleichgestellten

Pflege des Netzwerks: Kontakte aufrechterhalten

Nachdem Sie jemanden neu kennen gelernt haben, gilt es, den Kontakt möglichst schnell zu vertiefen, indem Sie anrufen oder schreiben oder sich wieder treffen. Sonst versandet die Beziehung, ehe sie recht begonnen hat. Außerdem sollten Sie sich eine Adresskartei oder -datei anlegen, in die Sie wichtige persönliche Informationen über neue Netzwerkpartner aufnehmen, wie Hobbys, Vorlieben und Abneigungen. Die entsprechenden Eintragungen sollten Sie vornehmen, solange noch alles frisch in Ihrem Gedächtnis ist – am besten gleich am nächsten Tag.

Ihre Beziehungen wollen gepflegt sein, wenn sie Ihnen dauerhaft zur Verfügung stehen sollen. Dies erfordert regelmäßige Kontakte, und das mehrmals pro Jahr. Meistens wird man telefonieren, wenn man nicht in der gleichen Firma arbeitet oder am gleichen Ort wohnt. Jede wichtige Veränderung in Ihrem Leben ist ein guter Anlass, Ihre Netzwerkpartner zu informieren und so den Kontakt aufrechtzuerhalten, zum Beispiel eine Beförderung, ein neuer Job, ein Umzug. Auch das Versenden von Geburtstags- und Weihnachtsgrüßen oder der Anruf zum Geburtstag sind empfehlenswert.

Darüber hinaus sollten Sie natürlich versuchen, sich gelegentlich zu treffen, um den Kontakt zu vertiefen. Gehen Sie gemeinsam ein Bier trinken, feiern Sie bei sich zu Hause ein großes Fest, besuchen Sie Ihre Netzwerkpartner, wenn Sie beruflich gerade in ihrer Stadt sind. Kurz: Schaffen Sie Gelegenheiten für ein persönliches Gespräch.

All dies mag banal klingen. Aber wie viele Ihrer Kontakte sind schon eingeschlafen, weil weder Sie noch der andere sich bemüht haben, die Beziehung aufrechtzuerhalten? Sie werden vielleicht antworten, dass Sie zu diesen Leuten sowieso nicht den ganz persönlichen Draht gefunden hatten. Das ist aber im Rahmen der beruflich orientierten Netzwerkpflege nicht unbedingt nötig. Entscheidend ist vielmehr ein Grundstock an gegenseitiger Sympathie sowie gemeinsamen Erfahrungen und Interessen.

108   *Die heimlichen Spielregeln der Karriere*

> Nur wer sich aktiv um seine Beziehungen bemüht, wird über ein großes Netzwerk verfügen.

Der Unterschied zwischen Menschen mit vielen und mit wenigen Beziehungen liegt nicht darin, dass die einen mehr Glück haben als die anderen. Er liegt einzig und allein darin, dass die einen sich mehr um ihre Kontakte gekümmert haben als die anderen. Eine regelmäßig hohe Telefonrechnung ist meist ein sicheres Indiz für erfolgreiches Networking. Beziehungen sind besonders gefährdet, wenn eine räumliche Trennung entsteht, weil jemand wegzieht. »Aus den Augen, aus dem Sinn«, sagt der Volksmund, und er hat damit häufig Recht. Gerade in einem stark dezentralisierten Land wie Deutschland ist eine örtliche Veränderung aus beruflichen Gründen an der Tagesordnung. Die Kontaktpflege bedarf in dieser Situation besonderer Bemühungen, vor allem vonseiten desjenigen, der weggeht, aber natürlich auch von demjenigen, der zurückbleibt. Halten Sie also Kontakt, wenn zum Beispiel jemand aus Ihrem Firmennetzwerk das Unternehmen verlässt und umzieht. Oder wenn aus Ihrem Freundeskreis jemand versetzt wird.

Tipps für Ihren Erfolg

- Nach dem Kennenlernen den anderen möglichst bald erneut kontaktieren.
- Adressdatei mit persönlichen Informationen anlegen.
- Netzwerkpartner regelmäßig (mehrmals pro Jahr) kontaktieren, besonders bei räumlicher Trennung.
- Alle Gelegenheiten für persönliche Gespräche nutzen.
- Immer die Initiative ergreifen; sich nie auf den anderen verlassen.

Wie Sie andere für sich einnehmen

Sich aktiv um Kontakte zu bemühen, ist eine Sache – eine andere ist es, den anderen für sich einzunehmen, sich bei ihm beliebt zu machen. Dies gehört zum Networking untrennbar dazu. Je mehr Ihre Netzwerkpartner Sie mögen, desto intensiver und potenziell ertragreicher wird die Beziehung zwischen Ihnen sein. Wie erreicht man es, dass andere einen mögen? Das ist zunächst eine Frage des Talents. Auch Sie werden Menschen kennen, denen es scheinbar mühelos gelingt, andere für sich einzunehmen oder gar von sich zu begeistern. Das andere Extrem sind Eigenbrötler und Einzelgänger, von denen viele ihrer Mitmenschen keine oder eine schlechte Meinung haben.

Dale Carnegie ist als einer der ersten Autoren systematisch der Frage nachgegangen, »wie man Freunde gewinnt«.[12] Seine Grundregel: Behandeln Sie die anderen immer so, wie Sie selbst gerne behandelt werden möchten. Und das bedeutet vor allem, sie in ihrem Selbstwertgefühl zu bestärken, indem Sie ihnen Anerkennung zukommen lassen. Der psychologische Mechanismus ist ziemlich einfach: Jeder erhält gern Lob, Komplimente, Anerkennung. Das ist Balsam für die Seele, von dem die meisten Menschen nicht genug bekommen können. Aber im täglichen (Arbeits-)Leben gibt es davon leider viel zu wenig. Darum schätzen die meisten Menschen jeden sehr, der ihnen seine ehrliche Anerkennung ausspricht. Dies gibt ihnen ein gutes Gefühl und schmeichelt ihnen. Und deshalb werden sie auch versuchen, solche Menschen auf die eine oder andere Weise an sich zu binden.

Machen Sie Komplimente. Es gibt einen direkten und verschiedene indirekte Wege, diesen Grundgedanken der ehrlichen Anerkennung in die berufliche Praxis umzusetzen. (Er gilt natürlich auch im Privatleben, aber das ist nicht das Thema dieses Buches.) Der direkte Weg besteht einfach darin, jemandem Komplimente zu machen beziehungsweise ihn zu loben. Sie können dabei ihre Anerkennung für private wie für berufliche Erfolge ausdrücken. Sie sollten Ihr Lob aber möglichst konkret auf eine einzelne Leistung beziehen. Dies ist wirkungsvoller, als die Talente oder Charaktereigenschaften des anderen auf allgemeine Art zu loben.

Ferner sollten Ihre Komplimente individuell auf den anderen zugeschnitten sein. Es ist peinlich, wenn sich herumspricht, dass Sie mehrere Menschen in identischer Weise gelobt haben. Durch solch ein Verhalten werden Sie unglaubwürdig. Wenn Sie auf Anhieb nichts finden, was Sie ehrlich anerkennen können, dann suchen Sie aktiv danach. Manchmal mag es etwas Mühe kosten, aber bei jedem Menschen können Sie einen Anlass zum Lob finden – und sei er noch so klein. Ganz besonders wirkungsvoll ist Ihre Anerkennung, wenn Sie sie in Gegenwart Dritter äußern. Neben dem positiven Effekt des Lobs an sich werten Sie damit den Betreffenden in den Augen der übrigen Anwesenden auf.

Interessieren Sie sich für den anderen. Eine indirekte Art, Anerkennung auszudrücken, besteht darin, sich für den anderen zu interessieren. Für die meisten Menschen gibt es auf der ganzen Welt nichts Wichtigeres als sie selbst, ihre Familie, ihre Hobbys, ihre Wünsche, ihre Interessen, ihre Pläne und ihre Sorgen. Dafür interessieren sie sich brennend. Darüber reden sie am liebsten. Wenn Sie also Interesse an Ihrem Gegenüber zeigen, an seiner Familie, seinen Hobbys, Wünschen, Interessen, Plänen und Sorgen – dann gewinnen Sie ihn ganz leicht für sich. Sprechen Sie über das, was *ihm* am Herzen liegt. Die Technik ist ganz einfach: Stellen Sie entsprechende Fragen. Lassen Sie den anderen erzählen. Hören Sie aufmerksam zu. Haken Sie nach. Und merken Sie sich, was der andere Ihnen erzählt hat – wenn es sein muss, indem Sie sich später die wichtigsten Dinge aufschreiben.

Lächeln Sie. Bringen Sie deutlich zum Ausdruck, dass Sie gerne mit dem anderen sprechen, dass Sie seine Gegenwart schätzen. Das beginnt mit einer herzlichen Begrüßung, mit der Sie dem anderen zeigen, wie sehr Sie sich freuen, ihn wiederzusehen (oder kennen zu lernen). Seien Sie im Gespräch immer höflich und freundlich. Strahlen Sie gute Laune aus, auch wenn Ihnen nicht danach zumute ist. Und vor allem: Lächeln Sie. Ein Lächeln kostet Sie nichts und bringt Ihnen jede Menge Sympathie ein.

Reden Sie den anderen mit seinem Namen an. Ein besonderes indirektes Kompliment im Gespräch ist die Anrede des anderen mit

Networking: gute Beziehungen zu Gleichgestellten **111**

seinem Namen. Kein Wort hört der Mensch so gerne wie seinen eigenen Namen. Merken Sie sich also den Namen Ihres Gesprächspartners, wenn Sie ihn kennen lernen, und benutzen Sie ihn später zwischendurch im Gespräch. Sie dürfen es nur nicht übertreiben; sonst fällt es unangenehm als Masche auf.

Bitten Sie um Rat. Eine weitere indirekte Form des Kompliments besteht darin, den anderen um Rat zu bitten. Wenn Sie das tun, bescheinigen Sie ihm Kompetenz auf dem Gebiet, auf dem Sie den Rat suchen. Die meisten Menschen geben gern Ratschläge (manchmal auch ohne, dass man sie gebeten hätte). Bedenken Sie immer: Sie müssen das, was man Ihnen rät, nicht in die Tat umsetzen. Sie sind in Ihrer Entscheidung frei. Aber dadurch, dass Sie den anderen überhaupt fragen, werten Sie ihn auf.

Loben Sie den anderen in seiner Abwesenheit. Sie können bei Ihren Mitmenschen auch Pluspunkte sammeln, indem Sie sie gegenüber Dritten loben, wenn sie nicht anwesend sind. Seien Sie sicher, dass diese Art der »guten« Nachrede früher oder später beim Betroffenen ankommt, genauso wie ihr Gegenstück, die üble Nachrede. Wie beim oben erwähnten Lob in Anwesenheit Dritter hat auch hier das Kompliment den doppelten Effekt.

Tipps für Ihren Erfolg

- Machen Sie Komplimente.
- Interessieren Sie sich für den anderen.
- Lächeln Sie.
- Reden Sie den anderen mit seinem Namen an.
- Bitten Sie um Rat.
- Loben Sie den anderen in seiner Abwesenheit.

So stärken Sie die Beziehung

Die Qualität Ihrer Beziehungen hängt ganz entscheidend davon ab, wie sehr Sie andere für sich einnehmen können. Neben den verschiedenen Arten des Lobes gibt es noch einige andere Möglichkeiten, die Beziehung zu stärken.

Seien Sie hilfsbereit. Alle Vorteile, die Sie von Ihren Netzwerkpartnern zu erhalten hoffen, müssen Sie den anderen im Gegenzug auch geben wollen. Das heißt im Einzelnen:

- Helfen Sie aktiv durch eigene Mitarbeit, zum Beispiel wenn jemand aus Ihrem Netzwerk momentan überlastet ist.
- Tun Sie Ihren Partnern auch sonst jeden Gefallen, der Ihnen möglich ist.
- Hören Sie sich die beruflichen und persönlichen Schwierigkeiten der anderen an und stehen Sie ihnen mit Ermutigung und Rat (und eventuell Tat) zur Seite. Falls Sie selbst für ein Problem keine Lösung kennen: Vielleicht können Sie einen Experten aus Ihrem Netzwerk vermitteln.

Wie oben bereits erwähnt, verpflichten Sie sich den anderen, wenn Sie ihm einen Gefallen tun. Nach der Norm der Gegenseitigkeit steht er in Ihrer Schuld und empfindet im Normalfall die Verpflichtung, sich bei Gelegenheit zu revanchieren. Dieses »Gefallen-Guthaben« bedeutet Macht für Sie, denn Sie können darauf zurückgreifen, wenn Sie selbst Hilfe benötigen. Hilfsbereitschaft stärkt also nicht nur Ihre Beziehung zum anderen, sondern gibt Ihnen auch in gewissem Umfang Einfluss auf ihn.

Bedanken Sie sich. Für jede Hilfe, die Sie selbst erfahren haben, sollten Sie sich umgehend bedanken. Dies kann mündlich geschehen, mit einer kurzen Notiz oder mit einem kleinen Geschenk. Kleine Geschenke erhalten bekanntlich die Freundschaft. Geben Sie sich dabei Mühe, etwas zu schenken, das der andere gut findet. Damit ist es mehr als nur der geschuldete Dank in materieller Form, nämlich ein Ausdruck Ihrer Wertschätzung des anderen. Sie zeigen ihm, dass Sie genau registriert haben, was der andere Ihnen über sich und seine Interessen erzählt hat.

Seien Sie zuverlässig. Gegenüber Ihrem Chef müssen Sie absolut zuverlässig sein; das wurde bereits erwähnt. Aber auch gegenüber Ihren Netzwerkpartnern sollten Sie sich jederzeit als zuverlässig erweisen. Auch hiermit drücken Sie Ihre Wertschätzung dem anderen gegenüber aus. Zuverlässigkeit bedeutet vor allem, dass Sie Ihre Versprechen einhalten, und zwar sowohl in der Sache, als auch was den Termin angeht.

Überlegen Sie sich deshalb gut, was für Zusagen Sie anderen geben. Wenn Sie von vornherein Zweifel haben oder sogar wissen, dass Sie Ihr Versprechen nicht erfüllen können oder wollen, dann versprechen Sie lieber nichts! Denken Sie sich eine Ausrede aus, aber sagen Sie keinesfalls: »Ich werde es versuchen.« Wenn Sie Ihr Versprechen nicht einhalten können, werden Zweifel aufkommen, ob Sie sich ausreichend bemüht haben. Versprechen Sie nur, was Sie sicher einhalten können. Nur so bauen Sie sich eine Reputation der Zuverlässigkeit auf. Und sollte es wirklich einmal unvorhergesehene Probleme geben, dann weisen Sie die anderen sofort darauf hin, sobald Sie davon erfahren – und nicht erst, wenn es zu spät ist.

Seien Sie taktvoll. Taktvoll sein heißt, sich so zu verhalten, dass sich andere Menschen in Ihrer Gegenwart wohl fühlen – und zwar deshalb, weil Sie mit ihren Schwächen und Fehlern in einer Weise umgehen, die ihr Selbstwertgefühl nicht beeinträchtigt. Das bedeutet zum Beispiel, dass Sie den anderen nicht vor Dritten kritisieren. Es kann aber auch heißen, dass Sie sich bemühen, dem anderen, wann immer möglich, nur das zu sagen, was er gerne hört, ohne dabei unaufrichtig zu sein. Was Sie sagen, sollte wahr sein. Aber Sie müssen nicht immer die ganze Wahrheit sagen. Taktvolles Verhalten bedeutet häufig, im richtigen Moment einfach zu schweigen.

Seien Sie diplomatisch. In der Zusammenarbeit im Unternehmen besteht die Kunst der Diplomatie vor allem darin, dem anderen die eigene Ablehnung seiner Ideen, Vorschläge und Handlungen in einer möglichst sanften Form (aber dennoch eindeutig) zu vermitteln. Es kommt darauf an, den anderen nicht zu verletzen oder zu verärgern und damit zu verhindern, dass die Beziehung durch die Meinungsverschiedenheit belastet oder gefährdet wird.

Es gibt verschiedene Möglichkeiten, Ablehnung oder Kritik diplomatisch zu »verpacken«. Sie können schweigen, wenn der andere Zustimmung oder Lob erwartet. Oder: Wenn Sie einen Vorschlag ablehnen, sollten Sie neben den negativen Folgen auch seine positiven Seiten erwähnen. Oder Sie weisen auf einen Fehler hin, übernehmen aber selbst einen Teil der Verantwortung, indem Sie zum Beispiel sagen: »Offensichtlich habe ich Ihnen nicht klar vermitteln können, was ich wollte.« In jedem Fall sollten Sie Ihre Worte immer so wählen, dass der andere nicht unnötig herabgesetzt wird.

Machen Sie sich nicht unbeliebt. Es gibt einige Verhaltensweisen, mit denen man sich bei seinen Netzwerkpartnern sehr schnell sehr unbeliebt machen kann. Dazu gehören:

- gute Ideen von anderen entwenden und sie als die eigenen ausgeben;
- das Lob für eine gelungene Teamarbeit alleine einstecken, ohne auf die anderen Teammitglieder hinzuweisen;
- andere im Unternehmen bedrängen, Lebensversicherungen abzuschließen oder in windige Steuersparmodelle zu investieren;
- andere um Geld »anpumpen«;
- falls man es doch getan hat, das geliehene Geld nicht pünktlich zurückzahlen.

Sicher ließe sich diese Liste noch um einiges weiter verlängern. Die Quintessenz lautet aber in allen Fällen: Vermeiden Sie jedes Verhalten, von dem Sie umgekehrt auch nicht möchten, dass andere es Ihnen gegenüber praktizieren.

Tipps für ihren Erfolg

- Seien Sie hilfsbereit.
- Bedanken Sie sich.
- Seien Sie zuverlässig.
- Seien Sie taktvoll.
- Seien Sie diplomatisch.
- Machen Sie sich nicht unbeliebt.

Duzen am Arbeitsplatz

Im Zusammenhang mit innerbetrieblichem Networking taucht in deutschen Firmen irgendwann die Frage nach dem »du« oder »Sie« auf. Das Duzen am Arbeitsplatz ist für angehende Führungskräfte immer noch ein heikles Thema. Im Gegensatz zu manchen anderen europäischen Ländern hält sich in Deutschland das »Sie« im Geschäftsleben und im öffentlichen Leben hartnäckig.

Demzufolge verbinden viele Menschen mit dem Duzen auch heute noch etwas Besonderes: Es wird als deutlich sichtbarer Ausdruck der persönlichen Nähe oder der Freundschaft angesehen. Dies drückt sich auch in dem ganzen Kult um das »Brüderschafttrinken« aus. Das »du« am Arbeitsplatz folgt oft auf eine jahrelange Zeit des Siezens, in der man immer besser zusammengearbeitet hat und sich persönlich näher gekommen ist. Es besiegelt gewissermaßen die neue, innigere, persönlichere Beziehung.

Wenn Sie also mit anderen Mitarbeitern des Unternehmens ein optimales persönliches und Arbeitsverhältnis erreicht haben, liegt irgendwann das »du« quasi in der Luft. Dann braucht es nur ein paar Gläser Bier auf dem nächsten Betriebsausflug, und die entscheidende Frage wird Ihnen gestellt. Es gibt aber noch eine andere Konstellation, bei der das »du« nahe liegt, nämlich wenn es in einer Abteilung mehrere etwa gleichaltrige angehende Führungskräfte gibt. Man duzte sich in der Schule und an der Uni. Und nun kommt man sich etwas komisch vor, auf einmal diejenigen zu siezen, die man bis vor kurzem noch selbstverständlich geduzt hätte, wären sie einem damals über den Weg gelaufen.

Diese Art des Duzens hat schon nicht mehr die vorher erwähnte besondere Bedeutung. Die gemeinsame Situation verbindet zwar, aber das »du« drückt nicht unbedingt eine besondere Zuneigung oder ein besonders inniges Verhältnis aus.

Noch etwas anders ist die Situation in manchen überwiegend jungen Unternehmen bestimmter Branchen, wie Informationstechnologie oder Werbeagenturen. Hier gehört es zum Firmenstil, dass alle sich duzen, vom Geschäftsführer bis zum Pförtner. Man gibt sich cool. In solchen Fällen hat das »du« natürlich keine besondere

Bedeutung mehr. Allerdings bilden diese Firmen in Deutschland auch heute noch eine Minderheit.

In den meisten Unternehmen wird sich grundsätzlich gesiezt und nur in den beschriebenen Ausnahmefällen geduzt. Dies gilt in besonderem Maße für das Management. Der Grund ist leicht einsichtig. Wenn das »du« diese besondere Bedeutung für die persönliche Beziehung hat, dann ist es natürlich psychologisch viel schwieriger, jemandem eine Anweisung zu erteilen, mit dem man sich duzt. Erst recht wird es problematisch, Entscheidungen zu treffen, die für den anderen mit Nachteilen verbunden sind – im Extremfall den anderen zu entlassen.

Wenn Sie als Manager erfolgreich sind, kann es Ihnen aber leicht passieren, dass Sie sich plötzlich in der Position des Vorgesetzten eines vorher gleichgestellten Duz-Partners wiederfinden. Dadurch entstehen in jedem Fall Interessenkonflikte, auch wenn man sich vorher gesiezt hat. Sie werden aber noch verstärkt, wenn man sich duzt.

In Unternehmen, in denen die meisten Leute sich siezen, registrieren die anderen sehr genau, wenn Sie sich mit jemandem duzen. Die Reaktion Ihrer Vorgesetzten wird stark von den Umständen abhängen und meist ambivalent sein. Duzen Sie sich mit verschiedenen Leuten, auch mit solchen aus anderen Abteilungen, dann zeigt dies einerseits, dass Sie es verstehen, gute Beziehungen zu anderen Menschen aufzubauen. Dies schlägt positiv zu Buche. Andererseits kann ein solches Verhalten als »kumpelhaft« eingestuft werden. Wenn Sie durch übermäßiges Duzen eine zu starke Identifikation mit Gleichgestellten an den Tag legen, könnte die Frage aufkommen, ob Sie für Personalführungsaufgaben überhaupt geeignet sind.

Vor diesem Hintergrund kann es keine allgemeingültigen Empfehlungen geben. Die Entscheidung, ob Sie jemandem das »du« anbieten wollen, hängt zunächst einmal von den Gepflogenheiten des Unternehmens ab. Passen Sie sich in dieser Frage dem Stil des Managements an. Weiterhin spielt die Einzelperson, um die es geht, eine wichtige Rolle. Je mehr Einfluss sie hat, desto weniger problematisch ist es, sich mit ihr zu duzen. Wenn zum Beispiel Ihr Chef oder jemand anderes auf seiner Ebene Ihnen das »du« anbie-

Networking: gute Beziehungen zu Gleichgestellten **117**

tet, können Sie getrost einwilligen. Erwarten Sie dann aber keine Bevorzugung gegenüber Ihren Abteilungskollegen.

Hingegen sollten Sie in der Frage des Duzens gegenüber Mitarbeitern und Personen, die regelmäßig für Sie arbeiten, wie Assistenten oder Sekretärinnen, eher Zurückhaltung üben. Wenn Sie zu ihnen ein gutes Verhältnis entwickelt haben, wird die Zusammenarbeit funktionieren, auch ohne dass Sie sich duzen. Vergessen Sie nicht: Selbst wenn das Duzen für Sie persönlich nichts Besonderes bedeuten sollte, so können Ihre meist älteren Vorgesetzten da ganz andere Ansichten haben.

Das Wichtigste in Kürze

- Ein großes Netzwerk stellt eine wesentliche Machtgrundlage dar und ist somit eine wichtige Voraussetzung für Ihre Karriere.
- Ihr Netzwerk hängt allein von Ihrer Initiative ab.
- Gemeinsamkeiten sind die Basis jeder Beziehung. Small Talk bietet eine hervorragende Möglichkeit, Gemeinsamkeiten zu entdecken.
- Sie müssen Ihr Netzwerk durch regelmäßige Kontakte pflegen.
- Nehmen Sie andere mit Lob und Anerkennung für sich ein.
- Seien Sie hilfsbereit, dankbar, zuverlässig, taktvoll und diplomatisch.
- Vorsicht mit dem »Du«!

6.
Wissen ist Macht: vom Umgang mit vertraulichen Informationen

Warum Wissen Macht ist

Informationen über Personen und Vorgänge in der Organisation haben für die meisten Mitglieder eine immense Bedeutung, zumindest dann, wenn sie das eigene Arbeitsumfeld unmittelbar betreffen. Für Sie als Führungskraft gilt das in besonderem Maße, da der Besitz bestimmter Informationen Macht bedeutet.

In jeder Organisation gibt es inoffizielle und offizielle Informationen. Letztere werden von der Leitung des Gesamtunternehmens oder eines Unternehmensbereichs über die dafür vorgesehenen offiziellen Kanäle verbreitet. Das sind zum Beispiel die Hauszeitschrift, offizielle Mitteilungen per Rundschreiben oder am Schwarzen Brett, aber auch Reden in Betriebsversammlungen oder offizielle Erklärungen des Chefs in der Abteilungsbesprechung.

Alle anderen Informationen, die innerhalb eines Unternehmens ausgetauscht werden, kann man als inoffizielle Informationen bezeichnen. Sie lassen sich in vertrauliche und offene Informationen unterteilen:

- *Vertrauliche inoffizielle Informationen.* Dies sind Geheimnisse, die Ihnen jemand unter dem »Siegel der Verschwiegenheit« mitteilt. Das bedeutet: Es entscheidet immer Ihr Informant, ob er Ihnen etwas offen oder vertraulich mitteilt. Vielfach gibt es für die Vertraulichkeit einen sachlichen Grund. Wüssten beispielsweise alle Betroffenen von einer geplanten Umstrukturierung ihres Bereichs, bevor diese endgültig verabschiedet ist, gäbe es Unruhe und die Arbeitsproduktivität würde sinken. Die meisten politisch wichtigen Informationen werden Sie nur auf vertraulichem Wege erfahren.

- *Offene inoffizielle Informationen.* Hierunter versteht man alle Informationen, die weder offiziell verbreitet noch vertraulich weitergegeben werden. Zu den offenen inoffiziellen Informationen zählen beispielsweise viele Hintergrundinformationen über Vorgänge in der Vergangenheit, wodurch etwa eine Feindschaft entstanden ist, wer sich auf dem Betriebsfest vor zwei Jahren schwer danebenbenommen hat oder wer seinerzeit Ambitionen auf den Posten des Abteilungsleiters hatte, aber nicht zum Zuge kam. Gerade wenn Sie Neuankömmling in einer Firma sind, sollten Sie sich solche Hintergrundinformationen möglichst schnell erschließen. Weiterhin zählen Einschätzungen und Spekulationen über die Zukunft der Firma, der Abteilung oder einzelner Personen zu den offenen inoffiziellen Informationen.

Eine offizielle Information existiert meistens bereits vor ihrer Veröffentlichung als inoffizielle vertrauliche Information, beispielsweise: »Die Vertriebsabteilung wird umstrukturiert, wobei Herr Meier zum neuen Leiter ernannt wird und Herr Schulze, der bisherige Leiter, Geschäftsführer einer Schwestergesellschaft wird.« Es spricht für die Qualität Ihrer Beziehungen, wenn Sie vorab über alle we-

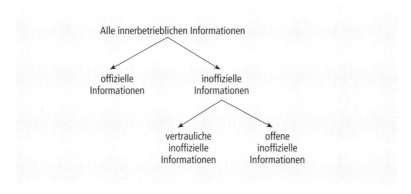

Abbildung 6:
Arten innerbetrieblicher Informationen

sentlichen Vorgänge vertraulich informiert werden, die Ihren Unternehmensbereich oder die Firma als Ganzes betreffen. Wenn Sie im Management erfolgreich sein wollen, darf es möglichst keine Information geben, die Ihr Arbeitsumfeld betrifft und die Sie erst dann erfahren, wenn sie offiziell verkündet wird.

> Wissen ist Macht. Aber Macht entsteht nur aus einem Wissen*vorsprung*.

Wie Sie sehen werden, trifft die Spruchweisheit »Wissen ist Macht« auch im büropolitischen Alltag zu, allerdings mit einer kleinen Einschränkung. Macht kann nur entstehen, wenn ein Informations*vorsprung* besteht. Aus Informationen, die allgemein bekannt sind, lässt sich folglich keine Macht ableiten. Deshalb sind nur inoffizielle – und unter diesen wiederum vor allem die vertraulichen – Informationen unter dem Aspekt der Machtgewinnung interessant. Und je weniger Menschen eine Information kennen, desto größer ist der potenzielle Machtgewinn für die Eingeweihten.

Im zweiten Kapitel wurde bereits darauf hingewiesen, dass die für Sie relevante politische Situation durch *den Einfluss*, die *Interessen und Ziele* sowie die *Beziehungen* aller Personen gekennzeichnet ist, mit denen Sie es in der Organisation zu tun haben. Die Informationen hierüber sind nur zu einem geringen Teil offiziell verbreitet, es handelt sich überwiegend um inoffizielle Nachrichten. Wenn Sie über die politische Situation gut informiert sind, führt dies für Sie zu Machtgewinn. Denn es verbessert Ihre Chancen, sich durchzusetzen.

Darüber hinaus versetzt Sie die Kenntnis des *Charakters*, der persönlichen *Stärken* und *Schwächen* von Gleichgestellten und Vorgesetzten in die Lage, die optimale Methode der Einflussnahme zu wählen. Auch damit erhöhen sich Ihre Chancen, andere in Ihrem Sinne zu führen. Macht erwächst aus vertraulichen Informationen, aber auch über folgende Mechanismen:

Wissen ist Macht: vom Umgang mit vertraulichen Informationen **121**

- »*Leichen im Keller*«. Wenn Sie negative Dinge über jemanden wissen, zum Beispiel seine Schwächen, Ängste, Misserfolge, oder Regelverstöße kennen, muss er befürchten, dass Sie dieses Wissen an andere weitergeben oder »an die große Glocke« hängen und ihm damit schaden. Diese Konstellation genügt bereits, um Ihnen eine gewisse Macht über den anderen zu verleihen. Erpressung ist gar nicht notwendig. Es reicht aus, dass er weiß, dass Sie wissen ...

- *Anspruch auf Gegenleistung.* Die meisten Menschen interessieren sich brennend für vertrauliche Informationen über Personen und Vorgänge in ihrem Arbeitsumfeld. Wenn Sie solche Informationen besitzen und an jemand anderen weitergeben, stellt dies sozusagen eine Leistung dar, für die Sie eine Gegenleistung erwarten können. Dies gilt insbesondere, wenn die vertrauliche Information dem anderen persönlich genützt hat.

- *Abgeleitete Macht.* Im Allgemeinen kann man sagen: Je wichtiger eine vertrauliche Information ist, desto höher in der Hierarchie liegt ihr Ursprung. So gibt es bestimmte Neuigkeiten, die nur aus dem Umfeld des Vorstands beziehungsweise der Vorstandssitzungen stammen können. Wer über wichtige vertrauliche Informationen verfügt und diese weitergibt, von dem sind alle beeindruckt und nehmen an, dass er über gute Beziehungen »nach ganz oben« verfügt. Gute Beziehungen zu den Mächtigen bringen aber auch Einfluss für den mit sich, der sie hat.

- *Geheimnisse verbinden.* Jede vertrauliche Information, die Sie von einem höheren Vorgesetzten erfahren haben, schafft in gewisser Weise ein besonderes Vertrauensverhältnis zwischen Ihnen und vergrößert damit Ihren Einfluss. In den Besitz solcher Geheimnisse kommen Sie zum Beispiel, wenn Sie an einem Meeting mit höheren Vorgesetzten teilgenommen haben, bei dem vertrauliche Dinge besprochen und entschieden wurden.

- *Eigener Machterhalt.* Wenn Sie Gegner oder Rivalen haben, müssen Sie über deren Absichten und Pläne informiert sein, be-

122   *Die heimlichen Spielregeln der Karriere*

sonders wenn sie gegen Sie gerichtet sind. Dann können Sie gegebenenfalls Gegenmaßnahmen ergreifen. Solche Informationen helfen Ihnen also, Ihren Einfluss gegen Intrigen zu verteidigen.

- *Bessere Reaktion durch frühzeitige Information.* In vielen Fällen vergeht Zeit zwischen dem Entstehen einer Information – beispielsweise der Vorstandsentscheidung»das Werk in Hamburg wird geschlossen« – und ihrer offiziellen Bekanntgabe. Je früher Sie Bescheid wissen, desto mehr Zeit haben Sie, sich auf die neue Situation einzustellen. Dies ist natürlich besonders wichtig, wenn die Information Sie selbst unmittelbar betrifft. Gegebenenfalls können Sie sogar aktiv Einfluss auf die handelnden Personen und die Situation nehmen, bevor diese sich in einer für Sie negativen Weise entwickeln. Wenn Sie zum Beispiel frühzeitig erfahren, dass jemand die Firma verlässt, dessen Posten Sie anstreben, können Sie Ihr Interesse früher als andere anmelden. Damit erhöhen sich Ihre Chancen auf Erfolg.

Warum es in einer Organisation keine echten Geheimnisse gibt

Sie können die vertraulichen Informationen, die Sie erhalten, in zwei Gruppen einteilen:

- Ihr Informant ist selbst der Urheber der Information. Wenn Ihnen beispielsweise jemand im Vertrauen erzählt, dass er beabsichtigt, die Firma zu wechseln, dann wird diese Information ein Geheimnis bleiben, wenn Sie sie nicht weitererzählen.
- Ihr Informant kann nicht der Urheber sein. Aus dem Inhalt der Information können Sie schließen, dass er selbst sie auch unter dem Siegel der Verschwiegenheit erhalten hat. Warum verbreiten sich vertrauliche Informationen in einer Organisation, obwohl doch jeder sich zur Verschwiegenheit verpflichtet hat? Warum wird massenhaft das Schweigeversprechen trotz der Risiken gebrochen?

Denn wenn Sie vertrauliche Informationen, die Sie selbst erhalten haben, weitergeben, gehen Sie ein mehrfaches Risiko ein. Erstens könnte der andere die Information seinerseits weitergeben und dadurch der Sache oder den von der Information betroffenen Personen schaden. Zweitens riskieren Sie, dass *Sie* als undichte Stelle erkannt werden. Dieses Risiko besteht natürlich dann, wenn die Umstände so beschaffen sind, dass in den Augen Dritter nur Sie als Informant infrage kommen. In einem solchen Fall würden Sie als nicht vertrauenswürdig bloßgestellt.

Des Weiteren könnte die vertrauliche Information von Ihrem Informanten nur lanciert sein, um Ihre Verschwiegenheit zu testen. Andrew DuBrin berichtet von einem Vorgesetzten, der mit einem Mitarbeiter vertrauliche Personalangelegenheiten besprechen wollte. Um dessen Verschwiegenheit zu prüfen, weihte er ihn in ein fingiertes brisantes Geheimnis ein. Der Vorgesetzte wusste, dass er sofort davon Wind bekäme, wenn der Mitarbeiter es irgendjemandem weitererzählen würde.[13]

Obwohl also diese Risiken bestehen, werden vertrauliche Informationen in einem Maße weitererzählt, das nahe legt, dass es in einer Organisation keine wirklichen Geheimnisse geben kann. Dafür gibt es verschiedene Gründe.

> Der wichtigste Grund, warum vertrauliche Informationen weitergegeben werden: Die meisten Menschen *wollen reden*.

Sie sind nicht nur daran interessiert, vertrauliche Informationen zu erhalten, sondern sie wollen sie auch weitergeben. Warum? Nachfolgend die wichtigsten Gründe:

- *Machtdemonstration und Geltungsbedürfnis.* Wie oben gesagt, bewirkt der Zugang zu wichtigen vertraulichen Informationen, deren Ursprung »in den oberen Etagen« liegt, Macht. Mancher Wichtigtuer kann in seinem Geltungsbedürfnis nicht umhin, mit seinen Beziehungen anzugeben, indem er solche Informationen ausplaudert.

- *Spaß am Tratsch.* Den meisten Menschen macht es einfach Spaß, sich über Abwesende zu unterhalten und Spekulationen über Vorgänge in der Firma anzustellen. Für sie ist nichts langweiliger, als ein »heißes« Geheimnis für sich behalten zu müssen.

- *Intrige.* Jemand will einem anderen schaden. Er verbreitet deshalb zum Beispiel vertrauliche Informationen über dessen (noch streng geheimes) Projekt oder schwärzt ihn selbst an.

- *Austausch von Gefälligkeiten.* Wie bereits dargestellt, beinhalten vertrauliche Informationen einen gewissen Wert. Ihre Weitergabe kann also als Gefälligkeit betrachtet werden.

Neben diesen Gründen für das bewusste Ausplaudern gibt es natürlich gelegentlich auch den Fall, dass jemand ungewollt ein Geheimnis verrät, weil er vergessen hat, dass die Information vertraulich war. Wie auch immer: Man kann davon ausgehen, dass im Durchschnitt jeder, der von einer vertraulichen Sache erfährt, diese mindestens einer Person weitererzählt. Und so ist es in den meisten Fällen nur eine Frage der Zeit, bis ein Geheimnis in einer Firma die Runde gemacht hat.

Wie Sie an vertrauliche Informationen herankommen

Wenn Sie in einer Organisation vertrauliche Informationen erhalten wollen, müssen Sie drei Voraussetzungen erfüllen:

- *Ruf der Verschwiegenheit.* Wegen der hohen Risiken, die mit dem Ausplaudern von Geheimnissen verbunden sind, sind Ihre Chancen eingeweiht zu werden umso größer, je stärker Sie den Ruf absoluter Verschwiegenheit genießen. Wie erwirbt man sich diesen Ruf? Es klingt trivial, aber der beste Weg besteht darin, es wirklich zu sein. Das bedeutet, dass Sie ein Geheimnis wirklich niemandem weitererzählen, auch nicht Ihren besten

Freunden und Vertrauten. Wem Sie noch nie etwas Vertrauliches erzählt haben, wird eher auf Ihre Verschwiegenheit setzen, als jemand, an den Sie schon häufig derartige Informationen weitergegeben haben. Dieser wird nämlich befürchten müssen, dass Sie auch das weitererzählen, was er Ihnen im Vertrauen mitgeteilt hat.

- *Vertrauensverhältnis zum Informanten.* Je besser Ihr persönliches Verhältnis zu einer anderen Person ist, je mehr Sie von ihr gemocht werden, je stärker Sie verbündet sind – desto mehr vertrauliche Informationen werden Sie erhalten. Deswegen spricht man ja von einem »Vertrauensverhältnis«. Man vertraut sich auch in dem Sinn, dass der andere vertrauliche Informationen für sich behalten und sie insbesondere nicht zum Nachteil des Informanten verwenden wird. Eine enge Beziehung ist aus zwei Gründen Voraussetzung dafür, dass jemand Ihnen ein Geheimnis mitteilt: Zum einen weiß er, dass solche Mitteilungen Ihre Machtfülle vergrößern und will sicher sein, dass Sie auf seiner Seite stehen und nicht Ihre gewachsene Macht eines Tages gegen ihn richten. Und zum anderen wird Ihnen niemand die persönlichen Vorteile verschaffen, die vertrauliche Informationen bedeuten, wenn er nicht ein persönliches Interesse an Ihrem Wohlergehen hat.

- *Gegenleistung.* Da vertrauliche Informationen einen Wert darstellen, wird Ihr Informant in der Regel eine Gegenleistung von Ihnen erwarten. Eine häufig gewährte Gegenleistung besteht darin, ebenfalls Geheimnisse auszuplaudern nach dem Motto: »Ich sage dir, was ich weiß; und du sagst mir, was du weißt.« Eine solche stillschweigende Abmachung existiert vielfach gerade zwischen Personen, die einander nahe stehen. Manche Menschen betrachten es geradezu als Beweis der Qualität einer Beziehung, wenn der Netzwerkpartner ihnen Geheimnisse anvertraut, nach dem Motto: »Du vertraust mir doch, oder?«

Aus dem bisher Gesagten ergibt sich ein gewisses *Dilemma der Verschwiegenheit. Einerseits* sollten Sie absolut verschwiegen sein, damit andere sich darauf verlassen können, dass Sie ein Geheimnis

126   *Die heimlichen Spielregeln der Karriere*

wirklich für sich behalten können. Nur dann wird jemand das Risiko eingehen, das mit der Weitergabe von vertraulichen Informationen immer verbunden ist. Und es gibt keinen besseren Beweis, dass Sie schweigen können, als niemals eine vertrauliche Information weiterzuerzählen.

Andererseits gilt vielen Menschen gerade der Austausch von vertraulichen Informationen als Zeichen einer »vertraulichen« Beziehung. Manche Ihrer Netzwerkpartner werden geradezu erwarten, dass Sie sie in das einweihen, was Sie an Vertraulichem wissen. Nur dann – quasi im Austausch – werden auch sie Ihnen ihre Kenntnisse weitergeben. Sie erwarten von Ihnen das gleiche Vertrauen, das sie Ihnen geben. Ansonsten würden sie sich von Ihnen ausgenutzt fühlen.

Das Dilemma liegt auf der Hand: Wer absolut verschwiegen ist, riskiert, auch von anderen nicht informiert zu werden. Es gibt keinen einfachen Ausweg aus diesem Dilemma, wohl aber einen Tipp, wie Sie versuchen können, die Klippen zu umschiffen. Er betrifft Ihre Gegenleistung. Diese muss nicht aus vertraulichen Informationen, sie kann auch aus anderen Dingen bestehen. Alles was Ihre Beziehung verbessert und stärkt, können Sie einsetzen: Anerkennung, Komplimente, Hilfestellung oder kleine Geschenke.

Entscheidend ist, dass Ihr Informant Sie als Freund und Verbündeten ansieht. Je mehr jemand Sie mag, desto eher wird er bereit sein, Ihnen Vertrauliches mitzuteilen, ohne dass Sie selbst dafür indiskret werden müssen.

> Versuchen Sie, vertrauliche Informationen anders als mit Indiskretionen Ihrerseits »zu bezahlen«.

Sie sollten nur dann in einen Austausch von vertraulichen Informationen einwilligen, wenn der andere absolut darauf besteht und Sie keine andere Möglichkeit sehen, die Beziehung intakt zu halten.

Als Beispiel für das bisher Gesagte sei Ihr Verhältnis zu Sekretärinnen von Führungskräften – manchmal auch Assistentinnen

Wissen ist Macht: vom Umgang mit vertraulichen Informationen **127**

genannt – betrachtet. Sekretärinnen verfügen durch ihre Tätigkeit über eine Menge vertraulicher Informationen. Je höher der Chef in der Hierarchie angesiedelt ist, desto mehr weiß seine Sekretärin. Sie weiß zum Beispiel häufig in einem frühen Stadium über geplante organisatorische Veränderungen Bescheid oder darüber, wen ihr Chef mag und wen nicht. Oft hat sie sehr gute Kenntnisse über die Machtverhälnisse innerhalb des Managements und die handelnden Personen in innerbetrieblichen Machtkämpfen. Sie können im Regelfall davon ausgehen, dass schon die Sekretärin Ihres Chefs mehr vertrauliche Informationen besitzt als Sie.

Obwohl Sekretärinnen natürlich über alles Vertrauliche strengstes Stillschweigen bewahren sollten, können Sie sie als wichtige Informationsquelle ansehen, wenn es Ihnen gelingt, ein vertrauensvolles Verhältnis zu einer Sekretärin aufzubauen. Deshalb sollten Sie eine Sekretärin niemals herablassend behandeln, sondern immer freundlich und zuvorkommend als Gleichberechtigte. Spenden Sie Anerkennung, machen Sie Komplimente, bedanken Sie sich für alles, was sie für Sie tut. Zeigen Sie sich durch gelegentliche kleine Geschenke erkenntlich. Kurzum – versuchen Sie aktiv, ein gutes persönliches Verhältnis aufzubauen. Dann werden die meisten Sekretärinnen Sie über kurz oder lang in Vertrauliches einweihen. Als Gegenleistung wird eine Sekretärin aber von Ihnen in der Regel nicht erwarten, dass Sie indiskret werden – jedenfalls dann nicht, wenn sie meint, dass sie mehr weiß als Sie.

Ein gutes Verhältnis zu Sekretärinnen empfiehlt sich übrigens noch aus einem anderen Grund. Hat eine Sekretärin zu ihrem Chef ein gutes Verhältnis, besprechen beide häufig auch Personalfragen informell miteinander. Wenn eine Sekretärin Sie aus irgendwelchen Gründen nicht mag, können Sie deshalb sicher sein, dass sie das auch ihrem Chef erzählen wird. Dies kann für Sie negative Konsequenzen haben, besonders wenn es sich um die Sekretärin Ihres Chefs oder um die Abteilungssekretärin handelt.

Dieser Abschnitt behandelte die grundsätzlichen Voraussetzungen und Verhaltensweisen, um vertrauliche Informationen von anderen zu erhalten. Abschließend seien noch ein paar kleine Tricks erwähnt, die man im Gespräch anwenden kann, um einem Gesprächspartner Vertrauliches zu entlocken:

128   *Die heimlichen Spielregeln der Karriere*

- *So tun, als wisse man Bescheid.* Erwähnen Sie im Gespräch beiläufig das wenige, was Sie von einer Sache wissen und lassen Sie dabei durchblicken, Sie wüssten noch mehr. Mit etwas Glück wird Ihr Gesprächspartner darauf anspringen und Sie nun seinerseits umfassend informieren.

- *Die Macht des Schweigens nutzen.* Wie in Kapitel 9 noch ausführlicher dargestellt wird, können Sie durch gezieltes Schweigen in vielen Gesprächssituationen den anderen dazu bringen, mehr zu reden und Ihnen damit mehr mitzuteilen, als er eigentlich will.

- *Direkt fragen.* Wenn Sie zu jemandem eine gute Beziehung haben, können Sie im Einzelfall auch direkt nach Informationen fragen. Wenn Sie zum Beispiel in einer Sache einen bestimmten Verdacht haben, können Sie Ihren Gesprächspartner um Bestätigung bitten:»Ich habe das Gefühl, dass die Stelle der ausscheidenden Frau Müller wohl nicht wieder besetzt werden wird. Ist da etwas dran?«

Wann Sie vertrauliche Informationen weitergeben dürfen

Wie oben dargestellt, kann es unter bestimmten Umständen doch möglich und sinnvoll sein, Informationen weiterzugeben, die Sie selbst im Vertrauen erhalten haben, auch wenn Sie sich bemühen, den Ruf absoluter Verschwiegenheit zu erwerben. Die Voraussetzungen für eine solche Weitergabe sind:

- *Sehr enge Beziehung.* Wegen des hohen Risikos kommt das Weitererzählen von Vertraulichem nur infrage, wenn Sie eine sehr enge Beziehung zu Ihrem Gesprächspartner haben. Dies bedeutet normalerweise, dass Sie sich bereits länger kennen. In jedem Fall sollten Sie den anderen uneingeschränkt als Verbündeten ansehen können und in der Lage sein, seine Verschwiegenheit genau einzuschätzen.

Wissen ist Macht: vom Umgang mit vertraulichen Informationen **129**

- *Ausnahme betonen.* Um die Zweifel an Ihrer eigenen Verschwiegenheit zu minimieren, die mit dem Weitergeben verbunden sind, sollten Sie immer betonen, dass Sie das Geheimnis als
Ausnahme einzig und allein an diesen einen Vertrauten weitergeben.

- *Mehrere Mitwisser.* Die Weitergabe vertraulicher Informationen ist weniger riskant, wenn das Geheimnis in einer Gruppe
entstanden ist, es also mehrere Mitwisser gibt und diese voneinander wissen. Beispiele: Sie arbeiten mit anderen Personen in
einem Team an einem geheimen Projekt. Oder Sie haben an einem Meeting teilgenommen, bei dem eine noch vertrauliche
Entscheidung getroffen wurde. Gibt es mehrere Mitwisser und
es wird bekannt, dass mindestens einer davon nicht »dichtge-
halten« hat, so kann man die undichte Stelle nicht mit Sicherheit identifizieren. Eine ähnliche Situation liegt vor, wenn Sie
ein Geheimnis zwar im Vier-Augen-Gespräch erfahren, aber
annehmen müssen, dass außer Ihrem Informanten noch weitere
Personen die Information kennen. Trotzdem bleibt die Weitergabe des Geheimnisses für Sie mit einem Risiko verbunden,
denn Ihr Informant oder Ihre Mitwisser werden natürlich Ihr
Umfeld genau beobachten. Wenn jemand aus Ihrer Umgebung
die vertrauliche Information weitererzählt, wird man Sie ver-
dächtigen, diese Person informiert zu haben. Zwar wird man
Ihnen nie beweisen können, dass gerade Sie die undichte Stelle
waren. Aber Achtung: Ihr Ruf kann schon durch einen begrün-
deten Verdacht erheblichen Schaden nehmen.

- *Information wird bald veröffentlicht.* Vertrauliche Informationen, die veröffentlicht werden sollen oder müssen, verlieren
normalerweise an Brisanz, je näher der Veröffentlichungstermin
rückt. Dies ist vor allem der Fall, wenn Teilinformationen schon
vorher »durchgesickert« sind. Wenn Sie Vertrauliches kurz vor
seiner Veröffentlichung weitergeben, ist der potenzielle Schaden
für die Sache oder die Person(en), um die es geht, in der Regel
gering – aber nicht immer! Prüfen Sie die Umstände. Darüber
hinaus ist es unter diesen Umständen weniger wahrscheinlich,
dass man gerade Sie als undichte Stelle entdeckt. Denn zu die-

sem Zeitpunkt sind in der Regel bereits viele Personen eingeweiht, und kurze Zeit später werden es sowieso alle wissen. Insofern kann eine Information, die bald veröffentlicht wird, zur Weitergabe geeignet sein. Dies gilt besonders für negative Informationen über Personen. Allerdings ist der Wert einer Information, die kurz vor ihrer Veröffentlichung steht, im Tauschhandel mit vertraulichen Informationen nicht sehr hoch. Auch kann es passieren, dass Ihr Vertrauter die Information bereits von jemand anderem erfahren hat. In diesem Fall haben Sie sich trotzdem nicht ganz umsonst bemüht. Der andere wird Ihre gute Absicht anerkennen. Schlimmstenfalls wird er Sie für nicht besonders gut informiert halten.

Was Sie unbedingt für sich behalten müssen

Verschwiegenheit ist eine wesentliche Voraussetzung, um an vertrauliche Informationen heranzukommen und damit Macht zu gewinnen – das ist die eine, die offensive Seite der Medaille. Die andere hat einen defensiveren Charakter. Hier geht es um die Vermeidung von Machtverlust durch den richtigen Umgang mit Informationen, vor allem mit Informationen über sich selbst.

Grundsätzlich gilt: Je weniger die anderen über Ihre Schwächen wissen, desto besser. Jede negative Information über Sie kann sich irgendwann einmal nachteilig für Sie auswirken.

Beherzigen Sie deshalb unbedingt die folgenden Empfehlungen.

Erzählen Sie nie von Ihren Schwächen oder persönlichen Problemen. Dies gilt vor allem für Schwächen, die Ihre berufliche Leistungsfähigkeit einschränken könnten. In der Firma sollten Sie über solche Dinge nicht einmal im Vertrauen mit jemandem reden. Sie wissen nie, ob er es nicht doch weitererzählt und wo die Information letztendlich landet. Es kann unter Umständen lange dauern, aber irgendwann verwendet irgendjemand die Information gegen Sie. Warum dieses Risiko eingehen? Besprechen Sie Ihre Probleme lieber mit Personen Ihres außerbetrieblichen Netzwerks.

Beachten Sie in diesem Zusammenhang den Unterschied zwischen Schwächen und Fehlern: Über Ihre *Fehler* müssen Sie Ihren Chef informieren – je schneller desto besser, und bevor andere es tun. Hierauf wurde bereits im dritten Kapitel hingewiesen.

Verraten Sie nie Rachepläne. Wenn Sie so zornig auf jemanden sind, dass Sie die Absicht haben, sich bei Gelegenheit zu rächen (»Der kann was erleben!«), dann behalten Sie das für sich. Erstens könnte der andere davon erfahren und entsprechend auf der Hut sein. Zweitens könnten unbeteiligte Dritte, denen Sie von den Gründen Ihres Ärgers erzählen, denken, dass Sie eine Mitschuld an der Situation trifft. In diesem Fall müssten Sie sich sogar noch rechtfertigen.

Überlegen Sie sich also genau, was Sie anderen über sich selbst mitteilen. Fragen Sie sich bei jeder Information, ob jemand Böswilliges diese gegen Sie verwenden könnte. Selbst wenn Sie meinen, Ihr Gesprächspartner sei verschwiegen: Vielleicht täuschen Sie sich. Es muss ja nicht so sein, dass er selbst Ihnen durch seine spätere Indiskretion bewusst schaden will. Die für Sie negative Information kann »über sieben Ecken« zu Leuten gelangen, die Ihnen nicht so wohl gesonnen sind.

Bedenken Sie immer: Es gibt genug Positives und Neutrales, was Sie über sich erzählen können. Sie müssen dem nichts Negatives hinzufügen. Und wenn Sie Feinde in der Organisation haben, dann werden die auch ohne Ihr Zutun genug Negatives über Sie erzählen.

Vorsicht vor interner Spionage

Da vertrauliche Informationen Macht bedeuten, sind machthungrige Menschen in Organisationen bisweilen auch bereit, sich solche Informationen auf unmoralischen oder sogar illegalen Wegen

132   *Die heimlichen Spielregeln der Karriere*

zu verschaffen. Hierzu gehören zum Beispiel das systematische Durchsuchen der Büros anderer Personen oder der Versuch, das Passwort eines anderen zu erfahren, um dann in seiner Abwesenheit seine Computerdateien auszuspionieren.

Hier einige Beispiele von Unterlagen oder Informationen, die besonders interessant für interne Spione sind:

- Ihr persönlicher Terminkalender; er gibt Aufschluss darüber, wann Sie abwesend sind und mit wem Sie sich treffen,
- Entwürfe für organisatorische Veränderungen,
- grundsätzlich alles, was mit Personalfragen im weitesten Sinne zusammenhängt, wie Leistungsbeurteilungen oder Gehaltsmitteilungen und
- Protokolle von Besprechungen, bei denen Vertrauliches behandelt wurde.

Wie können Sie sich dagegen wehren, selbst Opfer interner Spionage zu werden und dadurch Einfluss einzubüßen? Einen absoluten Schutz vor allem gegen kriminelle Machenschaften gibt es nicht. Aber wenn Sie ein gewisses Sicherheitsbewusstsein entwickeln, können Sie mindestens verhindern, eine leichte Beute der innerbetrieblichen Spionage zu werden. Folgende Regeln sollten Sie verinnerlichen:

- Lassen Sie nichts Vertrauliches offen auf Ihrem Schreibtisch liegen, auch wenn Sie sich nur für kurze Zeit entfernen. Dies gilt unabhängig davon, ob Sie ein Einzelbüro haben oder nicht.
- Schließen Sie Ihre Schränke und Ihren Schreibtisch (oder die Schublade, die vertrauliche Unterlagen enthält) immer ab, wenn Sie für längere Zeit abwesend sind, also auch jeden Abend, bevor Sie nach Hause gehen.
- Werfen Sie keine Unterlagen mit vertraulichen Informationen einfach in den Papierkorb. Benutzen Sie den Aktenvernichter, wenn vorhanden. Ansonsten zerreißen Sie die Seiten in kleine unregelmäßige Schnipsel.
- Streng vertrauliche Unterlagen sollten Sie am besten gar nicht im Büro, sondern zu Hause aufbewahren, denn es kann immer

Wissen ist Macht: vom Umgang mit vertraulichen Informationen 133

einmal vorkommen, dass Sie vergessen, Ihren Schreibtisch abzuschließen. Wenn Sie diese Unterlagen im Büro benötigen,
bringen Sie sie einfach von zu Hause mit.

- Wenn Ihre Aktentasche vertrauliche Informationen enthält,
halten Sie sie immer verschlossen, oder schließen Sie sie ein,
wenn Sie Ihren Schreibtisch verlassen.
- Auch Ihr Mantel oder Ihr Jackett können von anderen durch-
sucht werden, wenn Sie gerade einmal abwesend sind.
- Teilen Sie niemandem Ihr Passwort mit.
- Bearbeiten Sie streng vertrauliche Informationen auf Ihrem hei-
mischen Computer und nicht in der Firma. Ziehen Sie die Un-
terlagen auf Diskette, wenn Sie sie in der Firma benötigen.
- Bewahren Sie Zweitschlüssel zu Ihrem Schreibtisch zu Hause
auf und nicht in Ihrem Schreibtisch.
- Geben Sie Vertrauliches nicht zum Kopieren oder Vernichten
aus der Hand, zum Beispiel an einen Assistenten.
- Seien Sie vorsichtig, wenn Sie an einem allgemein zugänglichen
Großkopierer Vertrauliches kopieren. Werfen Sie missratene
Kopien nicht einfach in den daneben stehenden Papierkorb.
Und vergewissern Sie sich, dass Sie alle Kopien und alle Origi-
nale wieder mitnehmen, wenn Sie mit dem Kopieren fertig
sind.

Wie Sie sehen, sollten Sie sich als Selbstschutz vor Bürospionage
ein gewisses Misstrauen gegen alle anderen Mitglieder der Organisation zulegen. Wenn Sie die angegebenen Vorsichtsmaßnahmen
ergreifen, machen Sie es Ihren Gegnern schwer, Ihre vertraulichen
Unterlagen auszuspionieren. Bedenken Sie auch: Zu den vertraulichen Informationen gehören nicht nur Firmengeheimnisse, sondern natürlich alle Unterlagen, die man gegen Sie verwenden
könnte, beispielsweise ein Einladungsschreiben zu einem Vorstel-
lungsgespräch bei einer anderen Firma oder eine Rechnung des
Psychotherapeuten, bei dem Sie sich gerade in Behandlung befinden.

Das Wichtigste in Kürze

- Vertrauliche Informationen steigern den eigenen Einfluss.
- Um an vertrauliche Informationen heranzukommen, müssen Sie als verschwiegen gelten, ein Vertrauensverhältnis zum Informanten haben und zu Gegenleistungen bereit sein.
- Gegenleistungen sollten Sie möglichst nicht in Form von Indiskretionen erbringen.
- Ihrerseits sollten Sie nur dann vertrauliche Informationen weitergeben, wenn Sie den Verbündeten sehr gut einschätzen können, es mehrere Mitwisser gibt oder die Information sowieso bald veröffentlicht wird.
- Auf keinen Fall dürfen Sie Informationen über Ihre Schwächen oder persönlichen Probleme an Personen in Ihrer Organisation weitergeben.
- Rechnen Sie immer mit interner Spionage und treffen Sie entsprechende Vorkehrungen.

7.
Erfolgreiche Gesprächsführung: wie Sie andere überzeugen

Die Grundlagen erfolgreicher Kommunikation

Eine zentrale Voraussetzung für den beruflichen Erfolg in einer Organisation ist die Fähigkeit, andere Menschen zu überzeugen. Die Haupttätigkeit eines Managers besteht geradezu darin, zielgerichtet mit Vorgesetzten, Gleichgestellten und Mitarbeitern zu kommunizieren. Immer wieder müssen Sie andere von Ihren Ideen und Vorschlägen überzeugen und zur Mitarbeit bewegen. Kommunikationssituationen lassen sich in drei Gruppen einteilen:

- Gespräche unter vier Augen
- Diskussionen in Gruppen, beispielsweise bei Besprechungen
- Präsentationen oder Vorträge vor Gruppen

In diesem Kapitel geht es ausschließlich darum, wie Sie Gesprächspartner im Gespräch unter vier Augen überzeugen können. Unterstellt wird, dass Sie wissen oder erwarten, dass Ihr Gesprächspartner anderer Meinung ist als Sie.

Wie überzeugt man andere im Gespräch von seiner Meinung? Es gibt hierfür eine Reihe von Techniken, die in diesem Kapitel dargestellt werden. Sie basieren im Wesentlichen auf folgenden drei Tatsachen menschlicher Kommunikation:

Jeder interessiert sich nur für sich. Es mag Ausnahmen geben, aber die meisten Menschen sind einfach Egoisten. Sie interessieren sich nur für das, was sie haben wollen: Neben materiellen Dingen suchen sie im Berufsleben vor allem Anerkennung und Bestäti-

136   *Die heimlichen Spielregeln der Karriere*

gung. Sie interessieren sich nur für ihre eigenen Probleme und wie sie sie lösen können. Alles, was sie tun, unternehmen sie, um ihre eigenen Interessen zu fördern. Sie wollen also jemanden dazu bringen, dass er etwas für Sie tut? Etwa dass er seine Meinung ändert und an die Ihre anpasst? Oder konstruktiv an Ihrem Projekt mitarbeitet? Dann müssen Sie ihm aufzeigen, was *er* davon hat, wie das *seinen* Interessen nützt. Nur dann werden Sie eine Änderung seiner Meinung oder seines Verhaltens bewirken. Bei jedem Versuch, jemanden zu überzeugen, müssen Sie seine Interessen in den Mittelpunkt all Ihrer Überlegungen stellen.

Jede Kommunikation verläuft auf zwei Ebenen. Neben der rationalen, sachlichen Ebene gibt es immer auch eine emotionale, die Beziehungsebene. Wenn Menschen miteinander sprechen, tauschen sie nicht nur Informationen aus, sondern treten auch emotional miteinander in Kontakt. Um jemanden zu überzeugen, genügen sachliche Argumente nicht. Sie müssen den anderen auch auf der emotionalen Ebene positiv ansprechen. Stärken Sie sein Selbstwertgefühl durch Komplimente und Anerkennung, und vermeiden Sie alle Äußerungen, die sein Selbstwertgefühl angreifen und ihn herabsetzen.

Niemand kann gegen seinen Willen überzeugt werden. Sie können jemanden nur überzeugen, wenn er innerlich bereit ist, sich überzeugen zu lassen. Wenn er sich emotional gegen Ihre Argumente oder Ihre Person sperrt, können Sie ihn allenfalls überreden, nicht aber überzeugen. Betrachten Sie also Ihre Überzeugungsarbeit nicht als Kampf, beim dem es gilt, den anderen mit Argumenten niederzuringen, sondern sehen Sie in ihm einen Verbündeten.

Jeder ist bereit, seine Meinung zu ändern, solange er sie noch nicht geäußert hat.[14]   Auch wenn der andere Ihnen noch nicht gesagt hat, wie er über eine Sache denkt: Gehen Sie ruhig davon aus, dass er eine Meinung dazu hat. Es liegt in der menschlichen Natur, sich zu allem und jedem eine Meinung zu bilden, selbst wenn man nur geringe Sachkenntnisse hat. Glücklicherweise lassen sich aber die meisten Menschen relativ leicht von ihrer ursprünglichen Meinung abbringen – vorausgesetzt, sie haben sie noch nicht geäußert. Denn dann bedeutet ein Meinungswechsel für Ihren Gesprächspartner keinen Gesichtsverlust. Und wenn Sie dem anderen im Gespräch gute Gründe dafür nennen, warum sollte er sich Ihrer Meinung nicht anschließen? (Allerdings entscheidet Ihr Gegenüber, was es für einen guten Grund hält.)

Folgerichtig müssen Sie im Gespräch alles tun, um zu verhindern, dass der andere seine Meinung überhaupt äußert. Beginnen Sie deshalb ein Gespräch nie argumentativ, indem Sie Ihre eigene Ansicht nennen und mit Argumenten begründen. Denn wenn Ihr Gesprächspartner Ihnen nicht zustimmt, ist dies die sicherste Methode, seine Gegenargumente zu provozieren. Damit kommt es automatisch zum Kampf. Jeder glaubt, die besseren Argumente zu haben. Keiner will »sich geschlagen geben«, indem er die Meinung des anderen annimmt. Denn das würde einem Eingeständnis der Unterlegenheit und damit einem Gesichtsverlust gleichkommen.

Verhindern Sie also von Anfang an, dass der andere seine Meinung äußert. Wie weiter unten gezeigt wird, geht das am besten, indem Sie ihm Fragen stellen.

Ein Überzeugungsgespräch lässt sich als Abfolge von sechs einzelnen Schritten darstellen, nach denen auch dieses Kapitel aufgebaut ist. Jeder dieser Schritte beinhaltet eine Reihe von Verhaltensweisen, die man anwenden muss, um jemanden zu überzeugen. Sie

Grundtatsachen menschlicher Kommunikation	Was Sie tun müssen, um den anderen zu überzeugen
Jeder interessiert sich nur für sich.	Zeigen Sie ihm auf, wie es seinen Interessen nützt, wenn er Ihnen zustimmt.
Jede Kommunikation verläuft gleichzeitig auf zwei Ebenen: der sachlichen und der emotionalen.	Sprechen Sie ihn auch auf der emotionalen Ebene positiv an, zum Beispiel indem Sie sein Selbstwertgefühl stärken.
Jeder ist bereit, seine Meinung zu ändern, solange er sie noch nicht geäußert hat.	Beginnen Sie das Gespräch mit Fragen anstatt mit Argumenten.

Abbildung 7:
Grundlagen erfolgreicher Gesprächsführung

sollten Ihre Gesprächsstrategie so ausrichten, dass die einzelnen Schritte zeitlich aufeinander folgen. Auch wenn das im Einzelfall nicht gelingt, kann man die beschriebenen Schritte doch sachlich-logisch voneinander abgrenzen. Die Übersicht 7 zeigt den Ablauf eines erfolgreichen Überzeugungsgesprächs.

1. Bereiten Sie das Gespräch vor.
2. Schaffen Sie ein gutes Gesprächsklima.
3. Finden Sie die Zielsetzungen Ihres Gesprächspartners heraus.
4. Argumentieren Sie mit Blick auf den Nutzen des Partners.
5. Überlegen Sie, wie Sie auf Einwände reagieren.
6. Wenn der andere zugestimmt hat, schweigen Sie!

Übersicht 7:
Ablaufschema für das Überzeugungsgespräch

Die Regeln erfolgreicher Überzeugung im Gespräch entsprechen im Übrigen exakt denen des erfolgreichen Verkaufens. Denn für ein Verkaufsgespräch besteht die gleiche Ausgangssituation und die gleiche Zielsetzung: Der Kunde will das Produkt anfangs meist nicht kaufen, und der Verkäufer muss ihn ohne Zwang, nur durch ein Gespräch, davon überzeugen, es doch zu tun. Man kann in diesem Sinne jedes Überzeugungsgespräch als Verkaufsgespräch auffassen, nur dass dem anderen anstatt eines Produkts eine Meinung oder ein bestimmtes Verhalten »verkauft« wird.

Bereiten Sie das Gespräch vor

Um erfolgreich zu überzeugen, müssen Sie sich gut vorbereiten. Dazu gehört zunächst, dass Sie sich über Ihren eigenen Standpunkt, Ih-

Erfolgreiche Gesprächsführung: wie Sie andere überzeugen **139**

re Interessen und Ihre Zielsetzung für das Gespräch Gedanken machen. Nur wenn Sie genau wissen, wohin Sie wollen, können Sie den Verlauf des Gesprächs in Ihre Richtung steuern. Ein Beispiel: Sie sind als Kunde mit den Leistungen eines Lieferanten nicht zufrieden. Bevor Sie ein Reklamationsgespräch führen, müssen Sie sich zunächst darüber klar werden, ob Sie eine Nachbesserung anstreben wollen oder einen Preisnachlass oder ob Sie versuchen wollen, den Kauf ganz rückgängig zu machen. Alle denkbaren Zielsetzungen haben üblicherweise ihre Vor- und Nachteile: Die Nachbesserung geht schneller, aber wird die Qualität diesmal in Ordnung sein? Eine Preisreduktion verringert die Kosten, aber können Sie mit der schlechteren Qualität leben? Wenn Sie den Kauf ganz rückgängig machen: Werden Sie rechtzeitig einen anderen Lieferanten finden, der die gewünschte Qualität zum ursprünglichen Preis liefert?

Neben der Festlegung der eigenen Ziele gehört es zur Gesprächsvorbereitung, dass Sie alle Argumente sammeln, die für Ihre Zielsetzung beziehungsweise Ihre Meinung sprechen. Hierzu ist es oft notwendig, dass Sie Ihre Sachkenntnisse verbessern.

Aber nicht nur Ihre Sicht der Dinge müssen Sie sich überlegen. Genauso wichtig ist es, dass Sie versuchen, sich in die Lage des anderen zu versetzen. Bemühen Sie sich, die Sache aus seiner Sicht zu betrachten. Fragen Sie sich, welche Haltung er vermutlich einnehmen wird:

- Welche Interessen und Bedürfnisse hat er?
- Welche Gefühle hegt er Ihnen gegenüber?
- Wie viel Kenntnisse über die Sache hat er?
- Welche Meinung wird er mit welchen Argumenten vermutlich vertreten?
- Was will er erreichen oder vermeiden? Was ist nötig, damit der andere das Gespräch als Erfolg ansieht?

Auch wenn Sie in vielen Fällen nur Vermutungen anstellen können: Mit einigem Nachdenken und »Nachfühlen« werden Sie die Position des anderen meist recht genau ausloten können. Die Dinge aus seiner Sicht zu sehen, sichert Ihnen entscheidende Vorteile für das Gespräch:

- Sie erkennen im Voraus, welche Ihrer Argumente für den anderen starke Argumente darstellen (und welche nicht) und können Ihre Gesprächsführung darauf einstellen.
- Sie können sich vorher überlegen, wie Sie Einwänden begegnen wollen.

Schaffen Sie ein gutes Gesprächsklima

Je besser die Gesprächsatmosphäre, je besser die Stimmung Ihres Gesprächspartners, desto eher können Sie positive Ergebnisse erwarten. Dies ist zwar eine Binsenweisheit, aber *wie* man eine gute Atmosphäre herstellt, das ist weit weniger bekannt.

Für ein gutes Gesprächsklima sind zwei Dinge wichtig, die Sie beeinflussen können: der äußere Rahmen, das heißt Ort und Zeitpunkt des Gesprächs, und der Einstieg in das Gespräch.

Der richtige äußere Rahmen. Was den Ort des Gesprächs betrifft, so kann es im Büro des anderen, in Ihrem Büro oder an einem »neutralen« Ort stattfinden. Am wohlsten fühlt sich Ihr Gesprächspartner immer in seinem eigenen Büro. Hier genießt er einen psychologischen »Heimvorteil«. Wenn Sie es also einrichten können: Suchen Sie den anderen immer in seinem Büro auf. Wenn sich das nicht einrichten lässt, sollten Sie einen neutralen Ort, wie zum Beispiel ein Besprechungszimmer, vorschlagen. Nur wenn auch das nicht geht, muss das Gespräch notwendigerweise in Ihrem Büro stattfinden. Hier fühlt sich Ihr Gesprächspartner naturgemäß nicht so wohl. Sie können aber einiges tun, um diesen Effekt zu mildern:

- Sorgen Sie dafür, dass Ihr Gespräch nicht durch Anrufe gestört wird, indem Sie Ihr Telefon umstellen.
- Setzen Sie sich an einen Besprechungstisch, wenn Ihr Büro über einen solchen verfügt. Damit signalisieren Sie Ihrem Gesprächs-

Erfolgreiche Gesprächsführung: wie Sie andere überzeugen **141**

partner prinzipielle Gleichberechtigung. Wenn Sie hingegen an Ihrem Schreibtisch sitzen bleiben und dem anderen nur einen Besucherstuhl anbieten, wird er das bewusst oder unbewusst als Überlegenheitsgeste Ihrerseits beziehungsweise als Herabstufung seiner Person auffassen. Dieser Effekt wird noch verstärkt, wenn Ihr Schreibtischstuhl eine bessere Qualität und eine höhere Rückenlehne aufweist als Ihr Besucherstuhl (was fast immer der Fall ist).

Hinsichtlich des Gesprächszeitpunkts sollten Sie – wenn es irgend geht – alle Zeiten vermeiden, von denen Sie wissen, dass sie Ihrem Gegenüber unangenehm sind. Vereinbaren Sie mit einem Morgenmuffel keinen Termin morgens um 7.30 Uhr. Wenn Sie wissen, dass Ihr Gesprächspartner pünktlich um 16.30 Uhr Feierabend machen will, sollten Sie nicht auf einem Treffen um 16.00 Uhr bestehen. Auch Freitagnachmittag, wenn die meisten Menschen sich auf das Wochenende freuen, ist kein guter Zeitpunkt für eine wichtige Unterredung. Wenn Sie es einrichten können, überlassen Sie einfach dem anderen die Wahl des Zeitpunkts.

Ein guter Einstieg in das Gespräch. Für ein entspanntes Gesprächsklima und eine gute Stimmung Ihres Partners ist ein gelungener Einstieg in das Gespräch aber noch viel wichtiger als die äußeren Umstände. Die Technik ist ganz einfach:

• Begrüßen Sie den anderen mit einem Lächeln. Lassen Sie ihn deutlich spüren, dass Sie sich freuen, ihn kennen zu lernen oder wiederzusehen.

• Lenken Sie dann das Gespräch auf Themen, die ihrem Gesprächspartner persönlich wichtig und angenehm sind, zum Beispiel seine Familie, seine Hobbys oder seine privaten und beruflichen Erfolge. Über diese Themen wird er gern mit Ihnen sprechen. Nicht nur das: Diese Themen sind meistens seine Lieblingsthemen. Sie machen ihm also eine große Freude, wenn Sie darauf zu sprechen kommen. Und Sie bekunden auf diese Weise Interesse an seiner Person, was ihm schmeichelt. Also lassen Sie den anderen erzählen. Spornen Sie ihn durch Ihre Fragen an. Nehmen Sie sich viel Zeit für diese Art von Gesprächseinstieg.

- Wenn Sie jemanden noch nicht kennen, schauen Sie sich aufmerksam in seinem Büro um. Ein Foto der Kinder, ein Kritzelbild seines dreijährigen Sohnes, eine Aufnahme Ihres Gesprächspartners mit einem kapitalen Hecht, der leblos am Angelhaken hängt, eine innerbetriebliche Auszeichnung in Form einer Urkunde – die meisten Schreibtische und Büros enthalten eine Menge Hinweise auf Interessen und Erfolge ihrer Inhaber.
- Nennen Sie ein *gemeinsames* Ziel des Gesprächs. Nach der Unterhaltung über Persönliches werden Sie irgendwann auf Ihr sachliches Thema zu sprechen kommen. Betonen Sie am Anfang des Sachgesprächs Ihr gemeinsames Ziel. Das schafft eine gemeinsame positive Ausrichtung auf die Zukunft, vor allem wenn der andere sich durch die Formulierung emotional angesprochen fühlt. Wählen Sie deshalb ruhig eine etwas allgemeinere Formulierung, der Ihr Gesprächspartner ohne Diskussion zustimmen kann. Beispiel:»Ziel unseres Gesprächs soll es sein, Wege zur Steigerung des Umsatzes zu finden, ohne dass unsere Kosten steigen. Wenn wir dies schaffen, werden wir deutlich höhere Jahresprämien erhalten als im letzten Jahr.«

Wie Sie sehen, entsprechen die Regeln für eine gute Gesprächseröffnung im Wesentlichen den in Kapitel 5 dargestellten Verhaltensweisen, mit denen man andere für sich einnimmt. In beiden Fällen erzeugen Sie beim anderen positive Emotionen für sich durch Ihre freundliche, verbindliche Art und das Interesse, das Sie ihm als Mensch entgegenbringen. Je mehr Sympathie Sie auf diese Art wecken, desto besser sind Ihre Chancen, ihn auch von Ihren sachlichen Vorstellungen zu überzeugen.

Finden Sie die Zielsetzungen Ihres Gesprächspartners heraus

Nach dem Einstieg folgt der sachliche Teil des Gesprächs. Ihre wichtigste Aufgabe besteht nun darin, die Zielsetzungen des Gesprächspartners, seine Wünsche, Interessen und Bedürfnisse herauszufinden. Dies erreichen Sie mit einer relativ simplen Technik:

Stellen Sie offene Fragen und hören Sie aktiv zu. Das ist der Kern aller Überzeugungsarbeit.

Nur wenn Sie genau wissen, was der andere wünscht, werden Sie ihn von Ihrer Meinung oder Ihrem Vorschlag überzeugen können.

Offene Fragen stellen. Man kann alle denkbaren Fragen danach unterscheiden, ob sie offen oder geschlossen sind. Geschlossene Fragen sind solche, bei denen nur wenige Antwortmöglichkeiten bestehen. Ein extremes Beispiel sind Fragen, die man nur mit »ja« oder »nein« beantworten kann. Der Befragte ist damit in seinen Antwortmöglichkeiten sehr eingeengt. Offene Fragen hingegen lassen dem Befragten alle Freiheiten der Antwort. Die meisten W-Fragen – also solche, die mit den Fragewörtern was, wie, warum, welche und so weiter beginnen – sind offene Fragen. Der Antwortende entscheidet, was und wie ausführlich er antwortet. Es ist deshalb für ihn viel motivierender, auf offene Fragen zu antworten als auf geschlossene.

Aktiv zuhören. Um die Gedanken Ihres Gesprächspartners zu verstehen, genügt es nicht, ihm offene Fragen zu stellen. Sie müssen auch aktiv zuhören, wenn er antwortet. Das bedeutet, dass Sie sich voll und ganz auf das konzentrieren müssen, was er sagt, und dass Sie ihn spüren lassen, dass Sie ihm aufmerksam zuhören und sich bemühen, ihn zu verstehen. Obwohl es gar nicht so wirkt, ist aktives Zuhören Schwerstarbeit. So machen Sie es richtig:

- *Halten Sie Blickkontakt.* Dies ist für Ihr Gegenüber das wichtigste (nonverbale) Zeichen, dass Sie mit Ihren Gedanken voll und ganz »bei ihm« sind. Auch Ihr Nicken bestätigt, dass Sie zuhören.

- *Lächeln Sie.* Schauen Sie Ihren Gesprächspartner freundlich an. Lächeln Sie, sooft die Situation es erlaubt. Sie zeigen dem anderen damit, dass Sie ihm gerne zuhören. So stärken Sie das emotionale Band zwischen Ihnen.

- *Unterbrechen Sie nicht.* Hören Sie geduldig zu. Lassen Sie den anderen ausreden. Ihm ins Wort zu fallen, ist nicht nur unhöflich, sondern Sie riskieren, wichtige Informationen nicht zu erhalten. Selbst wenn Ihr Gesprächspartner scheinbar ausgeredet hat, sollten Sie noch einen kleinen Moment schweigen und ihn dabei erwartungsvoll anschauen – so als fehle noch etwas an dem, was er Ihnen gerade gesagt hat. Die nun entstehende Stille wird von den meisten Menschen als ausgesprochen beklemmend und unangenehm empfunden. Sie ertragen diese Gesprächspause nicht lange. Der Sprechende kann sich dem nur entziehen, indem er – meist ohne nachzudenken – weiterredet. Dabei gibt er häufig Informationen preis, die er eigentlich gar nicht erwähnen wollte, etwa Informationen über seine wahren Interessen und Bedürfnisse.

  Auf dieses Phänomen (»Die Macht des Schweigens«) wird in Kapitel 9 noch ausführlicher eingegangen. Wenn Sie Ihr Schweigen einsetzen, achten Sie darauf, dass die Pausen nicht zu lang werden, das heißt, dass die Situation für Ihren Gesprächspartner nicht richtig unangenehm wird.

- *Halten Sie den Redefluss Ihres Gesprächspartners aufrecht.* Irgendwann können Sie ihn auch durch Ihr Schweigen nicht mehr zum Weiterreden animieren, dann nämlich, wenn er wirklich alles gesagt hat, was ihm eingefallen ist. Um seinen Redefluss in Gang zu halten, stellen Sie ihm nun eine Frage, die auf das eingeht, was er gerade gesagt hat.

- *Zeigen Sie auch mit Worten, dass Sie zuhören.* Nicht zu unterbrechen heißt nicht, dass Sie stumm wie ein Fisch sein sollten. Machen Sie auch verbal deutlich, dass Sie genau zuhören, indem Sie immer wieder kurze Bestätigungen einwerfen, wie etwa »hm«, »ich verstehe«, »interessant«, »wirklich?«.

- *Bohren Sie nach.* Vergewissern Sie sich immer, dass Sie auch wirklich alles genau verstanden haben, was der andere Ihnen mitgeteilt hat. Falls Sie die geringsten Zweifel haben, fragen Sie. Bohren Sie so lange nach, bis Sie sicher sind, jedes Detail genau

Erfolgreiche Gesprächsführung: wie Sie andere überzeugen **145**

verstanden zu haben. Anstatt nachzufragen, können Sie auch das Gesagte in seinen – oder besser noch: in Ihren – Worten wiederholen. So decken Sie etwaige Missverständnisse leicht auf.

• *Machen Sie sich Notizen.* Wann immer die Situation es erlaubt, sollten Sie sich notieren, was jemand Ihnen sagt. Das hat zwei Vorteile: Erstens können Sie das Gesagte besser behalten. Da Sie im weiteren Verlauf des Gesprächs auf die Äußerungen des Gesprächspartners eingehen müssen, ist es hilfreich, Details festgehalten zu haben. Zweitens fühlt sich Ihr Gesprächspartner wichtig genommen. Es schmeichelt ihm, wenn Sie das, was er sagt, für so wichtig halten, dass Sie es sich aufschreiben. Damit sammeln Sie wichtige Pluspunkte auf der emotionalen Ebene.

Aktives Zuhören ist also alles andere als eine leichte Übung, sondern erfordert eine Menge psychischer Energie. Zumal immer zwei Gefahren auf Sie lauern, selbst wenn Sie mit guten Vorsätzen in ein Gespräch gehen:

• *Sie denken schneller als der andere spricht.* Dieses Problem tritt natürlich besonders dann auf, wenn der andere langsam spricht. Oder wenn er so weitschweifig spricht, dass es lange dauert, bis er auf den Punkt kommt. Ihre Gedanken eilen dann voraus. Sie meinen schon vorher zu wissen, was Ihr Gegenüber sagen will, und hören nicht mehr genau zu!

• *Sie hören nur das, was Sie hören wollen.* Selektive Wahrnehmung nennt man die weitverbreitete Tendenz von Menschen, nur das zu hören, was sie hören wollen. Alles, was nicht den eigenen Vorstellungen entspricht, wird »überhört«, wird einfach ausgeblendet.

Empathisches Zuhören. Empathisches Zuhören[15] ist gewissermaßen die hohe Schule des aktiven Zuhörens. Mit Empathie bezeichnet man die Bereitschaft und die Fähigkeit, sich in den anderen Menschen einzufühlen. Als empathischer Zuhörer bemühen Sie sich, selbst nachzufühlen, was das Gesagte für Ihren Gesprächspartner emotional bedeutet. Und Sie machen ihm deutlich, dass Sie seine Gefühle verstehen, indem Sie offen aussprechen, was er fühlt. Wenn Sie seine Gefühle benennen, schaffen Sie eine starke emotionale Verbindung. Denn er fühlt sich dann von Ihnen nicht nur auf der Sachebene, sondern auch emotional verstanden.

Die Schwierigkeit des empathischen Zuhörens besteht darin, dass der andere Ihnen seine Gefühle meistens nicht offen mitteilt. Nur seine Mimik, sein Tonfall oder seine Wortwahl geben Ihnen manchmal Hinweise. Sie müssen also Vermutungen anstellen. Hierbei hilft Ihnen natürlich auch, wenn Sie sich selbst fragen, was Sie an seiner Stelle empfinden würden. Sprechen Sie Ihre Vermutungen offen aus – wenn Sie unsicher sind, stellen Sie entsprechende Fragen.

Beispiel

- Ein Kollege sagt zu Ihnen:»Ich bin in diesem Jahr nicht bei der Außendienstkonferenz dabei. Neuerdings dürfen nur Personen teilnehmen, die mindestens Abteilungsleiter sind.« Sie antworten:»Da sind Sie aber bestimmt sauer – bei der ganzen Arbeit, die Sie in die Vorbereitung der Konferenz gesteckt haben?!«
- »Ich muss übermorgen schon wieder für zwei Wochen auf Dienstreise nach Ostasien.« Mögliche Antworten:»Diese Reisen sind wohl ziemlich anstrengend für Sie?« Oder:»Leidet nicht Ihr Familienleben, wenn Sie so häufig lange Reisen machen müssen?«

Die Fähigkeit, empathisch zuzuhören und Gefühle zur Sprache zu bringen, ist nicht jedermann gegeben. Vor allem bereitet es häufig Schwierigkeiten, Personen, die man nicht gut kennt, auf ihre Gefühle anzusprechen. Aber man kann empathisches Zuhören trainieren. Versetzen Sie sich in die Lage Ihres Gesprächspartners. Achten Sie bei dem, was er sagt (und vor allem, wie er es sagt), auf Hinweise zu seinen Gefühlen. Und formulieren Sie Ihre Annahmen als Fragen, wenn Sie unsicher sind. Sollten Sie sich irren (was sicher nicht häufig vorkommen wird), wird Ihr Partner Sie korrigieren. Aber er wird Ihren Versuch, seine Gefühle zu verstehen, in jedem Fall positiv registrieren.

Vorteile des aktiven Zuhörens. Offene Fragen zu stellen und Ihrem Gesprächspartner aktiv zuzuhören, ist für Sie äußerst vorteilhaft:

- *Informationen.* Sie erfahren eine Menge über den anderen, seine Gedanken, Gefühle, Probleme, Wünsche, Bedürfnisse, Interessen und Zielsetzungen. Diese Informationen benötigen Sie, wie bereits angedeutet, für Ihre Überzeugungsarbeit. Wenn Sie sich bereits vor dem Gespräch Gedanken über Ihren Gesprächspartner gemacht haben, werden Sie versuchen, Ihre Vermutungen durch offene Fragen zu bestätigen.

- *Wer fragt, der führt.* Wer offene Fragen stellt und den anderen durch aktives Zuhören zum Sprechen animiert, bestimmt allein durch die Auswahl seiner Fragen das Thema und die Richtung des Gesprächs. Darüber hinaus kann man durch offene Fragen verhindern, dass der andere bereits am Anfang des Gesprächs seine Meinung und seine Argumente äußert. Interessanterweise hat der Antwortende meist selbst gar nicht den Eindruck, vom Fragenden geführt zu werden. Da er die meiste Zeit redet, gewinnt er leicht den Eindruck, dass er es ist, der das Gespräch dominiert.

- *Aufmerksamkeit des anderen.* Ein weiterer Vorteil offener Fragen (insbesondere gegenüber geschlossenen Fragen) besteht darin, dass Ihr Gesprächspartner sich gedanklich intensiver mit dem Thema auseinander setzen muss. Dadurch sichern Sie sich seine volle Aufmerksamkeit während der ganzen Zeit, in der er Ihnen antwortet.

- *Sympathie.* Sie erzeugen bei Ihrem Gesprächspartner positive Emotionen und gewinnen seine Sympathie, wenn Sie ihm interessiert zuhören. Sie drücken damit nämlich aus, dass Sie das, was der andere Ihnen sagt, für wichtig halten. So bezeugen Sie Achtung und Respekt nicht nur vor dem, was er sagt, sondern auch vor seiner Person. Aktiv zuhören ist also ein starkes Kompliment für den anderen. Darüber hinaus haben es die meisten Menschen auch einfach gern, wenn ihnen jemand zuhört – unabhängig davon, worum es geht. Sie reagieren emotional entsprechend positiv.

Aktiv zuhören also ist eine ungemein wichtige Fähigkeit, wenn Sie andere im Gespräch überzeugen wollen. Zum einen erhalten Sie nur so die notwendigen Informationen über Ihr Gegenüber; das ist der Vorteil auf der sachlichen Ebene. Zum anderen erzeugen Sie bei ihm positive Gefühle für sich und damit eine gute Gesprächsatmosphäre; das ist der Vorteil auf der emotionalen Ebene. Beides sind wichtige Voraussetzungen, um einen späteren Meinungswechsel zu erreichen.

Argumentieren Sie mit Blick auf den Nutzen des Partners

Nachdem Sie bis hierher sachlich und emotional den Boden für die Überzeugung bereitet haben, besteht die nächste Phase des Gesprächs aus der eigentlichen Argumentation. Sie müssen jetzt die Argumente nennen, die ihn dazu bringen sollen, Ihnen zuzustimmen. Dazu müssen Sie ihm zeigen, in welcher Weise Ihr Vorschlag *ihm* nützt.

Die Basis für Ihre Argumentation sind dabei die zuvor erfragten Bedürfnisse, Probleme, Zielsetzungen und Interessen Ihres Gesprächspartners. Diese müssen Sie gedanklich mit Ihren Argumenten vergleichen – und zwar bereits während er spricht. Dann stellen Sie Ihre Position als Problemlösung für den anderen dar, indem Sie ihm aufzeigen, wie Ihre Argumente seinen Bedürfnissen und Zielsetzungen entsprechen.

Betonen Sie die Vorteile, die Ihr Partner hat, wenn er Ihnen zustimmt.

Erfolgreiche Gesprächsführung: wie Sie andere überzeugen **149**

Die große Stärke der Argumentation mit Blick auf den Nutzen des Partners liegt darin, dass er Ihnen die Argumente praktisch selbst an die Hand gibt. Indem er Ihre offenen Fragen nach seinen Zielsetzungen beantwortet, nennt er selbst Gründe, die für Ihren Vorschlag sprechen. Und man lässt sich durch Gründe, die man selbst gefunden hat, leichter überzeugen als durch Gründe, die von anderen genannt werden. Der Trick besteht einzig darin, Ihre Argumente mit seinen Zielsetzungen zu verbinden – also Ihre Gründe mit den seinen.

Natürlich werden Sie normalerweise nicht alle Ihre Argumente in Vorteile für den anderen »ummünzen« können. Wie Sie es auch gedanklich drehen und wenden – manche Aspekte Ihres Vorschlags nützen Ihrem Gegenüber einfach nicht, andere werden ihm vielleicht sogar Nachteile bringen. Was sich von Ihrem Vorschlag nicht als Vorteil für den anderen darstellen lässt, darüber sollten Sie schweigen. Konzentrieren Sie sich in Ihrer Argumentation auf das, was für den anderen positiv ist. Denn Ihr Partner wird schon von allein darauf kommen, welche Einwände er gegen Ihren Vorschlag hat.

Wie Sie auf Einwände reagieren

Wenn Ihr Gesprächspartner Zweifel oder Bedenken äußert oder einen anderen Standpunkt einnimmt, müssen Sie seinen Einwänden geschickt begegnen. Dabei sollten Sie eine Grundregel im Hinterkopf behalten: Vermeiden Sie alles, was die positive Gesprächsatmosphäre stört, die Sie bis zu diesem Zeitpunkt aufgebaut haben. Das heißt konkret:

- Lassen Sie sich niemals auf ein Streitgespräch ein. Sie können im Streit niemanden überzeugen. Wenn es zum Streit kommt, dann sind Sie mit Ihrem Überzeugungsversuch gescheitert. Brechen Sie also das Gespräch über den Streitpunkt so schnell wie möglich ab.
- Signalisieren Sie nie, dass Ihr Gegenüber sich irrt – weder ausdrücklich, noch indirekt durch Ihren Tonfall. Besonders gefähr-

lich ist es in solchen Situationen, in denen Sie fest davon überzeugt sind, Sie wüssten besser Bescheid und Sie hätten die besseren Argumente. Dann werden Sie leicht übereifrig und ungeduldig.»Warum sieht er denn nicht endlich ein, dass ich Recht habe?«, fragen Sie sich. Schnell werden Sie überheblich und denken:»Der ist wohl zu dumm, das zu kapieren!« Und dann bleibt es meistens nicht beim Gedanken, sondern unterschwellig oder offen sprechen Sie es aus:»Sie haben ja keine Ahnung!« Oder:»Sie sehen das ganz falsch!« Damit haben Sie genau das Gegenteil Ihrer Absicht erreicht: Nicht nur haben Sie Ihr Gegenüber nicht überzeugt, sondern Sie haben es emotional gegen sich aufgebracht. Alle zukünftigen Überzeugungsversuche werden viel schwieriger, wenn nicht sogar unmöglich.

Wie geht man nun konkret mit Einwänden um?[16] Grundsätzlich sollten Sie versuchen, jedem Einwand eine positive Seite abzugewinnen: Ihr Gesprächspartner zeigt Ihnen mit seinem Einwand mindestens, dass auch er an dem Thema beziehungsweise an der Lösung des anstehenden Problems interessiert ist. Wäre es ihm gleichgültig, warum sollte er sich gegen Ihren Vorschlag aussprechen?

Lassen Sie Ihren Gesprächspartner ausreden. Beherzigen Sie alle oben aufgeführten Regeln des aktiven Zuhörens. Bemühen Sie sich, die Argumente des anderen wirklich zu verstehen. Dies hat für Sie mehrere Vorteile:

- Sie gewinnen Zeit zum Nachdenken und die brauchen Sie oft, um sich sorgfältig zu überlegen, wie Sie dem Einwand begegnen wollen.
- Sie zeigen Ihrem Gegenüber, dass Sie sehr an seiner Meinung interessiert sind. So erzeugen Sie auf der emotionalen Ebene positive Gefühle bei ihm.
- Sie erreichen dadurch vielleicht, dass Ihr Gesprächspartner seinen Einwand abschwächt.

Gewinnen Sie Zeit. Weitere Möglichkeiten, Zeit zu gewinnen, sind:

- Wiederholen Sie das Argument oder den Einwand langsam, beispielsweise:»Sie meinen also, dass ...«

Erfolgreiche Gesprächsführung: wie Sie andere überzeugen **151**

- Stellen Sie eine Rückfrage, etwa:»Könnten Sie das näher erläutern?«
- Legen Sie eine Pause ein, indem Sie einfach für einen Augenblick nichts sagen. Ihr Gesprächspartner wird voll und ganz akzeptieren, dass Sie eine gewisse Zeit brauchen, um über seinen Einwand nachzudenken. Und nicht nur das: Sie zeigen durch Ihr Nachdenken, dass Sie sich intensiv mit dem auseinandersetzen, was er gesagt hat. Dies wirkt auf der emotionalen Ebene viel positiver, als wie aus der Pistole geschossen ein Gegenargument zu bringen. Dann nämlich wird Ihr Gegenüber annehmen, dass Sie ihm gar nicht genau zugehört haben und einfach mit Standardargumenten antworten.

Werten Sie Ihren Gesprächspartner als Person auf. Erkennen Sie seine Sachkompetenz an, indem Sie etwa sagen:»Das ist eine gute Frage ...«, oder,»Das ist ein berechtigter Einwand ...«. Sie zeigen damit auch, dass Sie den Argumenten des anderen mit einem gewissen Wohlwollen begegnen.

Zeigen Sie Verständnis und Mitgefühl. Bevor Sie auf die Argumente des anderen im Einzelnen eingehen, sollten Sie signalisieren, dass Sie ihn und seine Situation verstehen und Mitgefühl mit seiner Lage haben. Das heißt keineswegs, dass Sie ihm zustimmen. Es bedeutet lediglich, dass Sie sich in seine Haut versetzt haben und die Sache aus seiner Sicht betrachten.

Die möglichen Antworten auf Einwände. Auf die Einwände selbst gibt es verschiedene Möglichkeiten der Reaktion. Welche Sie wählen, hängt von der jeweiligen Situation ab:

- *Die bedingte Zustimmung.* Hierbei stimmen Sie der Argumentationsführung Ihres Gesprächspartners zunächst teilweise zu – dort wo Sie es vertreten können. Im Anschluss daran stellen Sie Ihre Argumente nochmals dar. Sie sagen zum Beispiel:»Im Prinzip haben Sie Recht, aber in diesem speziellen Fall ...«, oder:»Ich gebe zu, dass ..., aber ...«.

- *Die Vorteile-Nachteile-Methode.* In diesem Fall geben Sie dort einen Nachteil zu, wo der andere offensichtlich Recht hat. Dann stellen Sie diesem Nachteil die vielen Vorteile Ihres Vorschlags gegenüber. Bei der Abwägung der Vor- und Nachteile verdeutlichen Sie, dass die Vorteile Ihres Vorschlags unter dem Strich deutlich höher wiegen als sein(e) Nachteil(e).

- *»Alles hat seinen Preis.«* Es entspricht der allgemeinen Lebenserfahrung, dass ein bestimmter Vorteil einer Sache oftmals untrennbar mit einem entsprechenden Nachteil verbunden ist: Das ist die berühmte Kehrseite der Medaille, auch bekannt unter dem Sprichwort *»*Alles hat seinen Preis«. Wenn Ihr Gesprächspartner auf einen solchen Nachteil zu sprechen kommt, betonen Sie die damit verbundenen Vorteile. Anders gesagt: Zeigen Sie ihm die schöne Seite der Medaille. Diese Methode wirkt natürlich am besten, wenn die entsprechenden Vorteile die Bedürfnisse und Ziele Ihres Gesprächspartners optimal erfüllen. Stellen Sie die Nachteile dann als leider nicht zu vermeidende *»*Nebenwirkungen« dar.

- *Erweiterung/Ergänzung.* Versuchen Sie Ihren Vorschlag als Erweiterung oder Ergänzung des Standpunkts Ihres Gegenübers darzustellen. Auch bei dieser Taktik stimmen Sie dem anderen teilweise zu, teilweise aber nicht. Sie betonen zunächst die Gemeinsamkeiten Ihrer beiden Standpunkte. Dann machen Sie deutlich, inwieweit Ihr Vorschlag die Sichtweise Ihres Gegenübers ergänzt oder erweitert.

Wie eingangs erwähnt, sollten Sie sich in jedem Fall auf die zu erwartenden Einwände vorbereiten. Überlegen Sie sich rechtzeitig, wie Sie auf mögliche Gegenargumente reagieren wollen. So gewinnen Sie Selbstsicherheit, bevor Sie das Überzeugungsgespräch einleiten. Es kann sich auch als vorteilhaft erweisen, in Ihrer Argumentation bereits den einen oder anderen Einwand vorwegzunehmen.

Schweigen Sie im richtigen Moment!

Wenn Sie schließlich am Ziel angekommen sind und Ihr Gesprächspartner Ihnen zustimmt, gibt es für Sie nur noch eines:

Erfolgreiche Gesprächsführung: wie Sie andere überzeugen **153**

Schweigen Sie! Der größte Fehler, den man in dieser Situation machen kann, besteht darin, weiter zu argumentieren. Wenn Sie fortfahren, die Vorteile Ihres Vorschlags aufzuzählen oder den anderen zu seiner Entscheidung beglückwünschen, riskieren Sie, alles wieder zunichte zu machen. Sie verunsichern ihn nämlich ungemein, er wird sich fragen, warum Sie das tun. Warum bemühen Sie sich, ihn weiter zu überzeugen, obwohl er Ihnen doch bereits zugestimmt hat? Haben Sie es vielleicht nötig? Waren Ihre bisherigen Argumente etwa nicht gut genug? Gibt es gar noch einen Pferdefuß? Alles, was Sie nach dem Zuschlag oder der Zustimmung noch zu Ihrem Vorschlag sagen, kann sich nur negativ auswirken. Also sagen Sie am besten nichts mehr und wechseln Sie schnell das Thema.

Das Wichtigste in Kürze

- Erfolgreiche Kommunikation basiert auf folgenden Tatsachen:
  - Jeder interessiert sich nur für seine eigenen Bedürfnisse und Probleme.
  - Jede Kommunikation verläuft gleichzeitig auf einer rationalen und auf einer emotionalen Ebene.
  - Jeder ist bereit, seine Meinung zu ändern, solange er sie noch nicht geäußert hat.
- Wenn Sie jemanden überzeugen wollen, müssen Sie also:
  - ihm zeigen, wie Ihr Vorschlag ihm nützt,
  - ihn auf der emotionalen Ebene positiv ansprechen und erreichen,
  - durch offene Fragen verhindern, dass er seine Meinung äußert.
- Legen Sie vor dem Gespräch Ihre Ziele fest und versetzen Sie sich in die Lage des anderen, um seine Sicht der Dinge zu ergründen.
- Ein gutes Gespräch erzeugen Sie, wenn Sie ihn in *seinem* Büro aufsuchen und das Gespräch am Anfang auf Dinge lenken, die *ihn* persönlich interessieren.
- Die Ziele Ihres Gesprächspartners finden Sie heraus, indem

Sie ihm offene Fragen stellen und aktiv zuhören. Dies bringt Ihnen nur Vorteile:

- umfassende Informationen über seine Interessen, Bedürfnisse und Ziele,
- die Führung des Gesprächs in die von Ihnen gewünschte Richtung (»wer fragt, der führt«),
- seine volle Aufmerksamkeit und
- seine Sympathie, da Sie Interesse für seine Meinung zeigen.

• Argumentieren Sie mit Blick auf den Nutzen Ihres Partners: Zeigen Sie ihm auf, wie Ihr Vorschlag seine Bedürfnisse befriedigt.

• Wenn der andere Einwände hat, lassen Sie es nie zum Streit kommen. Gehen Sie stattdessen wie folgt vor:

- Lassen Sie Ihn ausreden.
- Gewinnen Sie Zeit zum Nachdenken.
- Werten Sie ihn als Person auf.
- Zeigen Sie Verständnis und Mitgefühl.
- Begegnen Sie dem Einwand mit einer der möglichen Antworten: bedingte Zustimmung, »Vorteile-Nachteile«, »Alles hat seinen Preis« oder Erweiterung/Ergänzung.

• Wenn der andere zugestimmt hat, schweigen Sie!

8.
So machen Sie das Topmanagement auf sich aufmerksam

Unter Topmanagement beziehungsweise Geschäftsführung oder Unternehmensleitung werden hier alle Personen verstanden, die hierarchisch über Ihrem Chef stehen, angefangen also mit dem Vorgesetzten Ihres Chefs. So notwendig eine gute Zusammenarbeit mit Ihrem direkten Vorgesetzten für Ihre Karriere ist – es wurde bereits erwähnt, dass er Sie für eine Beförderung auf seine Ebene nur *empfehlen* kann. Die Entscheidung kann nur dessen Chef treffen oder jemand, der noch höher in der Hierarchie steht. Häufig liegt eine der folgenden Situationen vor:

- Ihr Chef empfiehlt Sie seinen Vorgesetzten aufgrund Ihrer guten Leistungen zur Beförderung. Eine solche Empfehlung hat sicherlich mehr Gewicht, wenn diese Vorgesetzten ihrerseits schon einen guten Eindruck von Ihnen haben.
- Ihr Chef ist zwar sehr zufrieden mit Ihnen, hat Sie aber bisher noch nicht zur Beförderung empfohlen, etwa weil er einen so guten Mitarbeiter wie Sie so lange wie möglich behalten möchte. In diesem Fall ist es erst recht wichtig, dass das Topmanagement bereits auf Sie aufmerksam geworden ist. Sie zählen dann quasi »automatisch« zum Kreis der Kandidaten, wenn eine interessante Stelle besetzt werden soll.
- Sie sind ein guter Mitarbeiter und haben es verdient, befördert zu werden. Nur Ihr Chef, mit dem Sie nicht das beste Verhältnis haben, ist da anderer Meinung. In einem solchen Fall haben Sie nur eine Chance: Über Ihrem Chef gibt es mindestens eine Person, die große Stücke auf Sie hält.

Ganz gleich, welche Konstellation vorliegt: Es ist für Sie von großer Wichtigkeit, sich beim Topmanagement einen Namen zu machen und aus der Masse herauszuragen. Damit verbessern Sie Ihre Chancen erheblich, wenn es um die Besetzung von interessanten Positionen geht. Je größer die Organisation, desto intensiver ist der »Wettbewerb« um die Aufmerksamkeit des Topmanagements. Und je höher ein Vorgesetzter in der Hierarchie steht, desto mehr Personen berichten an ihn und konkurrieren um seine Gunst.

Am besten ist es natürlich, wenn Sie zum Vorgesetzten Ihres Chefs und zu anderen Mitgliedern des Topmanagements gute persönliche Beziehungen haben. Dies ist natürlich schwierig, weil Sie mit diesen Personen in der Regel weniger Kontakt haben. Denn anders als zu Ihrem Chef haben Sie zur Geschäftsführung keine direkten Arbeitsbeziehungen. Trotzdem gibt es eine Reihe von Möglichkeiten, positiv auf sich aufmerksam zu machen.

Sorgen Sie dafür, dass Ihr Vorgesetzter Grund hat, Sie zu loben

Wenn Sie einen hervorragenden Job machen, wird Ihr Chef insofern davon profitieren, als seine Abteilung besser funktioniert, er selbst also erfolgreicher ist. Auch wenn Ihr Anteil an diesem Erfolg für das Topmanagement nicht direkt sichtbar sein sollte, wird Ihr Chef normalerweise Ihre guten Leistungen gegenüber seinen Vorgesetzten loben. Dies wird er besonders dann tun, wenn er Sie selbst eingestellt hat. Denn damit kann er gegenüber seinen Chefs seine Fähigkeiten bei der Bewerberauswahl unter Beweis stellen.

Aber auch wenn er Sie nicht selbst eingestellt hat, gibt es normalerweise keinen Grund, Ihre Leistungen gegenüber der Geschäftsführung zu verschweigen. Sie werfen ein gutes Licht auf ihn und seine Fähigkeiten, Mitarbeiter zu führen, auszubilden und zu motivieren. Und je mehr Ansehen er bei seinen Vorgesetzten genießt, desto mehr Gewicht hat sein Lob.

Strahlen Sie fachliche Kompetenz aus

Machen Sie bei Meetings eine gute Figur. In den meisten Unternehmen gibt es immer wieder Besprechungen, in denen Personen aus drei oder mehr Hierarchieebenen beisammensitzen. Dies können regelmäßig stattfindende Besprechungen sein oder solche, die zu einem speziellen Thema einberufen werden. Die Teilnahme an einem Meeting, an dem der Chef Ihres Chefs und vielleicht sogar noch höhere Vorgesetzte anwesend sind, ist Ihre Chance, das Topmanagement durch Ihren Auftritt persönlich zu beeindrucken. Damit Ihnen das gelingt, sollten Sie einige Tipps beherzigen.

Tipps für Ihren Erfolg

- Bereiten Sie sich gut vor. Das ist das Wichtigste. Vertiefen Sie sich in die Fakten zum Thema der Besprechung, damit Sie bei jeder Ihrer Äußerungen kompetent wirken. Überlegen Sie sich gute Vorschläge und Argumente. Versuchen Sie, den möglichen Verlauf der Diskussion vorherzusehen, und entwickeln Sie gegebenenfalls Gegenargumente.
- Gehen Sie ausgeschlafen und körperlich fit in das Meeting. Versuchen Sie, sich möglichst locker und munter zu geben, auch wenn es Ihnen vielleicht angesichts der »hohen Tiere« schwer fällt.
- Falls Sie etwas vortragen sollen: Geben Sie sich die größte Mühe bei der Erstellung der Präsentationsunterlagen, sowohl was den Inhalt als auch was die Form angeht.
- Bringen Sie möglichst viele Quellen zur Besprechung mit. Niemand kann jede Zahl im Kopf behalten. Aber es macht einen guten Eindruck, wenn Sie bei Bedarf die richtige Zahl sofort nachschauen können, weil Sie die entsprechende Unterlage dabeihaben.

Schicken Sie Kopien Ihrer Ausarbeitungen an das Topmanagement. Soweit die Gepflogenheiten in Ihrer Firma dies zulassen, sollten Sie mindestens den Chef Ihres Chefs über wichtige schriftliche Ausarbeitungen informieren, indem Sie ihn als Kopie-Adressaten in den offiziellen Verteiler aufnehmen. So kann er sich selbst ein Bild von der Qualität Ihrer Arbeit machen. Belästigen Sie ihn aber nicht mit Kopien von jedem noch so unwichtigen E-Mail, sondern schicken Sie nur Ausarbeitungen, aus denen Ihre Ideen, Ihre Erfolge oder Ihr Anteil an dem Erfolg einer Gruppe hervorgeht. Achtung: Vergewissern Sie sich in jedem Fall, dass Ihr Vorgesetzter mit diesem Vorgehen einverstanden ist.

Machen Sie im Zweiergespräch einen guten Eindruck. In der Regel kommt ein Zweiergespräch mit einem Topmanager für Sie nicht überraschend. Es entwickelt sich beispielsweise am Rande eines Meetings, während eines gemeinsamen Fluges oder bei einem gemeinsamen Essen, bei dem Sie in seiner Nähe sitzen. Manchmal suchen Topmanager bei solchen Gelegenheiten von sich aus den Kontakt zum Führungsnachwuchs.

Bereiten Sie sich darauf vor, wie Sie das Gespräch führen wollen. Auch in dieser Situation kann Small Talk als Einstieg gut geeignet sein. Aber Sie sollten relativ schnell zu bedeutsameren Themen übergehen. Hierfür eignen sich natürlich wichtige innerbetriebliche Angelegenheiten, die Strategie der Firma oder die Lage und Zukunft der Branche, um nur ein paar Themen zu nennen. Überlegen Sie sich hierzu vorab einige intelligente Fragen, und Sie werden einen guten Eindruck hinterlassen. Eine gute Frage, die Sie in verschiedenen Situationen anbringen können, ist zum Beispiel folgende: »Warum machen wir das auf diese Weise?«

Hüten Sie sich hingegen, sich über Alltagstrivialitäten auszulassen, wie beispielsweise die Qualität des Kantinenessens oder die wieder einmal gestiegenen Benzinpreise. »Talk big« lautet der eindeutige Ratschlag von Andrew DuBrin.[17] Anderenfalls riskieren Sie, als Kleingeist und Erbsenzähler eingestuft zu werden.

Darüber hinaus ist ein Zweiergespräch natürlich eine gute Gelegenheit, eigene Leistungen darzustellen. Übertreiben Sie jedoch nicht, vermeiden Sie den Eindruck, es gehe Ihnen nur darum zu zeigen, was für ein toller Typ Sie sind. Weisen Sie einfach auf die positiven Resultate Ihrer Arbeit hin. Erwähnen Sie auch ruhig, welche besonderen Anstrengungen Sie dafür unternommen haben, allerdings ohne zu jammern.

Tipps für Ihren Erfolg

- Machen Sie eine gute Figur bei Besprechungen.
- Schicken Sie Kopien Ihrer Ausarbeitungen an das Topmanagement.
- Machen Sie im Zweiergespräch einen guten Eindruck.

Übernehmen Sie Sonderaufgaben

Profilieren Sie sich in Projektteams. In vielen Firmen werden immer wieder interdisziplinäre Projektteams oder Arbeitskreise gebildet, um ein größeres Problem zu lösen, das mehrere Unternehmensbereiche betrifft. Normalerweise werden die Teammitglieder von ihren Vorgesetzten benannt. In Einzelfällen können Sie sich aber selbst bei Ihrem Chef um die Mitarbeit in einem Arbeitskreis bemühen. Nehmen Sie solche Möglichkeiten wahr – auch wenn es Mehrarbeit bedeutet. Es ist eine weitere Chance, positiv auf sich aufmerksam zu machen.

Denn die Tatsache, dass mehrere Abteilungen zusammenarbeiten sollen, macht es in aller Regel erforderlich, dass die Initiative von der Geschäftsführung ausgeht. Ihr werden später auch die Ergebnisse berichtet. Leistet ein Projektteam gute Arbeit, so kann das für die Mitglieder nur von Vorteil sein.

Bei der Benennung der Teammitglieder wird in aller Regel auch festgelegt, wer das Team leiten soll. Bestimmt hingegen die Arbeitsgruppe selbst einen Verantwortlichen, sollten Sie sich um die Leitungsfunktion bemühen. Natürlich haben Sie damit mehr Arbeit, aber als Teamleiter sind Sie für das Topmanagement viel

160   *Die heimlichen Spielregeln der Karriere*

sichtbarer. Dies gilt eingeschränkt auch für den Protokollführer, denn die Arbeitsprotokolle gehen normalerweise an einen großen, hochrangigen Verteiler. Wer sie anfertigt und unterschreibt, kann bei den Adressaten zumindest seinen Namen bekannt machen. Allerdings ist an dieser Stelle eine Warnung notwendig. Nicht immer hat das Problem, zu dessen Lösung ein Arbeitskreis gebildet wird, bei allen betroffenen Mitgliedern des Topmanagements gleiche Priorität. Manchmal wird ein Arbeitskreis gebildet, weil die Geschäftsführung eine Auseinandersetzung nicht anders lösen konnte. Oder das Projekt geht auf besonderes Drängen eines Einzelnen zurück, ohne dass der restliche Vorstand sonderlich an den Resultaten interessiert wäre.

Finden Sie also heraus, welcher Stellenwert dem Vorhaben an der Unternehmensspitze wirklich beigemessen wird. Insbesondere gilt es, das Interesse der Chefs Ihres Chefs daran zu eruieren, also von allen Personen, die in der Firmenhierarchie direkt über Ihnen stehen. Indizien für wirkliches Interesse *können* sein:

- Regelmäßige Zwischenberichte über den Fortgang des Projekts werden verlangt.
- Ein Termin für den Abschluss der Arbeiten wurde festgelegt, denn was wirklich wichtig ist, hat auch einen definitiven Abschlusstermin.
- Ganz allgemein Termindruck: Was wirklich wichtig ist, muss auch schnell fertig werden.

Die Betonung liegt auf »können«, denn selbst wenn ein Endtermin existiert und Zwischenberichte verlangt werden, kann es sich um eine relativ unwichtige Aufgabe handeln. Der Umkehrschluss ist hingegen zulässig: Bei einem Projekt ohne die genannten Merkmale können Sie davon ausgehen, dass es sich um eine Alibi-Veranstaltung handelt. Wenn Sie zu einem solchen Projekt delegiert wurden, sollten Sie darin nicht zu viel Energie investieren.

Übernehmen Sie bereitwillig »Feuerwehreinsätze«. Unter »Feuerwehreinsatz« soll hier ein kurzfristig notwendiger, aber zeitlich begrenzter Jobwechsel innerhalb der Firma verstanden werden. Die zu übernehmende Aufgabe oder Funktion ist für das Unter-

So machen Sie das Topmanagement auf sich aufmerksam **161**

nehmen wichtig und manchmal ist sie nicht besonders beliebt. Einige Beispiele:

- Integration oder Sanierung einer neu erworbenen Tochtergesellschaft,
- vorübergehende Wahrnehmung einer Position, deren Inhaber die Firma kurzfristig verlassen hat, bis ein Nachfolger gefunden worden ist,
- vorübergehender Einsatz in einem wenig beliebten Land der Welt.

Da es sich um einen echten, wenn auch nur vorübergehenden Stellenwechsel im örtlichen und/oder inhaltlichen Sinn handelt, kann man Sie nicht einfach abkommandieren. Vielmehr wird man Sie fragen, ob Sie den »Feuerwehreinsatz« übernehmen wollen. Sie können ablehnen, möglicherweise ohne Nachteile für Sie selbst.

Wenn Sie aber zusagen, kann es Ihrer Karriere einen Schub geben. Sie zeigen nämlich ein hohes Maß an Loyalität gegenüber Ihrem Unternehmen im Allgemeinen und der Geschäftsführung im Besonderen, der Sie aus einer temporären Personalklemme helfen. Weiterhin wird das Topmanagement Sie während Ihres Einsatzes genau beobachten: Wenn Sie Ihre Aufgabe bravourös meistern, umso besser für Sie. Wenn nicht, wird man Ihnen keinen Strick daraus drehen.

Bitte beachten Sie: Es kann sich bei einem solchen Einsatz oder überhaupt bei Sonderaufgaben auch darum handeln, dass die Geschäftsleitung schlicht und ergreifend Ihre bedingungslose Bereitschaft testen will, auch unangenehme oder unmöglich erscheinende Aufgaben zu übernehmen. Ihre Belastbarkeit und Loyalität sollen geprüft werden. Ist dies der Fall, würde eine Absage Ihrer Karriere schaden.

Wolfgang Schur und Günter Weick drücken das so aus: »Indem Sie sagen: ›Jawohl, das wird gemacht!‹, werden Sie zum Teil der Lösung. Wenn Sie es nicht tun, werden Sie für die Geschäftsführung zum Teil des Problems. Die bedingungslose Akzeptanz einer Aufgabe ist in den Augen der Unternehmensleitung viel mehr wert als der Erfolg der Aktion. Falls Sie das Ziel nicht ganz erreichen, werden sich dafür immer Gründe finden lassen – und Ihre Chefs werden sie gemeinsam mit Ihnen suchen. Für das Verweigern gibt es dagegen keine akzeptierten Gründe.«[18]

Außerdem weisen die Autoren darauf hin, dass nichts »so heiß gegessen wird, wie es gekocht wird«. Kaum ein Projekt wird im Endeffekt so durchgeführt, wie es ursprünglich geplant ist. Wenn sich etwas als objektiv unmöglich herausstellt, wird man es eben nicht so durchführen können, sondern eine andere Lösung finden müssen.

Suchen Sie die Nähe der Geschäftsführung

Suchen Sie den Kontakt zu Topmanagern. Auch wenn Ihre rein dienstlichen Kontakte zur Geschäftsführung nicht sehr ausgedehnt sein mögen, so gibt es doch, wie oben erwähnt, manchmal andere Gelegenheiten des Kontakts, beispielsweise gemeinsame Mittagessen in der Kantine oder Fahrten oder Flüge zu auswärtigen Terminen. Diese Gesprächschancen sollten Sie konsequent nutzen. Sie lernen auf diese Weise Ihre höheren Vorgesetzten mit ihren Einstellungen, Vorlieben, Abneigungen und Eigenarten besser kennen. Und Sie haben die Chance, sich positiv darzustellen und Gemeinsamkeiten im persönlichen und privaten Bereich zu entdecken.

Auf gar keinen Fall dürfen Sie durch Ihr Verhalten den Eindruck erwecken, Sie fühlten sich in der Gegenwart und Umgebung der Geschäftsleitung unwohl, etwa weil Sie schüchtern sind. Ein solcher Eindruck würde zum Beispiel entstehen, wenn der Vorgesetzte Ihres Chefs (unter anderem) Sie einlädt, mit ihm in seinem Wagen zu einer Messe zu fahren. Anstatt sofort freudig zuzusagen, drucksen Sie herum und antworten schließlich, dass Sie lieber mit Ihren Abteilungskollegen Müller und Meier fahren möchten, da Sie auf der Fahrt noch etwas besprechen müssten. Oder Sie sagen, dass Sie lieber mit Ihrem eigenen Wagen direkt von zu Hause zur Messe fahren wollen, das sei kürzer und schneller als erst zur Firma zu fahren, um dort zuzusteigen.

Durch eine solche Reaktion verpassen Sie nicht nur eine Gelegenheit zum Gespräch mit jemandem, der für Ihr berufliches Fortkommen extrem wichtig ist. Er kann darüber hinaus den Eindruck gewinnen, Sie wollten ihn meiden. Aus einem solchen Verhalten folgert man womöglich, Sie seien nicht daran interessiert, zum Management zu gehören.

Gehen Sie in die Firmenzentrale. Die Nähe der Geschäftsführung zu suchen heißt aber auch, sich um eine Versetzung in die Unternehmenszentrale zu bemühen, falls man woanders eingestellt wurde. Viele Firmen haben aus den unterschiedlichsten Gründen eine Vielzahl von Betriebsstätten: Werke, Zweigniederlassungen, Tochtergesellschaften, aber nur eine beherbergt die Unternehmenszentrale. Hier arbeitet die Unternehmensspitze, hier befindet sich der Finanzbereich, hier sind die wichtigsten Verwaltungseinheiten und Stabsstellen. In der Zentrale werden alle wichtigen Personal- und Sachentscheidungen getroffen. Hier schlägt das Herz eines Unternehmens. Hier »spielt die Musik«. Hier ist das Zentrum der Macht.

Wer in einer Firma Karriere machen will, muss über kurz oder lang in die Zentrale wechseln, wenn er nicht schon dort arbeitet. Denn hier ist die Wahrscheinlichkeit persönlicher Kontakte zu Mitgliedern des Topmanagements am größten. Hierauf wurde bereits in Kapitel 2 hingewiesen. Die physische Nähe steigert die Chance, wahrgenommen zu werden.

Versuchen Sie, an möglichst vielen wichtigen Meetings teilzunehmen. Wichtige Meetings sind solche, an denen Mitglieder der Geschäftsführung teilnehmen. Bei einem solchen Meeting dabei zu sein, erhöht Ihren Status in der Organisation. Näheres dazu finden Sie in Kapitel 9. An dieser Stelle geht es hingegen um die Gelegenheit zu Kontakten. Selbst wenn Sie die anwesenden Spitzenleute nicht persönlich kennen lernen, erfahren Sie doch eine Menge über die zwischenmenschliche Interaktion in der Geschäftsleitung. Sie lernen die Mächtigen als Menschen kennen, die auch ihre Schwächen haben, und verlieren so Ihre Scheu vor ihnen.

Versuchen Sie, einen Mentor zu finden. Unter einem Mentor, im englischen Sprachraum auch »Sponsor« genannt, versteht man einen Topmanager, der mindestens zwei Stufen in der Hierarchie über Ihnen steht. Er hat ein persönliches Interesse an Ihrer Karriere und setzt sich für Sie ein, zum Beispiel indem er Sie für eine Beförderung vorschlägt, Sie mit Rat und Hilfe unterstützt und Sie vor unsauberen Tricks Ihrer Konkurrenten warnt. Die Motive von Mentoren sind vielfältig. Die Basis ist normalerweise eine gewisse gegenseitige Sympathie. Weitere Beweggründe eines Mentors können sein:

- Ihn befriedigt der Gedanke, dass ihm Personen in der Firma zu großem Dank verpflichtet sind.
- Er will sich eine Hausmacht aufbauen. Hierzu fördert er Nachwuchsmanager und versucht, sie an entscheidenden Stellen im Unternehmen zu platzieren. Am Anfang ihrer Karriere nützen sie ihm noch nicht viel – zu groß ist der Hierarchie- und Machtabstand zwischen Schützling und Mentor. Aber wenn der Schützling mit Hilfe des Mentors Karriere macht, kann er später ein wichtiger Verbündeter werden, da er ihm zu Dank verpflichtet ist.
- Der Mentor fühlt sich in seiner Macht bestätigt, wenn es ihm gelingt, die Karriere eines anderen zu »machen«. Er betrachtet seine Schützlinge als »seine Schöpfung«.
- Ein Mentor ist – wie jeder Mensch – geschmeichelt, wenn er um Rat gefragt wird. Und er empfindet den Schützling nicht als Konkurrenten.
- Ein Mentor fühlt sich besser und wichtiger, wenn sein Protegé etwas mit ihm gemeinsam hat, beispielsweise die Herkunft aus dem gleichen Ort, die gleiche Uni, das gleiche Studienfach.

Mentoren neigen generell dazu, Personen mit einem Profil zu fördern, das ihrem eigenen entspricht. Suchen Sie deshalb unter den Topmanagern Ihres Bereichs oder im gesamten Unternehmen nach solchen, mit denen Sie etwas Wichtiges gemeinsam haben und sprechen Sie sie bei passender Gelegenheit darauf an.

Wenn der Mentor sich einmal für seinen Schützling einsetzt, würde dessen Misserfolg in gewisser Weise auch auf ihn selbst zurückfallen. Dies hält das Interesse des Mentors am Erfolg seines Schützlings wach.

Mentoren können eifersüchtig sein: Je intensiver seine Unterstützung und je persönlicher das Verhältnis ist, desto unliebsamer wird ihm sein, wenn der Schützling weitere Mentoren hat. Respektieren Sie diesen Wunsch.

Tipps für Ihren Erfolg

- Suchen Sie persönlichen Kontakt zu Topmanagern.
- Gehen Sie in die Firmenzentrale.
- Versuchen Sie, an möglichst vielen wichtigen Meetings teilzunehmen.
- Versuchen Sie, einen Mentor zu finden.

Gehen Sie ungewöhnliche Wege

Lösen Sie Probleme auf unkonventionelle Art. Eine gute Methode, bei der Unternehmensleitung positiv aufzufallen, besteht darin, etwas Ungewöhnliches vorzuschlagen und durchzuführen, damit Ihr Projekt vorankommt oder ein Abteilungsproblem gelöst wird. »Ungewöhnlich« heißt in diesem Zusammenhang: jenseits der normalen Abläufe und Prozeduren im Unternehmen. Je unkonventioneller – und trotzdem erfolgreich – Ihr Vorschlag, desto mehr Kreativität wird man Ihnen bescheinigen. Und Kreativität ist eine entscheidende Eigenschaft für potenzielle Führungskräfte.

Wenn Sie das, was Sie vorschlagen, auch selbst durchführen, zeigen Sie darüber hinaus Initiative und erweisen sich als »Macher«. Entscheidend ist, dass Sie bereit sind, alles zu unternehmen, um Ihr Projekt voranzutreiben, ganz gleich, was üblich ist oder was in Ihrer Stellenbeschreibung steht. Mark McCormack hat das so ausgedrückt: »What you do *beyond* your job description is what gets noticed.«[19]

Was Sie vorschlagen und durchführen, hängt natürlich von Ihrer Funktion ab.

166   *Die heimlichen Spielregeln der Karriere*

Beispiel

Die Produktmanagerin Anke Glaser arbeitet im Marketing eines Konsumgüterherstellers. Um die Chancen eines neuen Produkts zu testen, begibt sie sich für ein paar Stunden mit einem Produktmuster in einen Supermarkt und befragt dort potenzielle Kunden. Ungewöhnlich an dieser Vorgehensweise ist, dass in der Regel Marktforschungsinstitute mit solchen Untersuchungen beauftragt werden. Dafür benötigt man aber Zeit und Geld, die in diesem Fall beide knapp bemessen sind.

Ein anderer Fall: Lars Thalmann ist Kundendienstmanager eines Anlagenbauers. Eines Tages erfährt er am späten Nachmittag vom Brand in einer Produktionshalle eines wichtigen Kunden. Dessen gesamte Produktion steht still. Es ist noch nicht genau absehbar, welche Teile der Anlage betroffen sind und ersetzt werden müssen. Folglich kann der Kunde auch noch keine Bestellung für Ersatzteile aufgeben. Und selbst wenn – die Mitarbeiter des Ersatzteillagers sind bereits nach Hause gegangen. Daraufhin schlägt Lars Thalmann seinem Chef vor, zusammen mit einigen Kollegen die wichtigsten gängigen Ersatzteile selbst aus dem Lager zu holen und mit ihren Privatwagen zum Kunden zu bringen. So kann dieser sofort mit den Reparaturen beginnen.

Beide Manager beweisen mit ihren Aktionen, dass sie kreative Lösungen außerhalb des Üblichen finden können. Diese setzen sie dann in Eigeninitiative auch persönlich in die Tat um. Über Nachwuchsmanager mit solchen Eigenschaften spricht man in der Geschäftsleitung.

Brechen Sie bewusst Regeln.   Eine Variante dieser Empfehlung besteht darin, das Topmanagement durch den bewussten Bruch von innerbetrieblichen Regeln zu beeindrucken. Manche Regeln verlieren im Verlauf der Zeit ihren Sinn oder sind für bestimmte Situationen nicht mehr angemessen, ja sogar kontraproduktiv. Wer gegen solche Regeln verstößt, kann sich unter bestimmten Umständen bei der Geschäftsleitung als Managementtalent empfeh-

So machen Sie das Topmanagement auf sich aufmerksam **167**

len. Wolfgang Schur und Günter Weick beschreiben fünf Voraussetzungen für einen erfolgreichen Regelverstoß:[20]

- Der Regelverstoß muss Ihnen selbst möglich sein.
- Sie können ihn unbemerkt bis zum erfolgreichen Ende durchführen.
- Die Geschäftsleitung stuft die erzielten Ergebnisse (zum Beispiel Umsatzzuwachs oder Kosteneinsparung) als bedeutend ein.
- Sie können plausibel darlegen, dass die von Ihnen gebrochene Regel in diesem speziellen Fall entweder »unsinnig« oder »nicht anwendbar« war.
- Der Regelverstoß muss dem Topmanagement natürlich auch bekannt werden.

Als Beispiel führen die Autoren den Vertriebsbeauftragten eines IT-Unternehmens an. Wie in den meisten Firmen gilt auch in dieser Vertriebsorganisation das eherne Gesetz, dass jeder Mitarbeiter nur Kunden seines eigenen Verkaufsgebiets bearbeiten darf; die anderen sind für ihn tabu. Besagter Vertriebsbeauftragter verstößt bewusst gegen diese Regel. Es gelingt ihm, in einem anderen Verkaufsgebiet über persönliche Beziehungen einen neuen Großkunden zu akquirieren. Damit wird er über Nacht zum Star der Verkaufsmannschaft. Aber was noch viel mehr ins Gewicht fällt: Die Geschäftsleitung ist schwer beeindruckt von ihm.

Beim Regelverstoß ist die Geheimhaltung besonders wichtig. Sollte Ihr Chef vorher von Ihren Plänen erfahren oder während die Aktion läuft, müsste er Ihnen den Regelverstoß untersagen. Er würde ihn wahrscheinlich unter den Teppich kehren und Sie zum Schweigen verpflichten. Sie dürfen ihn also auf gar keinen Fall um Erlaubnis bitten oder einweihen: »Wer dumm fragt ...« Auch anderen Personen im Unternehmen sollten Sie nichts verraten, sonst könnte Ihr Chef schnell informiert sein. Also müssen Sie alles heimlich durchführen. Sie dürfen Ihre Vorgesetzten erst informieren, wenn die Aktion abgeschlossen ist und Sie Tatsachen geschaffen haben.

Durch einen erfolgreichen Regelverstoß fällt man auf, das leuchtet ein. Aber darüber hinaus zeigen Sie mit diesem Verhalten auch wichtige Führungsqualitäten: Mut, Resultatorientierung,

168   *Die heimlichen Spielregeln der Karriere*

geistige Flexibilität, Gefühl für Prioritäten, Entscheidungsfreude und Konfliktbereitschaft. Diese Eigenschaften werden immer wichtiger, je höher jemand aufsteigt. Denn das Topmanagement ist immer wieder mit Situationen konfrontiert, für die es keine Regeln gibt und die trotzdem bewältigt werden müssen.

Der kalkulierte Regelbruch ist nicht unproblematisch. Es empfiehlt sich nicht, dieses Mittel in einer Firma mehrfach anzuwenden, weil Sie es sonst riskieren, als undiszipliniert abgestempelt zu werden. Außerdem brüskieren Sie in jedem Fall Ihren Chef, weil Sie ihn nicht informiert und in gewisser Weise umgangen haben. Er wird Ihre Absicht, sich zu profilieren, durchschauen. Je nachdem, wie stark und souverän er ist beziehungsweise wie stark er sich durch Sie angegriffen fühlt, wird er wenig begeistert sein und Ihren Vorstoß verurteilen.

Es besteht deshalb die Gefahr, dass Ihr Chef Sie bei der Geschäftsleitung in Misskredit bringen will. Darum folgende Empfehlung: Wenn Sie Ihre Vorgesetzten über den Regelverstoß informieren, sollten Sie dafür sorgen, dass außer Ihrem Chef mindestens noch dessen Vorgesetzter bei dem Gespräch anwesend ist. So haben Sie die Chance, dem Topmanagement Ihre Sicht der Dinge darzustellen. Der Vorgesetzte Ihres Chefs wird sich nicht im gleichen Maße wie dieser hintergangen fühlen, sein Urteil über Ihr Verhalten wird insofern tendenziell milder ausfallen – vor allem, wenn Sie die Chance haben, sich zu verteidigen. Und wenn die Geschäftsführung Ihren Regelbruch nachträglich »ausnahmsweise« gutheißt, wird Ihr Chef gute Miene zum bösen Spiel machen müssen.

Betreiben Sie Eigen-PR

Schreiben Sie Beiträge für Zeitschriften. Eine andere Möglichkeit, aus der Masse Ihrer Konkurrenten herauszuragen, sind Beiträge für Fachzeitschriften oder für die Hauszeitschrift Ihres Unternehmens. Besonders Artikel in der Hauszeitschrift eignen sich als Instrument der Selbstdarstellung.

Schreiben Sie über etwas, das Sie besonders gut können oder

So machen Sie das Topmanagement auf sich aufmerksam **169**

besonders gut gemacht haben. Sollten Ihre Vorgesetzten Ihren Artikel nicht sofort bei Erscheinen gelesen haben, seien Sie unbesorgt. Irgendwer wird sie darauf hinweisen, dass jemand aus ihrem Bereich etwas geschrieben hat.

In den meisten Firmen braucht man die Erlaubnis des Vorgesetzten, um für die Hauszeitschrift zu schreiben. Daran müssen Sie sich natürlich halten. Aber normalerweise wird Ihr Chef der Ansicht sein, dass es auch ihm nützt, wenn eine Person seiner Abteilung oder seine Abteilung als Ganzes positiv dargestellt werden. Deshalb wird er seine Einwilligung kaum verweigern.

Wenn Sie Artikel für Fachzeitschriften schreiben wollen, brauchen Sie die Genehmigung Ihrer Firma nur dann, wenn Sie über Interna berichten wollen, etwa über die erfolgreiche Durchführung eines innovativen Projekts.

Werden Sie Ausbilder. In den meisten größeren Unternehmen gibt es ein innerbetriebliches Weiterbildungswesen. Die dort angebotenen Kurse werden teilweise von externen Referenten abgehalten; man nimmt aber auch gerne eigene Mitarbeiter, wenn das entsprechende Know-how vorhanden ist. Prüfen Sie, ob Sie Ihre speziellen Kenntnisse und Fähigkeiten einbringen könnten. Denn auch eine Tätigkeit als Ausbilder hilft Ihnen, ein kleines Stück aus der großen Masse herauszuragen.

Engagieren Sie sich außerhalb der Firma. Auch ein ehrenamtliches Engagement, das in irgendeiner Weise Managementfähigkeiten voraussetzt oder dokumentiert, zeichnet Sie vor anderen aus. Der Vorsitz in einem karitativen Verein, die Organisation eines großen Events für Ihren Sportverein oder ein Engagement in der Kommunalpolitik sind Beispiele für Aktivitäten, die in vielerlei Hinsicht mit dem Management in Unternehmen vergleichbar sind. Wenn Sie hier Erfolge vorzuweisen haben, sollten Sie diese Ihren Vorgesetzten nicht vorenthalten. Am günstigsten ist es freilich, wenn Sie es schaffen, dass darüber in der Lokalzeitung berichtet wird.

Das Wichtigste in Kürze

- Um befördert zu werden, müssen Sie den Verantwortlichen positiv auffallen.
- Sorgen Sie dafür, dass Ihr Chef Grund hat, Sie bei seinen Vorgesetzten zu loben.
- Beeindrucken Sie das Topmanagement in Besprechungen, schriftlichen Ausarbeitungen und Zweiergesprächen durch fachliche Kompetenz.
- Übernehmen Sie engagiert Sonderaufgaben, deren Erfüllung vom Topmanagement beobachtet wird, zum Beispiel Mitarbeit in Projektteams oder »Feuerwehreinsätze«.
- Suchen Sie bei Meetings und anderen Gelegenheiten die Nähe der Geschäftsführung.
- Lassen Sie sich in die Zentrale versetzen. Lassen Sie sich von einem Mentor protegieren.
- Versuchen Sie, mit unkonventionellen Problemlösungen oder bewussten Regelverstößen positiv aufzufallen.
- Betreiben Sie mit Zeitschriftenbeiträgen, Referententätigkeit und ehrenamtlichen Aktivitäten Eigen-PR.

9.

So gewinnen Sie auf direktem Weg Macht

In den bisherigen Kapiteln ging es um indirekten Machtgewinn, zum Beispiel durch den Aufbau guter zwischenmenschlicher Beziehungen. »Indirekt« deswegen, weil der eigentliche Machtzuwachs sich erst dann ergibt, wenn die Beziehungen eingesetzt und die eigenen Ziele durchgesetzt werden.

In diesem Kapitel werden hingegen Möglichkeiten der Machterzeugung auf direktem Wege dargestellt, und zwar durch:

- bestimmte Verhaltensweisen,[21]
- die Art und Weise, wie Sie mit anderen kommunizieren, und
- Ihre äußere Erscheinung.

Verhalten, das Ihren Einfluss stärkt

Nutzen Sie Ermessensspielräume aus. In jeder Organisation gibt es Regeln und Richtlinien, die festlegen, was erlaubt ist und wie bestimmte Vorgänge und Arbeiten durchzuführen sind. Andere Dinge wiederum sind ausdrücklich verboten, etwa Alkohol am Arbeitsplatz. Dazwischen gibt es eine Grauzone, Verhaltsweisen, die weder ausdrücklich erlaubt oder gefordert werden, noch zum Katalog der Verbote gehören, entweder weil keine Regelung existiert (etwa weil man diesen Fall nicht vorausgesehen hat) oder weil dieser Bereich flexibel gehandhabt wird. »Flexibel« heißt, dass unterschiedliche Verhaltensweisen von der Unternehmensleitung toleriert werden.

Diese Grauzone öffnet Ihnen einen Ermessensspielraum, durch den Sie Ihren Einfluss erweitern können. Beispielsweise gibt es in vielen Unternehmen (und erst recht in Behörden) den berühmten »Dienstweg«. Benötigt ein Sachbearbeiter die Mithilfe einer anderen Abteilung, muss er sich an seinen Vorgesetzten wenden, der die Mithilfe bei der Leitung der anderen Abteilung beantragt. Diese wiederum beauftragt ihren zuständigen Sachbearbeiter mit der Hilfestellung. So weit die offizielle Regelung.

In vielen Firmen wird trotzdem stillschweigend toleriert, dass sich ein Sachbearbeiter unter Umgehung der beiden Vorgesetzten direkt an seinen Kollegen in der anderen Abteilung wendet. Er kann sich also überlegen, ob er den Dienstweg einhalten will oder nicht. Diesen Ermessensspielraum auszunutzen, verschafft ihm in zweifacher Hinsicht Macht (vorausgesetzt, der Kollege spielt mit). Erstens hat er die Hilfe ohne Zutun seines Vorgesetzten erhalten, verfügt also in diesem Punkt über ebenso viel Macht wie sein Vorgesetzter. Zweitens hat er die Hilfe schneller bekommen und damit seine Aufgabe schneller erledigt, was ihm wiederum einen Machtzuwachs durch Beweis seiner Managementkompetenz gibt.

Übernehmen Sie zusätzliche Aufgaben. Eine weitere Möglichkeit, unmittelbar Macht zu gewinnen, besteht in der freiwilligen Übernahme zusätzlicher Aufgaben und Verantwortung. Dies kann offiziell geschehen, aber auch stillschweigend und schleichend. Im ersten Fall ergreifen Sie die Initiative und sprechen mit Ihrem Chef. Sie können zum Beispiel eine Aufgabe an sich ziehen, die vorher extern vergeben wurde, und lassen sich dann die Verantwortung offiziell von Ihrem Chef übertragen. Oder Sie nehmen Ihrem Chef aus eigener Initiative etwas ab.

Wenn Sie stillschweigend und inoffiziell zusätzliche Aufgaben übernehmen, nutzen Sie – wie im vorherigen Abschnitt beschrieben – Ihren Ermessensspielraum. Sie übernehmen die Verantwortung ohne zu fragen. So könnten Sie sich um die Lösung von Computerproblemen in der Abteilung kümmern, wenn Sie hierfür Experte sind. Oder Sie übersetzen alle in der Abteilung anfallenden englischsprachigen Vertragstexte.

Der mit beiden Varianten verbundene Zugewinn an Macht hat

verschiedene Facetten. Einerseits erzeugt die zusätzliche Übernahme von Aufgaben Dankbarkeit, mindestens bei Ihrem Chef, in manchen Fällen zusätzlich bei Ihren Abteilungskollegen, und Sie können zu gegebener Zeit eine Gegenleistung erwarten. Andererseits bringen zusätzliche Aufgaben zusätzliche Erfahrungen und Expertenwissen, was seinerseits Machtgewinn bedeutet. Und schließlich zeigen Sie, dass Sie hervorragend organisiert sind und viele Aufgaben übernehmen können – welcher Vorgesetzte verzichtet schon gern auf einen solchen Mitarbeiter? Auch dies stärkt Ihre Machtposition.

Sie müssen natürlich aufpassen, dass man Sie nicht ausnutzt – weder Ihr Chef noch Ihre Kollegen, und deshalb sollten Sie vorher genau prüfen, welchen zusätzlichen Arbeitsaufwand dies für Sie bedeutet. Auf keinen Fall darf Ihre »normale« Arbeit darunter leiden. Und auch die Qualität Ihrer zusätzlichen Beiträge muss stimmen. Sie können sich nicht damit herausreden, dass diese nicht zu Ihrem normalen Aufgabenbereich gehören.

Erkämpfen Sie sich Statussymbole. Wie in Kapitel 2 dargestellt, steigern Statussymbole, die an einen Rang gekoppelt sind, unmittelbar den Einfluss desjenigen, dem sie (noch) nicht zustehen. Insofern lohnt es sich, dafür zu kämpfen. Wie erringen Sie nun die begehrten Trophäen, auf die Sie keinen Anspruch haben? Sie müssen darum bitten, in der Regel Ihren Chef. Überzeugen Sie ihn (und eventuell noch weitere Vorgesetzte) davon, dass die Ausnahme sinnvoll und notwendig ist. Er muss Ihr Vorhaben aktiv unterstützen. Das heißt, Sie müssen Ihre Bitte begründen, in aller Regel schriftlich. Natürlich wissen alle Beteiligten, dass die Gründe letztendlich vorgeschoben sind. Aber da es sich um eine Ausnahme von einer generellen Firmenregel handelt, muss sie begründet werden. Sonst könnte ja jeder kommen ...

Die Gründe können vielfältig sein und sie hängen vom Einzelfall ab. Finden Sie heraus, unter welchem Vorwand andere Personen in Ihrem Unternehmen Privilegien erhalten haben. Seien Sie kreativ beim Ausdenken von Begründungen. Die Argumente können ruhig etwas fadenscheinig sein. Dass man Ihnen ein Privileg gewährt, hat sowieso andere Gründe: Man schätzt Sie.

174   *Die heimlichen Spielregeln der Karriere*

Beispiel

Einige Beispiele mögen Ihre Fantasie anregen:

- Einen reservierten Parkplatz in der Nähe des Eingangs zum Verwaltungsgebäude kann man bekommen, wenn man häufig schweres oder sperriges firmeneigenes Material zwischen Auto und Büro hin- und herzuschleppen hat, beispielsweise Produktmuster, einen Präsentationsstand für Messen oder Deko-Material für Verkaufsförderungszwecke.
- Einen Dienstwagen kann man damit begründen, dass man sehr viele Dienstreisen mit dem eigenen Pkw durchführt.
- Die Teilnahme an einem wichtigen Meeting lässt sich häufig sachlich rechtfertigen. Bei regelmäßig stattfindenden Besprechungen sollte Ihr Ziel die regelmäßige Teilnahme sein. Ist dies nicht möglich, können Sie Ihren Chef vielleicht dazu bringen, dass er Sie gelegentlich mitnimmt oder als seinen Stellvertreter hinschickt.
- In Zeiten von »Downsizing« und »Lean Management« gibt es immer wieder den Fall, dass Manager auf mittlerer Ebene das Unternehmen verlassen und nicht ersetzt werden. Wenn so etwas in Ihrem Unternehmensbereich mit jemandem passiert, der hierarchisch eine Stufe über Ihnen steht, dann heißt es für Sie aufgepasst – ein Büro wird frei, auf das keiner direkten Anspruch hat. Ein besseres Büro mit besserer Ausstattung als Ihres. Ihr Chef wird es nicht beanspruchen, denn er hat ja bereits ein vergleichbar gutes. Auch wenn es Ihnen nicht gelingt, das Büro zu bekommen, vielleicht ergattern Sie wenigstens einen Teil des teuren Mobiliars. Als Begründung können Sie folgendes Argument anführen: »Wäre doch schade, wenn man dieses Möbelstück wegwirft …«

Stellen Sie Forderungen.   Zusätzliche Macht erhalten Sie manchmal einfach dadurch, dass Sie sie fordern. Dies soll an zwei Beispielen gezeigt werden: Beförderungen und Gehaltserhöhungen. Der Zugewinn an Einfluss durch eine Beförderung liegt auf der Hand.

So gewinnen Sie auf direktem Weg Macht

Aber auch die Gehaltshöhe drückt in gewisser Hinsicht Macht aus. Sie ist zwar kein weithin sichtbares Statussymbol, da zumindest in der Privatwirtschaft normalerweise nur Ihre direkten Vorgesetzten und die Personalabteilung Ihr Gehalt kennen. Aber bei einem Wechsel unter Ihren Vorgesetzten oder wenn Sie die Firma wechseln, stellt Ihr Gehalt einen Indikator für die Wertschätzung durch Ihre bisherigen Vorgesetzten und damit für Ihren Einfluss dar.

In vielen Firmen ist eine jährliche Gehaltsüberprüfung die Regel, oft, wenn auch nicht immer verbunden mit einem Beurteilungsgespräch. Jedenfalls legen Ihre Vorgesetzten fest, um welchen Betrag sie Ihr Gehalt erhöhen. Wenn Sie damit nicht zufrieden sind oder Ihre Firma keine regelmäßigen Gehaltsüberprüfungen kennt, müssen Sie die Erhöhung fordern und gegebenenfalls hart verhandeln. Bevor Sie in das Gespräch mit Ihrem Chef gehen, sollten Sie sich gut vorbereiten:

- Bestimmen Sie Ihren Marktwert. Finden Sie heraus, wie viel andere in vergleichbaren Positionen verdienen. Hierfür gibt es mehrere Möglichkeiten. Zum einen Ihr Netzwerk innerhalb und außerhalb der Firma. Sie sollten keine Scheu haben, sich mit Gleichgestellten über die Höhe des Gehalts auszutauschen. Davon profitieren immer beide. Weiterhin gibt es in der Wirtschaftspresse immer wieder Veröffentlichungen über Gehaltshöhen auf verschiedenen Ebenen. Manchmal bieten diese Pressetitel für wenig Geld einen Gehalts-Check per Computer an. Und schließlich können Sie einen Headhunter fragen, zu dem Sie ein vertrauensvolles Verhältnis entwickelt haben.
- Erstellen Sie eine Liste mit Ihren Erfolgen und Leistungen seit der letzten Erhöhung. Versuchen Sie den Wert Ihrer Leistungen für die Firma zu beziffern (Umsatzsteigerungen oder Kostensenkungen, etwa weil Sie einen Teil der Aufgaben eines Kollegen übernommen haben, der die Firma verlassen hat und nicht ersetzt wurde). Die monetäre Bewertung der Arbeitsleistung von Angestellten ist für die meisten Jobs außerhalb des Vertriebs schwierig, abcr Sie sollten es wenigstens versuchen. Denn ein mit Zahlen untermauertes Argument wirkt viel stärker.

- Bestimmen Sie, wie viel mehr Sie verdienen wollen. Versuchen Sie nicht, nach Teppichhändlermanier eingangs zu viel zu fordern, um sich anschließend herunterhandeln zu lassen. Damit disqualifizieren Sie sich. Orientieren Sie sich vielmehr von Anfang an realistisch an Ihrem Marktwert. Seien Sie trotzdem in gewissen (engen) Grenzen verhandlungsbereit. Aber legen Sie für sich einen Mindestbetrag fest, den Sie nicht unterschreiten wollen. Wenn die Firma Ihnen diese Mindesterhöhung nicht gewähren will, müssen Sie die Konsequenz ziehen und gehen. Achtung: Wenn Sie innerlich nicht zu einem Wechsel bereit sind, sollten Sie keine Gehaltserhöhung fordern. Denn Sie verlieren das Gesicht und Sie verlieren Macht, wenn Sie sich unter Ihr Minimalziel herunterhandeln lassen.

- Zeigen Sie sich bei den Verhandlungen im Hinblick auf die Zusammensetzung des neuen Gehaltspakets flexibel. Vielleicht bietet Ihnen die Firma einen Dienstwagen oder einen anderen geldwerten Vorteil. Wenn die Gesamtsumme stimmt, können Sie zustimmen.

- Entwickeln Sie Gegenargumente für die gängigen Abwehrphrasen wie »Angesichts der schlechten Situation der Firma können wir Ihnen leider ...«. Gehen Sie gar nicht auf solche Argumente ein. Ihr wichtigstes Gegenargument ist Ihr Marktwert. Sie müssen sich sagen (aber nicht unbedingt Ihrem Chef, denn das weiß er auch so): Wenn Sie die Firma aus Enttäuschung verlassen, wird man für Ihren Nachfolger sowieso den Marktwert bezahlen müssen. Und das mit dem Risiko der Fehlbesetzung. Weisen Sie also darauf hin, dass Sie Ihren Marktwert ermittelt haben, erklären Sie, wie Ihre Forderung zustande kommt.

- Drohen Sie nicht mit Kündigung und schon gar nicht damit, weniger motiviert zu arbeiten, wenn Ihr Gehaltswunsch nicht erfüllt wird. Stellen Sie auch nicht in Aussicht, in Zukunft motivierter zu sein, wenn die Firma auf Ihre Forderung eingeht – Sie würden suggerieren, dass Sie heute noch nicht mit vollem Einsatz arbeiten. Das wäre unklug. Wenn Ihre Erwartung berechtigt ist, besteht eine gute Chance, dass sie erfüllt wird. Und wenn Ihre Vorgesetzten nicht auf Ihre Forderung eingehen, dann wissen sie selbst um das damit verbundene Risiko.

So gewinnen Sie auf direktem Weg Macht

Haben Sie also keine Angst vor dem Gespräch über eine Gehaltserhöhung. Ihre Vorgesetzten werden es zumindest respektieren, wenn nicht sogar schätzen, dass Sie auch in eigener Sache hart verhandeln. Schließlich erwartet man das von Ihnen, wenn es um Firmeninteressen geht. Und die Verantwortlichen wissen, dass hohe Qualität auch auf dem Arbeitsmarkt – wie überall – ihren Preis hat. Bei guter Leistung wird die Firma allerdings von sich aus normalerweise Ihr Gehalt regelmäßig anpassen, um Sie gar nicht erst in Versuchung zu bringen, sich aus finanziellen Gründen anderweitig zu orientieren. Nur kann es natürlich trotzdem vorkommen, dass Sie trotz regelmäßiger Erhöhungen unter Marktwert bezahlt werden. Dann müssen Sie gelegentlich über eine Nachbesserung verhandeln.

Auch für seine Beförderung kann man sich selbst einsetzen und berechtigte Erwartungen gegenüber den Vorgesetzten zum Ausdruck bringen. Sagen Sie Ihrem Chef, dass Sie sich beruflich weiterentwickeln möchten. Für viele Positionen gibt es eine »logische« nächste Stufe. Verdeutlichen Sie, warum Sie sich dafür geeignet und fähig halten. Falls Sie befürchten müssen, dass Ihr Chef Ihren Wunsch nicht weiterträgt, sollten Sie Ihren nächsthöheren Vorgesetzten ansprechen.

Wer seinen Wunsch nach Beförderung nicht äußert, läuft Gefahr, als jemand ohne Ehrgeiz eingestuft zu werden, der mit seiner derzeitigen Position zufrieden ist. Wenn Ihre Rivalen »Drängler« sind, werden sie bei einer anstehenden Beförderung die besseren Karten haben – schon deshalb, weil die Firma befürchten muss, dass sie ihre gewünschte Beförderung durch einen Wechsel zu einer anderen Firma realisieren. Dies nimmt man beim stillen und anscheinend zufriedenen Mitarbeiter nicht an.

Vor einer Sache muss allerdings an dieser Stelle gewarnt werden. Nerven Sie Ihren Chef nicht mit dauernden Wiederholungen Ihrer Vorstellungen. Wenn Ihre Vorgesetzten Sie für fähig halten, eine Position auf der nächsthöheren Ebene einzunehmen, genügt von Ihrer Seite ein klarer Hinweis auf Ihr Interesse, um sie zu sensibilisieren. Ein wenig Geduld ist je nach Größe der Firma manchmal nötig, bis eine geeignete Stelle frei wird. Durch ständige Wiederholung Ihres Wunsches beschleunigen Sie in der Regel nichts, sondern verärgern nur Ihre Vorgesetzten.

Begrenzen Sie Ihre Verfügbarkeit. Vorausgesetzt, andere Menschen fühlen sich in Ihrer Gegenwart wohl oder ziehen einen anderen persönlichen Vorteil aus Ihrer Nähe, werden sie gern mit Ihnen zusammen sein. Je mehr Zeit Sie für sie haben, desto lieber ist es ihnen. Aus diesem Umstand heraus können Sie Ihren Einfluss vergrößern, indem Sie eben nicht jederzeit verfügbar sind. Aber Achtung: Es funktioniert nur unter der Voraussetzung, dass anderen Menschen Ihre Nähe etwas bedeutet. Dann können Sie Ihre Verfügbarkeit von Gegenleistungen abhängig machen, zum Beispiel von deren besonderer Freundlichkeit. Indem Sie die anderen zu diesen Gegenleistungen bringen, haben Sie eine gewisse Macht über sie gewonnen.

Solange Sie den Bogen nicht überspannen, leiden Ihre Beziehungen keineswegs unter Ihrer reduzierten Verfügbarkeit. Im Übrigen ist es nicht notwendig, mit jemandem jeden Tag mehrere Stunden gemeinsam zu verbringen, um ein gutes Verhältnis aufrechtzuerhalten. Häufige kurze Kontakte erfüllen den Zweck genauso. Und je größer Ihr Netzwerk wird, desto weniger Zeit werden Sie dem Einzelnen widmen können.

Zeigen Sie Launen. Launenhaftes Verhalten bedeutet nicht vorhersehbares und damit unberechenbares Verhalten. Das Wesen von Launen besteht ja gerade darin, dass man für die schlechte Laune eines Mitmenschen keine Erklärung findet. (Gibt es eine Erklärung, handelt es sich nicht eigentlich um eine Laune, sondern um Ärger oder Freude.) Wenn Sie sich launisch verhalten, dann werden die anderen bei jedem Kontakt unterschwellig Angst vor Ihrer schlechten Laune haben und deswegen alles unternehmen, um Sie zufrieden zu stellen beziehungsweise Sie nicht zu verärgern.

Dies funktioniert natürlich nur, solange jemand Interesse an der Beziehung zu Ihnen hat. Deswegen wird diese Methode des Machtgewinns gern von Vorgesetzten gegenüber ihren Mitarbeitern eingesetzt. Wenn aber umgekehrt Ihr Chef stark von Ihnen abhängig ist, können Sie auch Ihrem Chef gegenüber launisches Verhalten zeigen. Hiermit erreichen Sie möglicherweise ein gewisses Entgegenkommen von seiner Seite, zum Beispiel von ungeliebten Aufgaben verschont zu bleiben. Allerdings empfehlen Sie sich dadurch natürlich nicht für eine Beförderung.

Auch unter Gleichgestellten funktioniert dieses Spiel nur, wenn Sie den anderen derart für sich eingenommen haben, dass eine gewisse emotionale Abhängigkeit besteht. Nur dann wird er unter Ihrer schlechten Laune leiden und alles tun, um sie zu heben. Es scheint auch so zu sein, dass diese Methode vor allem bei konfliktscheuen Menschen wirkt. Jemand, der selbstbewusst ist und den Konflikt nicht scheut, wird nicht akzeptieren, dass der Launische die Beziehung zu seinen Gunsten zu manipulieren versucht, und ihn deshalb früher oder später zur Rede stellen.

Tipps für Ihren Erfolg

- Nutzen Sie Ihre Ermessensspielräume aus.
- Übernehmen Sie zusätzliche Aufgaben.
- Erkämpfen Sie sich Statussymbole.
- Stellen Sie Forderungen, zum Beispiel nach Gehaltserhöhung und Beförderung.
- Begrenzen Sie Ihre Verfügbarkeit.
- Zeigen Sie Launen.

Machtbewusste Kommunikation

Durch Kommunikation, das heißt durch das, *was* Sie anderen sagen und auch dadurch, *wie* Sie es sagen, können Sie Ihren Einfluss steigern oder schmälern.

Nennen Sie Ihre Erfolge. Stellen Sie Ihr Licht nicht unter den Scheffel. Erwarten Sie nicht, dass Ihre guten Taten sich von selbst herumsprechen. Erwähnen Sie Ihre Erfolge. Dies gilt im Prinzip für die Kommunikation mit allen Firmenmitgliedern mit Ausnahme Ihres Chefs. Der sollte Ihre Leistungen kennen, jedenfalls die, die Sie unter seiner Leitung vollbracht haben. Aber schon der Chef Ihres Chefs wird über manches interessante Detail Ihrer Erfolge nicht oder nur unzureichend von Ihrem Chef unterrichtet. Informieren Sie ihn deshalb, wenn sich die Gelegenheit bietet. Auch gegenüber Kollegen sollten Sie keine Scheu haben, über das zu reden, was Sie erreicht haben. Schneiden Sie nicht auf, sondern schildern Sie nüchtern und vor allem verständlich, was Sie erreicht haben und wie Sie das gemacht haben.

Zeigen Sie keine Schwächen. Ihre Aufgabe als Manager besteht darin, Menschen zu führen. Je mehr sie von Mitarbeitern und Gleichgestellten fordern wollen oder müssen, desto stärker müssen Sie in ihren Augen erscheinen. Wer persönliche oder charakterliche Schwächen zeigt, büßt leicht etwas von seiner Autorität und damit Führungskraft ein, mit anderen Worten: Er verliert Macht. Die Betonung liegt auf »zeigen«. Denn natürlich hat jeder von uns Schwächen, vielleicht sogar gravierende. Aber man muss sie, so gut es geht, vor den anderen verbergen. Hierauf wurde bereits in Kapitel 6 hingewiesen.

Das bedeutet: Sie sollten über wirkliche persönliche Probleme mit niemandem in der Firma reden – nicht mit Ihrem Chef (siehe Kapitel 3), aber auch nicht mit Gleichgestellten. Das Zugeben gravierender Probleme schwächt Sie. Denn ein Manager ist ein Problemlöser. Wenn er aber seine persönlichen Probleme nicht in den Griff bekommt, wie kann er dann die Unternehmensprobleme lösen?

Mit harmlosen Schwächen können Sie hingegen gern kokettieren, zum Beispiel mit Ihrem Hang zur Unordnung (»Nur Kleingeister halten Ordnung – das Genie überblickt das Chaos.«) oder mit Ihrer Naschsucht (»Bei mir überlebt keine Tafel Schokolade länger als 30 Minuten.«). Ja, Sie sollten solche kleinen Schwächen sogar bewusst erwähnen – am besten mit Humor. Irgendwelche Schwächen hat schließlich jeder. Dies mit Selbstironie zuzugeben, macht Sie in den Augen der anderen nur sympathischer.

Keine Schwächen zu zeigen, heißt nicht, emotionslos zu sein. Ganz im Gegenteil: Wer keine Gefühle zeigt, wird leicht als »kalt« oder »roboterhaft«, in jedem Falle als unsympathisch empfunden. Das ist jedoch, wie bereits dargestellt, keine gute Voraussetzung für berufliche Erfolge. Emotionen sollten Sie also durchaus zeigen,

So gewinnen Sie auf direktem Weg Macht **181**

aber eben keine Schwächen. Sie können über einen guten Geschäfts-abschluss ruhig so laut »Hurra« schreien, dass es die halbe Firma hört. Sie dürfen auch in Gegenwart anderer Firmenmitglieder über das unmögliche Verhalten eines Kunden schimpfen wie ein Rohr-spatz und Ihrem Ärger so richtig Luft machen. Sie können zärtlich über Ihr Kind reden und über Ihr Hobby ins Schwärmen geraten.

Sagen oder zeigen Sie nie, dass Sie unter Druck stehen. Von einer guten Führungskraft erwartet man ein hohes Maß an psychischer Belastbarkeit und Stressresistenz. Wenn Sie sich unter Druck füh-len, behalten Sie das für sich, sonst wird es Ihnen als Schwäche ausgelegt. Versuchen Sie alles, um nach außen cool zu bleiben und sich nichts anmerken zu lassen. Sie dürfen nie verzweifelt erschei-nen, selbst wenn Sie sich so fühlen, etwa weil Sie Ihr Umsatzziel nicht erreichen, weil Ihr Projekt nicht zum geforderten Termin fer-tig wird oder weil die neue Software in Ihrem Bereich ein einziges Chaos produziert hat. Als Führungskraft müssen Sie in der Lage sein, Gleichgestellte und Mitarbeiter auch in schwierigsten Situa-tionen zu motivieren. Das geht nur, wenn Sie auch unter solchen Umständen Zuversicht ausstrahlen.

Verwenden Sie eine machtvolle Sprache. In Ihrer Kommunika-tion sollten Sie darauf achten, Worte zu gebrauchen, die Autorität und Macht ausdrücken. Das wichtigste unter diesen ist das Wort »ich«. Sie sollten es so häufig wie möglich benutzen, denn es drückt – insbesondere zusammen mit dem Wort »werde«, also »ich wer-de« – in der Regel aus, dass *Sie* der Mittelpunkt des Geschehens sind, dass es auf *Sie* ankommt, dass *Sie* das Gesetz des Handelns be-stimmen, mit einem Wort: dass Sie Einfluss haben. Vergleichen Sie folgende Sätze: »Geben Sie mal her, ich unterschreibe« und » Ich werde die Zahlungsanweisung unterschreiben«.

Aber auch andere Worte drücken die Macht des Sprechers aus: »Macht«, »ermächtigt«, »mein«, »entscheidend«, »Einfluss«, um nur ein paar Beispiele zu nennen. Neben der bewussten Verwen-dung solcher Worte sollten Sie außerdem Ihre Tätigkeiten anderen gegenüber möglichst so darstellen, als handelten Sie nach Ihrem freien Ermessen, also weil *Sie* es so wollen – auch wenn natürlich das meiste, was Sie in der Firma tun, direkt oder indirekt auf Anweisung hin geschieht. Um diesen Eindruck zu erwecken, müssen Sie auf alle Worte verzichten, die Zwang, Einschränkung, mangelnde Entscheidungsfreiheit und damit Machtlosigkeit ausdrücken, beispielsweise »ich muss«, »ich darf«, »verpflichtet sein«, »die Aufgabe haben«. Vergleichen Sie: »Nächste Woche muss ich eine Dienstreise machen« und »Nächste Woche werde ich eine Dienstreise machen«.

Vermeiden Sie auch, sich in Besprechungen mit unterwürfigen Formulierungen zu Wort zu melden, beispielsweise »Wenn ich etwas anmerken dürfte …« oder »Entschuldigen Sie bitte, aber …«

Neben der Wortwahl ist auch der Satzbau wichtig für eine machtvolle Sprache. Bemühen Sie sich, in kurzen, prägnanten Sätzen zu sprechen. Konzentrieren Sie sich auf das Wesentliche. Nur so drücken Sie Selbstsicherheit und Souveränität – und damit Einfluss – aus. Das Gegenteil ist der detailversessene Sachbearbeiter ohne Sinn für Prioritäten, der jede Einzelheit erwähnen will und dabei den roten Faden verliert. Er hat zwar Fachkenntnisse, aber keinen Überblick. Darüber hinaus verbirgt sich hinter einem Wortschwall häufig auch Unsicherheit.

Die Macht des Schweigens.   Schweigen zu können hat den offensichtlichen Vorteil, dass Sie keine Informationen weitergeben, die Sie besser für sich behalten sollten. Viel weniger bekannt ist der zweite Vorteil des Schweigens, der bereits in Kapitel 6 angesprochen wurde: Während eines Gesprächs zum richtigen Zeitpunkt gezielt zu schweigen, ist eine sehr wirkungsvolle Methode, den anderen dazu zu bringen, mehr zu sagen, als er sagen will. Diese Tatsache gibt demjenigen Macht, der gezielt zu schweigen versteht. Denn der andere merkt ja, wenn er etwas gesagt hat, was er eigentlich nicht sagen wollte. Und er weiß auch, dass Sie es waren, der ihn dazu gebracht hat. Er hat Ihre Macht über ihn verspürt.[22]

Eine gute Möglichkeit, Schweigen als taktische Maßnahme einzusetzen, ist die folgende: Wenn Sie jemandem eine Frage gestellt haben und mit der Antwort nicht zufrieden sind, dann sagen Sie daraufhin nichts. Sie können die Macht des Schweigens natürlich bei jeder Aussage Ihres Gesprächspartners einsetzen, nicht nur bei Antworten auf Ihre Fragen. Manche Menschen schweigen nicht so

So gewinnen Sie auf direktem Weg Macht **183**

sehr wegen der zusätzlichen Informationen, sondern einfach nur, um den anderen unter Druck zu setzen. Aber dieses Instrument sollten Sie sparsam einsetzen. Ansonsten stören Sie das Gespräch erheblich und Ihr Gegenüber könnte Ihren Trick durchschauen. Gezielt schweigen lernen, ist nicht einfach. Denn man verstößt damit gegen eine starke Konvention, nämlich die, dass ein Gespräch von beiden Seiten so lange aufrechterhalten wird, bis es formell beendet wird. Das macht das Schweigen auch für den, der es einsetzt, zu einer unangenehmen Sache. Aber Übung macht auch hier den Meister.

Wollen hingegen andere, vor allem Vorgesetzte ihr Schweigen gegen Sie einsetzen, dann heißt es: Aushalten lernen. Ruhig bleiben und nicht nervös werden. Das Wissen um die Absicht des anderen sollte Sie zumindest davon abhalten, Dinge zu sagen, die Sie für sich behalten wollen. Sie können allerdings auch in dieser Situation Macht gewinnen, wenn Sie sich Ihrem Gegenüber als ebenbürtig erweisen und seinem Schweigen standhalten. Hierzu sollten Sie Ihren Blick auf seine Nasenwurzel richten. Dies ist für Sie einfacher, und trotzdem empfindet der andere es als Augenkontakt.

Tipps für Ihren Erfolg

- Nennen Sie Ihre Erfolge.
- Zeigen Sie keine Schwächen.
- Sagen oder zeigen Sie nie, dass Sie unter Druck stehen.
- Verwenden Sie eine machtvolle Sprache.
- Nutzen Sie die Macht des Schweigens.

Einfluss durch die äußere Erscheinung

Das äußere Erscheinungsbild drückt die Macht einer Person aus und erzeugt für sie dabei gleichzeitig Macht – einerseits durch Kleidung und Accessoires, andererseits durch die Körperhaltung und Gestik.

Kleider machen Leute. Hinsichtlich der Kleidung empfiehlt sich grundsätzlich eine Orientierung am direkten Vorgesetzten und an den Mitgliedern der Geschäftsführung. Sie demonstrieren damit, dass Sie zum Management zählen. Aber nicht nur das: Untersuchungsergebnisse belegen, dass schicke Kleidung die Selbstachtung und damit das Selbstbewusstsein steigert.

Sie werden feststellen, dass das Management in Deutschland in den meisten Branchen sehr konservativ und ziemlich einheitlich gekleidet ist. Folgende Regeln gelten für Männer:

- Ein Anzug ist immer richtig, in den meisten Unternehmen wird auch eine Kombination toleriert. Die Farben sollten dezent sein, die Stoffe von hoher Qualität. Wenn Sie diesbezüglich unsicher sind, kaufen Sie lieber teure Marken.
- Ihre Hemden sollten weiß oder in dezenten Farben und Mustern sein.
- Krawatte ist in den meisten Firmen immer noch unverzichtbar! Sie ist der einzige erlaubte Farbtupfer, sollte aber zu Hemd und Anzug passen. (Eigentlich ist das eine Selbstverständlichkeit, gegen die jedoch nicht selten verstoßen wird.) Der oberste Hemdknopf sollte geschlossen sein. Die Krawatte endet etwa in Gürtelhöhe, nicht 20 Zentimeter darüber.
- Der Gürtel sollte keine auffällige Schnalle haben.
- Die Strümpfe sollten nicht auffallen. Empfehlenswert sind dezente, dunkle Strümpfe ohne Muster.
- Bei den Schuhen sollte man ebenfalls nicht sparen. Sie sollten Ledersohlen haben und immer sauber geputzt sein.

Achten Sie bei allen Kleidungsstücken darauf, dass sie sauber und nicht abgetragen aussehen, vermeiden Sie also »glänzende« Jackettärmel, abgestoßene Hemdkragenecken und abgelaufene Schuhsohlen.

Für Frauen ist die Kleiderfrage etwas schwieriger, da die Grenzen zwischen Geschäfts- und Freizeitkleidung nicht so eindeutig fixiert sind wie bei Männern. Auch gibt es in vielen Firmen nur wenige Frauen im Management, folglich nicht so viele Vorbilder in Kleidungsfragen. Generell sollte die machtbewusste Frau die Kleidungsregeln der Männer analog anwenden, wobei Frauen etwas

So gewinnen Sie auf direktem Weg Macht **185**

mehr Farbe zugestanden wird. Schreiende Farben sind aber zu vermeiden. Weiterhin sollten Sie als Frau beachten:

- Die Schultern sollten immer bedeckt sein, auch im Hochsommer.
- Der Rock sollte nicht zu kurz sein.
- Tragen Sie möglichst auch im Sommer Strümpfe und geschlossene Schuhe.

Konservativ-elegant ist wahrscheinlich die beste Umschreibung für den karriereorientierten Kleidungsstil. Auf jeden Fall sollte eine Frau es vermeiden, zu »sexy« ins Büro zu gehen. Sie gewinnt damit in der Regel nichts, sondern lenkt nur von ihrer Leistung ab. Sie riskiert leicht, von den Männern nicht ernst genommen zu werden und provoziert ohne Not, dass andere (Männer und Frauen) hinter ihrem Rücken abwertend über sie reden. Es kann sogar sein, dass sie ihre Beförderungschancen deutlich reduziert. Denn kaum ein Topmanager will sich vorwerfen lassen, er hätte sich bei der Beförderung einer Frau von ihrem Äußeren beeinflussen lassen.

Selbstbewusste Körperhaltung. Macht gewinnen Sie auch durch eine selbstbewusste Körperhaltung. Stehen Sie aufrecht mit geradem Rücken, die Brust nach vorn und die Schultern nach hinten gedrückt. Wenn Sie so vor jemanden hintreten, wirken Sie ganz anders, als wenn Sie mit hängenden Schultern und leicht gesenktem Kopf ankommen. Außerdem fühlen Sie sich in der aufrechten Haltung auch selbstbewusster und erfolgreicher. Probieren Sie es einmal. Nehmen Sie zuerst die machtlose Haltung ein und dann die machtvolle. Sie werden den Unterschied spüren. Und dann wiederholen Sie das Ganze noch einmal vor dem Spiegel. Sie können – genau wie die anderen – den Unterschied sehen.

Durch Ihre Bewegungen, also Ihren Gang und Ihre Gestik können Sie ebenfalls Selbstbewusstsein und Macht ausstrahlen. Erfolgreiche Menschen gehen so aufrecht wie sie stehen. Auch bewegen sie sich in aller Regel ruhig und gelassen, nicht hektisch und gestresst. Damit zeigen sie, dass sie souverän sind. Sie lassen sich nicht unter Druck setzen. Auch Gesten demonstrieren Macht, beispielsweise weit ausholende Armbewegungen statt eng am Körper entlang geführte Arme. Wenn Sie in puncto Körperhaltung und Bewegungen Defizite verspüren, beobachten Sie einflussreiche Menschen – in Ihrer Organisation, aber auch außerhalb. Und schauen Sie sich bewusst an, wie die Mächtigen in Filmen dargestellt werden.

Das Wichtigste in Kürze

- Sie können für sich Macht auf direktem Weg erzeugen durch machtorientierte Verhaltensweisen, machtbewusste Kommunikation und durch Ihre äußere Erscheinung.
- Nutzen Sie Ermessensspielräume, übernehmen Sie Zusatzaufgaben, kämpfen Sie um Statussymbole, fordern Sie mehr Gehalt oder eine bessere Position ein, reduzieren Sie Ihre Verfügbarkeit, geben Sie sich launisch.
- Reden Sie über Ihre Erfolge, zeigen Sie weder Schwächen noch, dass Sie unter Druck stehen, benutzen Sie eine machtvolle Sprache und die Macht des Schweigens.
- Achten Sie auf Kleidung, Körperhaltung und Gestik.

10.
Schwere politische Fehler: Was Sie nie machen dürfen

Widerstehen Sie der Versuchung zu illegalen Handlungen

Das Berufsleben bietet eine Reihe von Verführungen zu illegalen Handlungen, denen Sie in jedem Falle widerstehen sollten. Gemeint sind hier Spesenbetrug, Diebstahl von Firmeneigentum und Bestechlichkeit.

Finger weg vom Spesenbetrug. Spesenbetrug ist so ziemlich das Dümmste, was Sie machen können. Die Beträge, die Sie dabei für sich herausschinden, sind lächerlich gering im Vergleich zu dem Karriererisiko, das Sie eingehen. Trotzdem kommen nicht wenige Manager in Versuchung, ihre Spesenabrechnung zu manipulieren beziehungsweise Belege zu fälschen. Das mag daran liegen, dass sie schlicht raffgierig sind und den »Hals nicht voll kriegen können« oder dass sie den Nervenkitzel einer sportlichen Herausforderung suchen – nach dem Motto:»Mal sehen, wer schlauer ist: die oder ich.«

Wie dem auch sei: Wenn Ihr Spesenbetrug aufgedeckt wird, hat der Entdecker dieser Tatsache etwas gegen Sie in der Hand. Selbst wenn es sich nur um ein paar Euro handelt, bleibt der Betrug als Tatsache bestehen. Dies gilt auch bei kleinen Beträgen als eindeutiger Akt der Illoyalität, also als schweres Vergehen. Wie bei jeder groben Regelverletzung, die nicht allgemein bekannt ist, werden Sie auch beim Spesenbetrug durch denjenigen erpressbar, der Ihnen auf die Schliche kommt.

Auch wenn Sie relativ sicher sind, nicht entdeckt zu werden, warum wollen Sie hier überhaupt ein Risiko eingehen? Wenn Sie noch am Anfang Ihrer Karriere stehen, wird zwar vermutlich niemand systematisch hinter Ihnen her spionieren. Aber durch irgendeinen dummen Zufall kann alles irgendwann ans Licht kommen. Also: Seien Sie bei Ihren Spesenabrechnungen korrekt. Und erkundigen Sie sich, wenn Sie im Zweifel über die Auslegung einer Spesenregel sind.

Diebstahl von Firmeneigentum. Das gerade Gesagte gilt genauso für die Versuchung, Firmeneigentum zu entwenden. Je nach Firma und Arbeitsplatz geht es um Büromaterial und Computerzubehör, um Produkte oder Ersatzteile, um Werkzeug oder Baumaterial. Auch wenn Sie überzeugt sind, nicht erwischt zu werden, denken Sie an die dummen Zufälle, die es im Leben immer wieder gibt. Lassen Sie sich nicht verführen! Denn wenn Sie erwischt werden, droht Ihnen mindestens die fristlose Kündigung, eventuell sogar eine Strafanzeige.

Bestechlichkeit. Hierbei handelt es sich um die Annahme von Geschenken von Lieferanten im Gegenzug für Aufträge. Am stärksten lauert diese Versuchung natürlich im Einkaufsbereich, aber längst nicht nur dort. Jeder, der an der Auswahl von Lieferanten beteiligt ist, kann das Ziel von Bestechungsversuchen der Anbieter sein. Lieferanten gibt es nicht nur für physische Produkte wie Rohstoffe oder Maschinen, sondern in Zeiten des Outsourcing in zunehmendem Maße auch für Dienstleistungen. Und diese betreffen fast alle Bereiche eines Unternehmens: Marketingmanager suchen Werbeagenturen aus, EDV-Manager entscheiden über IT-Berater, Herstellungsleiter bestimmen Lieferanten für Serviceleistungen und so weiter.

Bestechungsversuche können viele Formen annehmen. Viele Firmen haben interne Regeln, was von Lieferanten angenommen werden darf. So können bestimmte Dinge, die noch nicht den Straftatbestand der Bestechung erfüllen, trotzdem firmenintern verboten sein. Die Grenze zwischen einer freundlichen Geste und einem Bestechungsversuch ist fließend. Die Einladung zu einem (auch opulenten) Mittagessen wird in den meisten Firmen akzeptiert. Eine Einladung zu einem Wochenendtrip nach London, bei dem der englische Lieferant alles bezahlt, wird von manchen Firmen toleriert, wenn am Freitagnachmittag noch eine kurze Werksbesichtigung stattfindet, die der Reise zumindest den Anstrich dienstlicher Notwendigkeit gibt. Ohne den dienstlichen Anlass wäre die Reise kaum zu rechtfertigen.

Ein anderes Beispiel: Ein Kugelschreiber im Wert von 10 Euro ist noch akzeptabel, ein exquisiter Füllfederhalter für 200 Euro wohl nicht mehr. Endgültig wird die Grenze zur Korruption überschritten, wenn der Lieferant dem Mitarbeiter des Kunden Geschenke nach Hause liefern lässt.

Halten Sie sich also strikt an die Regeln Ihrer Firma, was die Annahme von Gefälligkeiten und Geschenken angeht. Werden Sie beim Regelverstoß erwischt, kann dies das Ende Ihrer Karriere in Ihrer jetzigen Firma bedeuten. Zumindest werden Sie erpressbar.

Seien Sie Ihrem Chef gegenüber nicht illoyal

Unter dem Begriff Illoyalität lassen sich verschiedene Verhaltensweisen zusammenfassen, die das Vertrauen Ihres Chefs in Sie untergraben: schwere politische Fehler, die für Sie nur negative Konsequenzen haben können.

Übergehen Sie Ihren Chef nicht. Übergehen Sie niemals Ihren Chef, indem Sie versuchen, irgendeine Entscheidung an ihm vorbei von einer in der Firmenhierarchie noch höher stehenden Person zu erwirken, zum Beispiel vom Vorgesetzten Ihres Chefs. In den allermeisten Unternehmen wird auf die Einhaltung des hierarchischen Dienstwegs großen Wert gelegt. Selbst wenn die Versuchung für Sie noch so groß sein sollte – etwa weil Ihr Chef wenig Entscheidungskompetenz hat und die direkte Ansprache des Entscheidungsbefugten eine schnellere Entscheidung verspricht –, wenden Sie sich in allen Fragen zunächst an Ihren direkten Vorgesetzten. Dieser wird dann die Angelegenheit in Ihrem oder aber in seinem Sinn nach oben weiterleiten. Eventuell gibt er Ihnen sogar sein Ein-

190   *Die heimlichen Spielregeln der Karriere*

verständnis, dass Sie die Sache direkt mit seinem Chef besprechen. Aber dann haben Sie ihn vorher informiert und es war *seine* Entscheidung.

Die Empfehlung, Ihren Chef nicht zu übergehen, sollten Sie allerdings nicht als Maulkorb in Bezug auf die innerbetriebliche Kommunikation mit höheren Vorgesetzten verstehen. Wenn sich die Gelegenheit ergibt, können Sie auch gegenüber höheren Vorgesetzten einen von Ihnen erarbeiteten Entscheidungsvorschlag erwähnen und erläutern. Voraussetzung ist allerdings, dass Ihr Chef diesem Vorschlag bereits vorher zugestimmt hat *und* dass Sie ihn über das Gespräch mit seinem Vorgesetzten vorher oder nachträglich informieren. Sie sollten grundsätzlich jeden Eindruck vermeiden, dass Sie versuchen, irgendetwas an Ihrem Chef vorbei zu erreichen.

Beschweren Sie sich nicht über Ihren Chef bei dessen Vorgesetzten. Wenn Ihnen etwas in der Zusammenarbeit mit Ihrem Chef nicht gefällt, müssen Sie versuchen, die Sache mit ihm allein zu regeln. Eine Beschwerde beim nächsthöheren Vorgesetzten wird in aller Regel keinen Erfolg haben, da sich dieser normalerweise loyal hinter Ihren Chef stellen wird. Dies verlangt schon allein das hierarchische Prinzip, nach welchem nicht nur der Mitarbeiter seinem Chef Loyalität schuldet, sondern auch umgekehrt. Außerdem: Würde der Vorgesetzte Ihres Chefs aufgrund Ihrer Beschwerde etwas gegen ihn unternehmen, würde er die Autorität Ihres Chefs nicht nur bei Ihnen, sondern in der ganzen Abteilung untergraben.

Und noch einen weiteren Aspekt müssen Sie bedenken. Eine solche Beschwerde stellt immer auch einen impliziten Angriff auf den Vorgesetzten Ihres Chefs dar. Schließlich werfen Sie einem seiner Mitarbeiter Fehlverhalten vor. Nun ist er aber – wie jeder Vorgesetzte – in letzter Konsequenz verantwortlich für die Leistungen und das Verhalten seiner Mitarbeiter. Er muss sie »im Griff haben«. Und er hat Ihren Chef entweder selbst eingestellt oder zumindest behalten, wenn er ihn als Mitarbeiter übernommen hat. Sie können also in der Regel davon ausgehen, dass er Vertrauen in die Person und in die Arbeit Ihres Chefs hat.

Aber Ihre Beschwerde wird nicht nur fruchtlos bleiben; der Vorgesetzte Ihres Chefs wird diesen über Ihre Beschwerde informieren. Durch ein solches Vorgehen belasten Sie folglich das Vertrauensverhältnis zu Ihrem Chef ganz erheblich. Im Extremfall wird er versuchen, Sie loszuwerden.

Wenn sich die Schwierigkeiten mit Ihrem Chef als unüberbrückbar erweisen sollten, versuchen Sie lieber, innerhalb des Unternehmens die Abteilung zu wechseln oder das Unternehmen ganz zu verlassen. Wie oben erwähnt, nehmen Sie bei einer Beschwerde über Ihren Chef sowieso den Bruch mit ihm in Kauf, was dann die gleiche Konsequenz haben kann.

Eine Ausnahme von dieser Regel besteht lediglich dann, wenn Sie sicher annehmen können, dass Ihr Chef aus bestimmten Gründen nicht von seinem Vorgesetzten gedeckt wird. Dann könnten Sie mit einer Beschwerde etwas gewinnen, vielleicht sogar, dass Ihr Chef versetzt wird. Aber es bleibt auch in diesem Fall ein Restrisiko, weil Sie nie ganz sicher sein können, wie der Vorgesetzte Ihres Chefs reagieren wird.

Reden Sie nicht schlecht über Ihren Chef. Es wurde bereits in Kapitel 6 erwähnt: In allen Organisationen wird viel getratscht. Deswegen ist es immer riskant, gegenüber Firmenmitgliedern abfällig über andere Firmenmitglieder zu reden. Selbst wenn Sie sich vertraulich äußern, wissen Sie nie, ob Ihre Gesprächspartner die Information nicht doch weitertragen und bei wem sie schließlich landet. In jedem Fall hat der andere etwas gegen Sie in der Hand. Alles dies gilt natürlich besonders für negative Kommentare über Ihren Chef. Stellen Sie sich einfach immer vor, er würde erfahren, was Sie über ihn gesagt haben. Hier sollten Sie sich also extrem zurückhalten und solche Bemerkungen – wenn überhaupt – nur gegenüber Personen machen, denen Sie uneingeschränkt vertrauen können.

Stellen Sie Ihren Chef nicht vor anderen bloß. Niemand mag gerne bloßgestellt werden, schon gar nicht ein Chef von seinen eigenen Mitarbeitern. Vermeiden Sie deshalb unbedingt, vor anderen Leuten

- Sachaussagen Ihres Vorgesetzten infrage zu stellen;
- seine etwaigen sprachlichen Fehler zu korrigieren;

- die Pointe eines Witzes vorwegzunehmen, den er gerade zum Besten geben will.

Indem Sie Ihren Chef vor anderen lächerlich machen oder als inkompetent erscheinen lassen, gewinnen Sie für sich gar nichts, Sie schaden sich nur, meistens sogar erheblich.

Widersprechen Sie Ihrem Chef in Meetings nicht. Vermeiden Sie, Ihrem Chef bei Besprechungen mit anderen Abteilungen zu widersprechen. Die meisten Vorgesetzten schätzen *innerhalb* ihrer Abteilung oder im Einzelgespräch die offene Sachdiskussion. In diesem Rahmen sollten Sie, wie in Kapitel 3 schon dargelegt, Ihre Meinung begründen und vertreten.

Anders ist es in Meetings zwischen zwei oder mehr Abteilungen oder Bereichen, beispielsweise einer Besprechung zwischen dem Marketing, der Entwicklungsabteilung und der Produktion über die Einführung eines neuen Produkts. In vielen Firmen herrscht zwischen verschiedenen Abteilungen ein ausgesprochener Ressortegoismus. Dieser äußert sich in Kompetenzgerangel, gegenseitigen Schuldzuweisungen bei fehlgelaufenen Projekten und manchmal in allgemeiner Abschottung zu den anderen Abteilungen. »Wir« gegen »die« lautet dann die unausgesprochene Devise.

In einem solchen Klima nehmen Besprechungen zwischen Abteilungen manchmal den Charakter von Verhandlungen zwischen mehr oder weniger verfeindeten Parteien an. Jeder Bereich erscheint quasi mit einer Delegation, die sich meistens aus Bereichsmitgliedern unterschiedlicher Hierarchiestufen zusammensetzt. Dabei hat natürlich der Ranghöchste die Delegationsführung inne. Bei derartigen Besprechungen sollten Sie sich sehr vorsichtig verhalten, da bei den Äußerungen aller Beteiligten häufig politisches Taktieren im Spiel ist. Normalerweise ist es nicht ratsam, eine von der eigenen Delegationsführung abweichende Meinung zu äußern, es sei denn, Sie werden von Ihrem Chef ausdrücklich dazu aufgefordert. Ansonsten kann es leicht als illoyales Verhalten aufgefasst werden, wenn Sie sich in einer derartigen Situation gegen Ihren Chef oder gar einen noch höheren Vorgesetzten stellen. Konzentrieren Sie sich lieber auf die kompetente Beantwortung eventuell auftretender Sachfragen.

Finden Sie heraus, welche Feinde Ihr Chef hat. Die Spannungen zwischen zwei Abteilungen, die sich aus gegensätzlichen Interessen ergeben, können zu regelrechten Feindschaften zwischen Führungskräften ausarten. Als loyaler Mitarbeiter müssen Sie folglich vorsichtig sein, wenn es um Kontakte zu einer »befeindeten« Abteilung, insbesondere zu ihrem Leiter geht. Finden Sie heraus, wie Ihr Chef dazu steht. In der Regel wird es bei Ihren Kontakten auf der Arbeitsebene weniger Probleme geben, das heißt zwischen Ihnen und gleichgestellten Mitarbeitern der anderen Abteilung.

Wenn Sie jedoch aus irgendeinem Grund Kontakt zum »befeindeten« Leiter der Abteilung aufnehmen wollen, können Sie schlimmstenfalls in den Verdacht geraten, ein »Verräter« zu sein. Zumindest besteht die Gefahr, dass Ihr Chef Ihnen nicht mehr hundertprozentig vertraut. Informieren Sie ihn deshalb am besten im Voraus, wenn Sie Kontakte zu einer anderen Abteilung aufnehmen wollen, insbesondere wenn Sie deren Leiter treffen wollen. Sie geben damit Ihrem Vorgesetzten ein Zeichen Ihrer Loyalität und gleichzeitig Gelegenheit, Ihnen die Kontakte eventuell zu untersagen, falls er es für notwendig hält.

Tipps für Ihren Erfolg

- Übergehen Sie Ihren Chef nicht.
- Beschweren Sie sich nicht über Ihren Chef bei dessen Vorgesetzten.
- Reden Sie nicht schlecht über Ihren Chef.
- Stellen Sie Ihren Chef nicht vor anderen bloß.
- Widersprechen Sie Ihrem Chef nicht in Meetings.
- Seien Sie vorsichtig bei Kontakten zu den Feinden Ihres Chefs.

Seien Sie Ihrer Firma gegenüber nicht illoyal

Zweifeln Sie Glaubenssätze nicht an. In den meisten Unternehmen gibt es eine Reihe von Glaubenssätzen über die Firma, die von nahezu allen Mitgliedern geteilt werden, jedenfalls von denen, die schon etwas länger dabei sind. Diese Glaubenssätze sind nirgendwo niedergeschrieben, bilden aber trotzdem eine wichtige emotionale Grundlage für das Zusammengehörigkeitsgefühl. Meistens wird sie niemand direkt wörtlich aussprechen, aber die Art und Weise, wie jemand über die Firma spricht, zeigt Ihnen indirekt, dass es diese Glaubenssätze gibt.

Wenn Sie gegenüber einem anderen Firmenmitglied Zweifel an solchen fest gefügten Glaubenssätzen äußern, kann das leicht als illoyales Verhalten gegenüber der Organisation als Ganzes interpretiert werden. Hier einige Beispiele für solche Glaubenssätze, die weitverbreitet sind:

- *»Wir sind die beste Firma in unserer Branche.«* Dies glauben beileibe nicht nur die Mitglieder des wirklich besten, weil marktführenden Unternehmens. Auch in vielen anderen Firmen wird diese Meinung hochgehalten und jeweils, wie es passt, begründet (»weil wir die besten Produkte, die höchste Qualität, den besten Ruf, ... haben«).

- *»Wer uns verlässt, über den sind wir nicht traurig.«* Dieser Satz impliziert, dass nur inkompetente Leute die Firma verlassen, die guten jedoch bleiben. Also sind alle, die noch da sind, kompetent. Wie Sie schnell herausfinden werden, ist das nicht durchgehend richtig. Insbesondere in Firmen, die nicht besonders stark wachsen, sind die Aufstiegsmöglichkeiten für gute, ehrgeizige Leute begrenzt. Einige werden also die Firma verlassen, während schwächere Kaliber an ihrem Job kleben, weil sie auf dem Arbeitsmarkt schlechte Karten hätten. Auch wenn Sie momentan noch so sauer über etwas in Ihrer Firma sind: Äußern Sie nie Abfälliges über die verbliebenen Firmenmitglieder, indem Sie etwa sagen: »Die besten Leute haben doch sowieso schon das Weite gesucht.«

Schwere politische Fehler: was Sie nie machen dürfen **195**

- »*Wir sind eine äußerst schlanke und effiziente Organisation.*« Das bedeutet: »Es gibt keinen überflüssigen organisatorischen Speck. In der Produktion haben wir durch und durch rationalisiert, die Verwaltung ist auf das absolute Minimum reduziert. Wir können folglich unsere Betriebskosten nicht weiter senken – es sei denn auf Kosten der Produktqualität.« Selbst wenn Sie gerade als Neuling erhebliche Rationalisierungspotenziale entdeckt haben, halten Sie sich mit Kritik am »aufgeblähten Wasserkopf« der Verwaltung zurück.

Loben Sie die Konkurrenz nicht zu stark. Die Mitarbeiter der Marketing- und der Vertriebsabteilung kennen in der Regel die Produkte der Konkurrenz sehr genau. Ohne intime Kenntnisse auch der Wettbewerbsprodukte könnten sie ihren Job nicht gut ausführen. Aber auch Führungskräfte aus der Produktion oder der Entwicklung wissen häufig durch persönliche Kontakte zu ehemaligen Studienkollegen oder über Berufsverbände sehr gut über die Situation in den entsprechenden Abteilungen der Wettbewerber Bescheid, über ihre Produkte und Produktionsverfahren.

Beim Vergleichen werden Sie manchmal feststellen, dass die Konkurrenz tatsächlich etwas besser macht. Dann ist es für Ihre Firma natürlich ratsam, davon zu lernen. Und hierfür müssen Sie die Tatsachen in Ihrer eigenen Firma erst einmal kommunizieren. Aber auch wenn die Konkurrenz es »um Längen besser« macht, loben Sie sie nicht zu stark. Denn es gibt in jedem Unternehmen eine natürliche Tendenz zu einer »Wir gegen die anderen«-Haltung. Sie untergraben die (Arbeits-)Moral in Ihrer Firma, wenn Sie über die Konkurrenz ins Schwärmen geraten. Und Sie müssen sich den Verdacht der mangelnden Loyalität gefallen lassen, selbst wenn Sie objektiv Recht haben. Also: Formulieren Sie dabei die Vorteile der Wettbewerber deutlich, aber zurückhaltend. Und betonen Sie dabei immer, dass Ihr einziges Ziel die Verbesserung der Situation Ihres Unternehmens ist.

Drohen Sie nicht mit Kündigung. Widerstehen Sie der Versuchung, Ihren Forderungen, etwa nach Beförderung oder Gehaltserhöhung, Nachdruck zu verleihen, indem Sie androhen zu kündigen. Dieses Verhalten wird als Akt der Illoyalität gegenüber der

Firma angesehen. Außerdem stellt es eine Art Erpressung dar. Sie untergraben damit das Vertrauen Ihres Chefs und der über ihm stehenden Vorgesetzten. Selbst wenn Ihre Vorgesetzten Ihren Forderungen nachgeben, bleibt in der Regel ein schlechter Nachgeschmack, der Ihrer Karriere nicht förderlich ist.

Es hilft nichts: Wenn Ihre Differenzen mit dem Unternehmen, repräsentiert durch Ihre Vorgesetzten, unüberbrückbar sind, müssen Sie kündigen. Wenn Ihre Vorgesetzten Ihre Unzufriedenheit entweder nicht wahrgenommen oder nicht ernst genommen haben, werden sie überrascht sein und vielleicht versuchen, Sie zu halten, indem sie Ihre Forderungen nun doch erfüllen. Falls nicht, dann müssen Sie der Realität ins Auge sehen: Ihre Vorgesetzten sind nicht zu den gleichen Bedingungen an einer Zusammenarbeit interessiert wie Sie.

Tipps für Ihren Erfolg

- Zweifeln Sie nicht Glaubenssätze an.
- Loben Sie nicht zu stark die Konkurrenz.
- Drohen Sie nicht mit Kündigung.

Kritisieren Sie das Lieblingsprojekt eines Vorstandsmitglieds nicht

Trotz aller rationalen Entscheidungskalküle, trotz aller aufwändigen Rentabilitätsberechnungen, trotz aller Absicherung unternehmerischer Entscheidungen durch Marktforschung – es gibt sie in jeder Firma: die Lieblingsprojekte von Vorstandsmitgliedern und anderen Topmanagern. Sie sind für die Betroffenen ein Herzensanliegen, das manchmal sogar auf schnöden persönlichen Interessen beruht. Sie entziehen sich in der Regel allen kaufmännischen Grundsätzen. Hier regiert nicht die kalte rationale Welt der Zahlen und der strengen Logik, sondern das geniale unternehmerische

Schwere politische Fehler: was Sie nie machen dürfen **197**

Gespür, das sich großzügig über alle Kleinkrämer und Bedenkenträger hinwegsetzt.

So ließ zum Beispiel der Vorstandsvorsitzende eines Elektrokonzerns ein spezielles Mikrowellengerät für den Einsatz in Wohnmobilen und auf Segelyachten entwickeln und vermarkten. Rein zufällig war er selbst begeisterter Hochseesegler. Das Projekt war nicht erfolgreich und wurde kurze Zeit nach der Markteinführung wieder begraben.

Für irrationale Lieblingsprojekte von Topmanagern gibt es eine treffende englische Bezeichnung:»President's Pet Project«[23] oder kurz PPP. Sie erkennen ein PPP an zwei Merkmalen:

- Ein Vorstandsmitglied oder ein anderer Topmanager verfolgt es mit aller Kraft unter Aufbietung seines gesamten Einflusses.
- Praktisch alle Fachleute auf den Ebenen darunter sprechen sich gegen das Projekt aus, wenn sie unter sich sind.

Wenn es ein solches PPP in Ihrer Firma gibt, versuchen Sie ja nicht, offen dagegen anzukämpfen. Sie hätten sowieso keine Chance zu gewinnen und würden sich nur den Mann an der Spitze zum Feind machen. Wenn man Sie fragt, halten Sie sich bedeckt. Betonen Sie, wenn die Umstände es erfordern, die Vorteile des Vorhabens – allerdings ohne zu lügen. Oder äußern Sie Verständnis für das Projekt, indem Sie etwa sagen:»Es gibt für den Vorstand bestimmt noch Gründe und Gesichtspunkte, die uns auf unserer Ebene nicht ersichtlich sind.«

Zeigen Sie keine karriereschädlichen Charaktereigenschaften

Seien Sie nicht negativ. In jeder Organisation gibt es Mitarbeiter mit einer negativen Grundeinstellung. Sie sehen und betonen bei allen Dingen im Leben und in der Firma nur die negative Seite. Für sie ist das Glas Wasser immer halb leer und nicht halb voll. Je nachdem, ob es um die Gegenwart oder die Zukunft geht, kann man zwei Typen unterscheiden:

- *Die Meckerer.* Sie beschweren sich permanent über die gegenwärtigen Zustände in der Firma. Alles und jeden machen sie schlecht. Das Kantinenessen ist miserabel. Es gibt nicht genug Parkplätze. Die Büromöbel sind von Anno Tobak. Die Computerausstattung ist vorsintflutlich. Das Management hat keine Ahnung. Die Sozialleistungen sind eine Lachplatte. Und so weiter.

- *Die Bedenkenträger.* Auch sie sehen alles negativ, allerdings was die Zukunft anbetrifft. Insbesondere Veränderungen sind ihnen suspekt. Ideen für neue Produkte, Vorschläge für organisatorische Verbesserungen, Konzepte für veränderte Arbeitsabläufe – sie sehen immer nur die Risiken und nie die Chancen.

Beide Typen sind eng miteinander verwandt und häufig in ein und derselben Person zu finden. Denn beide basieren auf einer negativen, überkritischen Grundeinstellung. Diese zu zeigen (wenn Sie sie haben sollten), ist politisch äußerst unklug und Gift für Ihre Karriere. Ihre Vorgesetzten möchten konstruktive, positiv denkende und optimistische Mitarbeiter um sich haben. Solche werden gefördert und befördert. Und dies nicht nur, weil die Zusammenarbeit mit ihnen angenehmer ist, sondern auch, weil eine positive Grundeinstellung geradezu Voraussetzung für den Erfolg im Management ist. Denn einem Unternehmen, dessen Spitze aus Bedenkenträgern bestünde, drohte schnell der Bankrott. Die Führungskräfte könnten sich nie zu Veränderungen durchringen. Sie würden den technologischen Wandel verschlafen und wären unfähig, auf Änderungen in ihrem Wettbewerbsumfeld zu reagieren.

Seien Sie kein Kleinkrämer. Kleinkrämer sind detailversessene Personen, die darüber hinaus bei jeder Kleinigkeit stets auf ihren persönlichen Vorteil bedacht sind. Typische Vertreter dieser Gattung kennen jede Einzelheit der Spesenregeln und alle für sie günstigen Bestimmungen der Arbeits- und Sozialordnung der Firma. Wenn sie dienstlich mit dem Auto in der Stadt waren, schreiben sie eine Spesenabrechnung über 2,16 Euro. Das ist zwar völlig korrekt, aber auch völlig kleinkariert. Kleinkrämer rechnen natürlich auch ihre Arbeitszeit auf die Minute genau ab. Sie geben sich große

Schwere politische Fehler: was Sie nie machen dürfen   **199**

Mühe, keine einzige Überminute zu machen, geschweige denn Überstunden. Das hieße ja, der Firma etwas zu schenken. Kleinkrämer haben schlechte Karriereaussichten. Wer sich überkorrekt um jedes Detail kümmert und immer nur den eigenen Vorteil im Auge hat, der wird von seinen Vorgesetzten schnell abqualifiziert: nicht geeignet für größere Aufgaben. Außerdem verscherzt sich der Kleinkrämer die persönlichen Sympathien seiner Vorgesetzten, da sie ihn als jemanden wahrnehmen, dem die eigenen Interessen wichtiger sind als die des Unternehmens.

Natürlich müssen Sie sich in Ihrer Firma für Ihre Interessen und Ihr Fortkommen einsetzen. Von nichts anderem handelt ja dieses Buch. Aber konzentrieren Sie Ihre Energie auf die großen Dinge und die wichtigen Fragen wie Gehaltserhöhung oder Beförderung. Vermeiden Sie auf jeden Fall den Eindruck, Sie seien ein Pfennigfuchser. Verhalten Sie sich darum großzügig bei Kleinigkeiten.

Weichen Sie nicht zu stark von den Gepflogenheiten ab

Jedes Unternehmen hat bestimmte Gepflogenheiten und ungeschriebene Gesetze. Diese regeln das Zusammenleben und -arbeiten innerhalb des Managements. Sie sind in jeder Organisation anders und werden bewusst oder unbewusst vom Topmanagement definiert und vorgelebt. Die firmeneigenen Gepflogenheiten betreffen beispielsweise den Kleidungsstil, die Haarlänge der Männer, die Arbeitszeiten (Beginn, Ende, Dauer pro Tag, Wochenendarbeit), gemeinsame Mittagessen, kollektives Biertrinken (respektive Besäufnis) bei Betriebsfeiern oder Außendienstkonferenzen sowie die sprachliche Ausdrucksweise bis hin zu Flüchen, Witzen, Lautstärke und der Frage, ob man sich duzt oder nicht.

Wenn Sie neu in eine Firma eintreten, werden Sie diese Gepflogenheiten durch aufmerksames Beobachten Ihrer Umgebung sehr schnell entdecken. Manches wird Ihrem persönlichen Stil und Ihren Vorlieben entsprechen, anderes nicht. Im Allgemeinen werden kleinere Abweichungen toleriert. Mit etwas Glück interpretieren

Ihre Vorgesetzten das sogar als Zeichen eines selbstbewussten persönlichen Stils. Größere Abweichungen von den Firmengepflogenheiten sind hingegen gefährlich. Sie distanzieren sich nämlich damit von Ihrem Vorgesetzten und dem Topmanagement. Um Karriere zu machen, müssen Sie aber »dazugehören«. Man erwartet von Ihnen nicht nur gute fachliche Leistungen, sondern Ihre Vorgesetzten wollen auch das Gefühl haben: »Er ist einer von uns.« Daher rührt die große Uniformität in Kleidung und Habitus in der Führungsriege der meisten Unternehmen. Man mag den Zwang zur Anpassung bedauern, aber man muss ihn zur Kenntnis nehmen. Und jeder muss für sich entscheiden, wie er darauf reagieren will.

Im Hinblick auf die Karriere ist es ratsam, sich nicht allzu weit von den Gepflogenheiten zu entfernen. Wie weit man im Einzelfall gehen kann, hängt ganz vom Toleranzniveau der jeweiligen Firma ab. Beobachten Sie die Führungskräfte in Ihrer Umgebung, und prüfen Sie, wie tolerant das Topmanagement ist. Beispielsweise ist es in den meisten Firmen wahrscheinlich in Ordnung, sich nicht an einem Saufgelage zu beteiligen. Wenn hingegen Ihr Abteilungsleiter jeden Mittag mit dem Führungsnachwuchs essen geht, begehen Sie einen schweren Fehler, wenn Sie nicht mitgehen. Wenn alle männlichen Nachwuchsmanager einen Schlips tragen, sollten Sie das als Mann auch tun.

Wer zu sehr von den Gepflogenheiten seiner Firma abweicht, gilt schnell als Außenseiter. Hinter seinem Rücken bezeichnet man ihn dann als Eigenbrötler oder Sonderling oder als »unreif« oder »dickköpfig«, alles Etiketten, mit denen man keine Karriere macht.

Vermeiden Sie »Risikokontakte«

Unter »Risikokontakten«[24] versteht man Beziehungen zu Personen in der Organisation, die für Ihre Karriere schädlich sein könnten. Hierunter fallen vor allem Versager und Absteiger, Rebellen und Quertreiber, die häufig in Konflikte verwickelt sind, sowie

Schwere politische Fehler: was Sie nie machen dürfen **201**

Personen, die illegale Handlungen begehen oder dessen verdächtigt werden. Entscheidend sind weniger die objektiven Eigenschaften der jeweiligen Mitarbeiter, sondern ihr schlechtes Ansehen. Normale Arbeitsbeziehungen werden sich im Einzelfall nicht vermeiden lassen. Aber wenn Sie enge Beziehungen zu Leuten mit negativem Image pflegen, besteht die Gefahr, dass etwas von deren Ruf auf Sie »abfärbt« nach dem Motto »Gleich und Gleich gesellt sich gern«. Insbesondere Personen, die verdächtigt werden, illegale Handlungen zu begehen, sollten Sie nach Möglichkeit meiden. Zum einen könnten Sie in unrechtmäßige Machenschaften hineingezogen werden. Zum anderen – und dieses Risiko ist sicher viel größer – könnten Sie dessen verdächtigt werden, auch wenn Sie völlig unschuldig sind.

Klagen Sie nicht gegen Ihre Firma

Situationen, in denen Sie Grund haben könnten, gegen Ihre Firma zu klagen, lassen sich in zwei Gruppen aufteilen: Der Streitpunkt kann Ihr bestehendes Arbeitsverhältnis betreffen, oder Ihnen ist gekündigt worden, und Sie streiten sich um die Höhe der Abfindung.

Im ersten Fall könnte es sich zum Beispiel um eine nicht eingehaltene Zusage oder eine aus Ihrer Sicht ungerechtfertigte Herabstufung handeln. Wie dem auch sei: Wenn Sie gegen Ihre Firma klagen, wird das Vertrauensverhältnis zwischen Ihnen und Ihren Vorgesetzten irreparabel gestört. Das absolute Vertrauen Ihrer Vorgesetzten aber ist die Grundlage Ihrer Arbeit und erst recht Ihrer Karriere. Selbst wenn Sie in der Sache Recht bekämen, wäre Ihre Karriere in dieser Firma beendet. Das Unternehmen wird fast immer alles daran setzen, Sie loszuwerden. Sie würden die Schlacht gewinnen, aber den Krieg verlieren.

Wenn Ihre Klage einem späteren Arbeitgeber bekannt wird – sei es während des Bewerbungsverfahrens oder nach der Einstellung –

haben Sie extreme Nachteile. Der neue Arbeitgeber wird Sie für rechthaberisch und nicht loyal halten und befürchten, Sie würden auch ihn im Falle einer Meinungsverschiedenheit verklagen. Erfährt also die neue Firma während des Bewerbungsverfahrens von Ihrem früheren Verhalten, etwa durch Einholung von Referenzen, wird man Sie in der Regel nicht einstellen. Aber auch wenn Sie bereits eingestellt sind, werden Ihre Vorgesetzten Sie sehr misstrauisch beobachten – wahrlich keine guten Karrierevoraussetzungen. Eine Arbeitsgerichtsklage bedeutet also eine großes Risiko für Ihre Karriere. Dies gilt besonders in Branchen mit einer überschaubaren Anzahl potenzieller Arbeitgeber. Hier spricht es sich schnell herum, wenn ein Manager gegen seine Firma geklagt hat. Auch wenn Sie die Branche wechseln, kann es ganz dumme Zufälle geben.

Das bisher Gesagte bedeutet, dass Sie auch dann nicht vors Arbeitsgericht ziehen sollten, wenn Ihr Job bereits beendet ist und es nur noch um die Frage der Abfindung geht. Sie haben in diesem Fall zwar in Ihrer bisherigen Firma nichts mehr zu verlieren und könnten eigentlich »verbrannte Erde« hinterlassen. Aber Sie belasten Ihre berufliche Zukunft mit unnötigen Risiken. Überlegen Sie sich sehr genau, ob selbst ein gewonnener Prozess das Risiko wirklich wert ist.

Das Wichtigste in Kürze

- Bleiben Sie immer in den Grenzen der Legalität. Hüten Sie sich insbesondere vor Spesenbetrug, Diebstahl von Firmeneigentum und Bestechung.
- Verhalten Sie sich stets loyal gegenüber Ihrem Chef und gegenüber Ihrer Firma.
- Respektieren Sie das Lieblingsprojekt eines Vorstandsmitglieds.
- Seien Sie weder nörgelig-destruktiv noch kleingeistig.
- Halten Sie sich an die herrschenden Gepflogenheiten, das Wir-Gefühl ist meist größer als die Toleranz.
- Und wenn es Sie noch so hart ankommt: Ziehen Sie Ihren Arbeitgeber nicht vor den Kadi.

11.

Intrigen und ihre Abwehr

Als Intrige bezeichnet man einen hinterhältigen, verdeckten Angriff einer Person (des Intriganten) auf eine andere (das Opfer) in einem Konflikt.[25] Intrige bedeutet also Einsatz unsauberer Methoden im Machtkampf. Der Intrigant verfolgt das Ziel, dem Opfer beruflich zu schaden, das heißt seinen Einfluss zu beschneiden. Es gibt eine Vielzahl intriganter Verhaltensweisen, die in Machtkämpfen in Organisationen eingesetzt werden. In diesem Kapitel werden die häufigsten schmutzigen Tricks dargestellt. Es sind dies die üble Nachrede, die Erpressung, das falsche Spiel, das Fallenstellen und der Sündenbock, alles immer wiederkehrende Grundmuster unredlichen Verhaltens. Eine einfache Intrige entspricht dabei einer einzelnen solchen Verhaltensweise. Die Meister der Intrige verharren aber nicht auf diesem Niveau, sondern spinnen ganze Intrigenketten, die mehrere Elemente enthalten.

Üble Nachrede

Die wahrscheinlich am weitesten verbreitete Form der Intrige ist die üble Nachrede oder der Rufmord. Der Intrigant verbreitet negative Informationen über sein Opfer in der Absicht, es zu diskreditieren und seinen Ruf zu schädigen. Er will andere Personen dazu bringen, schlecht über das Opfer zu denken und ihm daraufhin zu schaden. Das einfachste Beispiel ist das »Anschwärzen«: Herr A. unterrichtet seinen Abteilungsleiter über ein Fehlverhalten seines Abteilungskollegen, Herrn B., in der Annahme, dass der Chef den Kollegen B. zurechtweisen und – in welcher Form auch immer – bestrafen wird.

Es gibt zwei Arten des Rufmords, denn die vom Intriganten bei seiner üblen Nachrede behaupteten Tatsachen sind entweder wahr oder erfunden. Im ersten Fall handelt es sich um Denunziation, im zweiten um Verleumdung, also die bewusste Verbreitung von Lügen über einen anderen. Diese Unterscheidung ist insofern wichtig, als – wie weiter unten aufgezeigt wird – je nach Fall unterschiedliche Gegenmaßnahmen empfehlenswert sind.

Die üble Nachrede kann sich zwar prinzipiell an Personen aus allen Hierarchiestufen richten, also an Gleichgestellte, Vorgesetzte oder Mitarbeiter des Opfers. In einer hierarchisch gegliederten Organisation stehen jedoch meist die Vorgesetzten des Opfers im Mittelpunkt der Bemühungen des Intriganten, da diese dem Opfer am meisten schaden können.

Je nach den Umständen wendet sich der Intrigant mit seinen Beschuldigungen dabei direkt oder indirekt an seine Zielperson, beispielsweise den Chef des Opfers. Das heißt, er spricht diesen direkt an oder jemanden anderes, zum Beispiel dessen Sekretärin, in der Annahme, dass diese Person die üble Nachrede an die eigentliche Zielperson weitertragen wird. Verleumdung und Denunziation können jedes denkbare Verhalten und alle persönlichen Eigenschaften betreffen:

- Fehler und Fehlentscheidungen während der Arbeit, zum Beispiel »Abteilungsleiter A. hat eine Niete eingestellt«, »Controller C. hat seine Planung auf der Basis falscher Zahlen durchgeführt«, »Buchhalterin B. hat einen größeren Betrag falsch gebucht« oder »Assistent A. hat einen wichtigen Vertragsentwurf mit brisanten vertraulichen Informationen an die falsche Adresse geschickt«,
- persönliche Schwächen oder Charaktereigenschaften, beispielsweise »Herr B. trinkt« oder »Frau D. ist entscheidungsschwach«,
- die fachliche Kompetenz, zum Beispiel »Herr M. ist fachlich eine Niete, er hat keine Ahnung von seinem Job«,

Intrigen und ihre Abwehr **205**

- die Gesundheit, beispielsweise »Herr L. ist nicht belastbar, er muss regelmäßig Beruhigungsmittel nehmen« sowie
- in der Firma verbotenes oder ganz allgemein illegales Verhalten, zum Beispiel Drogenkonsum, Spesenbetrug oder Bestechlichkeit.

Die üble Nachrede kann offen, verdeckt oder anonym erfolgen. »Offen« bedeutet, dass der Intrigant sein Opfer gegenüber seinem Gesprächspartner direkt beschuldigt. Raffinierter ist die verdeckte üble Nachrede. Hier arbeitet der Intrigant mit Andeutungen oder kleidet seinen Vorwurf in eine Frage.

Beispiel:

- »Herr F. macht auf mich seit längerem einen gestressten Eindruck. Ist er überarbeitet?« Im Klartext: Wenn Herr F. schon jetzt überarbeitet ist, sollte man ihn sicher nicht weiterbefördern.
- »Ich hatte schon des Öfteren den Eindruck, dass Kollege G. glasige Augen hatte, wenn er aus der Mittagspause kam.« Im Klartext: Kollege G. trinkt während der Arbeitszeit.

Schließlich kann die üble Nachrede auch anonym erfolgen. Der Intrigant will als solcher nicht erkannt werden. Eine Möglichkeit besteht darin, der Zielperson belastende Informationen über das Opfer zuzuspielen, etwa einen anonymen Brief zu schreiben oder Kopien von belastenden Dokumenten zu verschicken. Der Intrigant kann aber auch jemandem aus der Umgebung der Zielperson seine Beschuldigungen unter dem Siegel der Verschwiegenheit mitteilen. Er erhofft sich dann, dass der andere es doch weitersagt. Auf diese Weise wird die Zielperson informiert, ohne dass sie den Namen des Urhebers der Beschuldigungen erfährt.

Die anonyme Verleumdung oder Denunziation hat für den Intriganten allerdings den Nachteil, dass sie längst nicht so glaubwürdig ist wie die offene (»man weiß nicht, wer dahinter steckt«). Auf der anderen Seite besteht für ihn bei der offenen Variante immer das Problem, dass das Opfer erfahren könnte, von wem der Rufmord ausgeht.

Wenn Sie Opfer übler Nachrede geworden sind, müssen Sie alles unternehmen, um die Sache aus der Welt zu schaffen, da sonst an Ihnen »etwas hängen bleiben« könnte. Die Gegenmaßnahmen lassen sich unterteilen in unmittelbare, sofort zu ergreifende und in vorbeugende Maßnahmen, die eher genereller Natur sind.

Sofortige Gegenmaßnahmen. Wenn Ihnen jemand von einer gegen Sie gerichteten üblen Nachrede berichtet, müssen Sie sofort reagieren. Als Erstes gilt es, die Motive Ihres Informanten zu ergründen. Wenn es sich um jemanden handelt, zu dem Sie eine gute persönliche Beziehung haben, ist der Fall meist klar: Der Freund will Ihnen helfen, indem er Sie warnt.

Ist Ihre Beziehung nicht so eng, kann Ihr Informant andere Beweggründe haben. Möglicherweise belügt er Sie mit seinen Behauptungen, weil er Sie verunsichern will. Oder er behauptet, eine bestimmte Person verleumde Sie, obwohl das nicht stimmt – mit der Absicht, eben dieser Person zu schaden.

Wenn die üble Nachrede anonym lanciert wurde, müssen Sie alles unternehmen, um die Quelle zu identifizieren. Hierzu benötigen Sie Ihr innerbetriebliches Netzwerk. Bitten Sie Ihre Freunde, sich umzuhören.

Wenn Sie den Urheber herausgefunden haben, analysieren Sie seine Motive. Es kann sich um einen chronischen Nörgler handeln, der dauernd alles und jeden (nicht nur Sie) schlechtmacht, oder um einen Wichtigtuer, der sich mit abfälligen Bemerkungen über Ihre Person hervortun will. Diese Fälle sind weniger kritisch. Sie können annehmen, dass die anderen den Versuchen des Nörglers oder des Wichtigtuers, Ihnen am Zeug zu flicken, kaum Beachtung schenken werden. Trotzdem sollten Sie das Gespräch mit diesen Personen suchen. Manchmal reicht bereits die Aufmerksamkeit, die Sie ihnen dadurch geben, um die üble Nachrede zu beenden. Anderenfalls müssen Sie ihnen deutlich machen, dass Sie Derartiges nicht dulden werden.

Wenn hingegen die üble Nachrede von einem Gegner ausgeht oder wenn Sie nicht herausbekommen können, wer der Urheber ist, ist ein Gespräch entweder nicht sinnvoll oder nicht möglich. Dann

Intrigen und ihre Abwehr **207**

müssen Sie mit Ihrem Chef sprechen und Ihr Netzwerk weiter aktivieren. Je nachdem, ob die vom Intriganten behaupteten Tatsachen wahr sind oder nicht, empfehlen sich die folgenden Vorgehensweisen.

Bei Verleumdung. Das Gespräch mit Ihrem Chef ist von äußerster Wichtigkeit. Das Verhältnis zu ihm darf durch die Verleumdung des Intriganten nicht belastet werden. Auch wenn Ihr Chef noch nicht informiert ist, gehen Sie in die Offensive und suchen Sie das Gespräch. Stellen Sie Ihren Standpunkt dar und entkräften Sie die Behauptungen des Intriganten, gleichgültig ob Sie wissen, von wem die üble Nachrede ausgeht oder nicht.

Neben Ihrem Chef müssen Sie Ihre Freunde in Ihrem Netzwerk einschalten. Geben Sie ihnen die Aufgabe, der Verleumdung in der Organisation entgegenzutreten und Ihre Sicht der Dinge zu verbreiten. Insbesondere bei anonymen Verleumdungen müssen Sie auf die Niedertracht und die zweifelhaften Motive des Urhebers hinweisen.

Bei Denunziation. Auch in diesem Fall müssen Sie Ihren Vorgesetzten über die üble Nachrede informieren. Warten Sie nicht, bis er Sie zur Rede stellt. Wenn die behaupteten Tatsachen ganz der Wahrheit entsprechen, sollten Sie sich selbst »anzeigen«. Versuchen Sie nicht, die Tatsachen zu leugnen und zu vertuschen. Wenn sie später doch herauskommen, wird das Ergebnis für Sie nur schlimmer.

Häufig stimmt aber das, was der Intrigant behauptet, nur teilweise. Dann haben Sie zwei Möglichkeiten. Entweder Sie dementieren das sachlich Falsche, ohne das sachlich Richtige zuzugeben. Die Kunst besteht hierbei im Abstreiten ohne zu lügen. Möglicherweise kommen Sie damit durch. Wenn Sie glaubhaft versichern oder gar nachweisen können, dass die Behauptungen teilweise unwahr sind, wird Ihr Chef vielleicht auch den wahren Teil nicht glauben.

Beispiel

Der Intrigant wirft Ihnen vor, bestechlich zu sein und von einem Lieferanten eine teure Stereoanlage als Geschenk angenommen zu haben. In Wahrheit haben Sie zwar für die Anlage bezahlt, jedoch einen ungewöhnlich hohen Rabatt erhalten. Sie dementieren sinngemäß folgendermaßen:»Es ist absolut unwahr, dass ich bestechlich bin. Ich habe für die Stereoanlage bezahlt.« Diese Taktik ist natürlich nicht ohne Risiko. Die volle Wahrheit könnte irgendwann ans Tageslicht kommen. Im genannten Beispiel könnte die Höhe des Rabatts bekannt werden, die den Vorwurf der Bestechlichkeit durchaus rechtfertigt. Deshalb sollten Sie auch die zweite Möglichkeit in Betracht ziehen: Sie geben den wahren Teil der Behauptungen zu. Dabei versuchen Sie natürlich, Ihr Fehlverhalten so weit wie möglich herunterzuspielen.

Ganz gleich wie Sie auf die Denunziation reagieren: Ihren Freunden kommt wieder die Aufgabe zu, in der Organisation Partei für Sie zu ergreifen. Falls Sie die Behauptungen ganz oder teilweise zugeben mussten, lassen Sie Ihre Freunde die für Sie negativen Tatsachen bagatellisieren und verharmlosen. Gleichzeitig sollten Sie die Heuchelei des Intriganten betonen, das heißt aufzeigen, dass er seine maßlos übertriebenen Vorwürfe gegen Sie doch nur erhebt, um sich selbst zu nützen und Ihnen zu schaden.

Einen zusammenfassenden Überblick über die erwähnten kurzfristigen Gegenmaßnahmen gibt Abbildung 8.

Vorbeugende Gegenmaßnahmen. Aus der Darstellung der sofort notwendigen Abwehrmaßnahmen gegen üble Nachrede ergeben sich mit zwangsläufiger Logik zwei vorbeugende Maßnahmen. Als solche kann man erstens den Aufbau einer guten Beziehung zu Ihrem Chef bezeichnen. Ist sie vorhanden, wird er Ihrer Gegendarstellung beziehungsweise Ihrem Dementi eher glauben als dem, was andere über Sie verbreiten. Wenn Sie Opfer übler Nachrede werden, wird er Ihnen auch eher bei Ihren Gegenmaßnahmen helfen und Ihren Standpunkt gegenüber anderen vertreten.

Zweitens helfen auch in diesem Fall gute Beziehungen zu Gleichgestellten. Je mehr Freunde Sie in der Organisation haben, desto schneller werden Sie erfahren, wenn über Sie schlecht geredet wird. Auch zu Ihrer Verteidigung benötigen Sie Freunde. Und auch hier gilt natürlich: Je mehr Sie davon haben, desto besser.

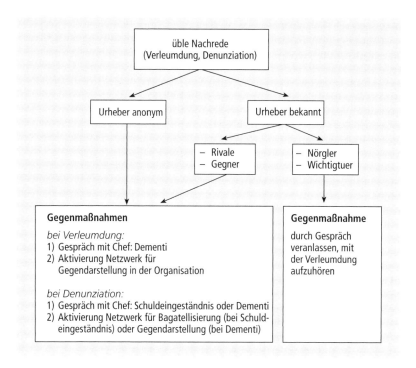

Abbildung 8:
Kurzfristige Gegenmaßnahmen gegen üble Nachrede

Erpressung

Unter Erpressung versteht man die Androhung, ein Fehlverhalten oder eine Schwäche des Opfers aufzudecken, wenn das Opfer nicht bereit ist, die vom Erpresser geforderte Leistung zu erbringen. »Aufdecken« heißt in diesem Zusammenhang meist, die Vorgesetzten zu informieren. Herr E. zum Beispiel hat herausgefunden, dass sein Chef sich von einem Lieferanten bestechen ließ. Für sein Stillschweigen fordert er eine saftige Gehaltserhöhung.

Erpresser leben nicht ungefährlich, denn Erpressung ist nicht nur kriminell, sondern wird von den meisten Menschen auch als ausgesprochen verabscheuungswürdige Tat angesehen. Sie halten

Erpressung für schlimmer als so manches Vergehen des Erpressten. Insofern muss der Erpresser mindestens damit rechnen, entlassen zu werden, wenn seine Tat bekannt wird.

Gegenmaßnahmen. Die naheliegende Reaktion besteht zunächst darin, die Forderungen des Erpressers zu erfüllen. Dies ist aber bekanntermaßen dann problematisch, wenn der Erpresser immer wieder aktiv wird und es für sein Opfer zunehmend schwerer wird, den Forderungen nachzukommen. Im Einzelfall kann sich das Opfer immer tiefer in sein Vergehen verstricken. So hat beispielsweise der Buchhalter B. bei einer günstigen Gelegenheit Firmengelder auf sein eigenes Konto gelenkt. Sein Kollege ist ihm auf die Schliche gekommen und erpresst ihn damit. Er fordert »seinen Anteil«, nicht nur einmal, sondern immer wieder. Um zahlen zu können, veruntreut B. nun fortlaufend Geld.

Ob Sie dem Erpresser nachgeben, hängt einerseits vom Ausmaß Ihres Fehlverhaltens und den potenziellen Sanktionen ab. Andererseits spielen natürlich die Höhe und die Erfüllbarkeit der geforderten Gegenleistung eine wichtige Rolle. So ist zum Beispiel eine interne Versetzung in eine Wunschabteilung oder eine besonders gute Beurteilung als Grundlage für eine Gehaltserhöhung leichter zu realisieren als hohe finanzielle Forderungen.

Die Alternative zum Nachgeben besteht für Sie darin, zu Ihrem Chef zu gehen und sich zu offenbaren. Wenn Sie Ihr Fehlverhalten von sich aus zugeben und Reue zeigen, können Sie in vielen Fällen hoffen, mit einem blauen Auge davonzukommen. Denn Ihrem Chef ist eine solche Angelegenheit selbstverständlich auch sehr unangenehm. Sie könnte auf ihn zurückfallen. Im schlimmsten Fall könnten ihm seine Vorgesetzten vorwerfen, seine Mitarbeiter nicht »im Griff« zu haben, sie nicht genug zu überwachen. Zumindest ist der Ruf seiner Abteilung in Gefahr, wenn ein gravierendes Fehlverhalten eines Mitarbeiters allgemein bekannt wird. Ihr Chef ist deshalb normalerweise daran interessiert, den Vorfall nicht an die große Glocke zu hängen.

Unter bestimmten Umständen kann es noch eine weitere Option für Sie geben, die Erpressung zu beenden: Sie drohen dem Erpresser, seinen Erpressungsversuch aufzudecken, indem Sie seinen

Intrigen und ihre Abwehr **211**

(und natürlich auch Ihren) Chef informieren. Der Erfolg Ihrer Drohung basiert dabei auf drei Voraussetzungen:

1. Zunächst einmal hängt es davon ab, ob Sie Belege für die Erpressung vorbringen können – oder wenn nicht, wem man glauben wird, wenn Aussage gegen Aussage steht.
2. Wenn die Vorgesetzten Ihnen Glauben schenken, muss der Erpresser mit erheblichen Nachteilen rechnen. Dies ist, wie bereits erwähnt, normalerweise der Fall.
3. Wenn Sie mit Aufdeckung drohen, sollten Sie auch bereit sein, Ihre Drohung wahr zu machen, das heißt Ihr Fehlverhalten zuzugeben. Die oben genannten Gründe erleichtern Ihnen dieses.

Als generelle Maßnahme gegen Erpressung kann man natürlich nur empfehlen, alle Angriffspunkte dafür zu vermeiden. Behalten Sie eine saubere Weste, und zeigen Sie keine gravierenden Schwächen oder persönlichen Probleme. Sollten Sie in Versuchung kommen, gegen Firmenregeln oder gar Gesetze zu verstoßen, bedenken Sie als mögliche Folge immer auch, dass Sie dadurch erpressbar werden.

Falsches Spiel

Falsches Spiel bedeutet im büropolitischen Zusammenhang, dass jemand sich mit bösen Absichten bei Ihnen einschmeichelt. Er möchte das Vertrauensverhältnis zwischen Ihnen nutzen, um Ihnen zu schaden. Eine häufig vorkommende Variante dieser Intrige ist die folgende: Jemand, den Sie für einen Freund halten, bringt das Gespräch auf Ihre Vorgesetzten und entlockt Ihnen dabei abfällige Bemerkungen. Diese trägt er Ihrem Chef später zu, sodass Sie als niederträchtig und illoyal erscheinen. Selbstverständlich zählt aber auch jede andere Art von Verrat durch vermeintliche Freunde zum falschen Spiel.

Eine Variante des falschen Spiels ist das Doppelspiel. Hier stehen sich zwei gegnerische Gruppen gegenüber. Der Doppelspieler gibt beiden Seiten den Anschein, er gehöre zu ihnen; in Wirklichkeit hat er jedoch keine Loyalitäten, sondern verfolgt seine eigenen Interessen. Sollte eine Gruppe die Oberhand gewinnen, schlägt er sich auf ihre Seite und verrät die andere.

Gegenmaßnahmen. Um nicht Opfer eines falschen Spiels zu werden, müssen Sie Maßnahmen ergreifen, die in zwei Richtungen zielen. Erstens gilt es auch in diesem Zusammenhang, möglichst wenig Angriffsflächen zu bieten. Wie schon im vorherigen Kapitel erwähnt: Reden Sie möglichst nicht schlecht über andere Leute, vor allem nicht über Ihre Vorgesetzten. Dieser Ratschlag ist vielleicht auch für Sie nicht einfach zu befolgen. Vielleicht gehören auch Sie zu den vielen, denen nichts mehr Spaß macht, als über (abwesende) Dritte herzuziehen und so richtig schön zu lästern! Aber seien Sie sich bei allem, was Sie über andere äußern, bewusst, welches Risiko Sie eingehen. Stellen Sie sich immer vor, der andere würde gerade in diesem Moment zuhören oder sonst auf irgendeinem Weg erfahren, was Sie über ihn gesagt haben. Diese Vorstellung wird Sie möglicherweise vor schlimmen Fehlern bewahren.

Darüber hinaus sollten Sie sich keine Blöße geben. Sprechen Sie möglichst nicht über Ihre Schwächen, persönlichen Probleme und Fehler. Seien Sie jedenfalls hier sehr vorsichtig mit Ihren Äußerungen. Auch dies wurde bereits erwähnt.

Die zweite Art von Maßnahmen betrifft die Prüfung Ihrer Kontakte. Vermeintliche Freunde, die ein falsches Spiel betreiben, sind nicht leicht zu enttarnen. Prüfen Sie darum immer ihre Interessen. Insbesondere wenn jemand sehr intensiv versucht, sich bei Ihnen einzuschmeicheln, sollten Sie stutzig werden. Versuchen Sie, seine Motive herauszubekommen. Seien Sie generell misstrauisch, lieber etwas zu viel als zu wenig. Seien Sie besonders vorsichtig bei Personen, die von ihrer Persönlichkeit her zu intrigantem Verhalten neigen. Am Ende dieses Kapitels wird dieser Typus Mensch kurz beschrieben.

Fallen und offene Messer

Wenn man jemandem im Arbeitsalltag eine Falle stellt, dann bringt man ihn wissentlich in eine Situation, in der er Fehler macht und daraufhin vor anderen bloßgestellt werden kann. Der Intrigant lockt dabei die Reaktion seines Opfers *aktiv* hervor. Hierfür muss er entweder sein Opfer sehr gut kennen oder es durch gezielte Fehlinformation zu Fehlern verleiten.

Aus der Praxis

Fall 1: Der Intrigant (I.) kennt die Verhaltensweisen seines Opfers (O.) gut. Auf der Grundlage dieses Wissens führt er eine Situation herbei, in der sein Opfer sich wie üblich verhält, was ihm jedoch unter diesen speziellen Umständen zum Verhängnis wird.

Zum Beispiel weiß der Intrigant, Herr I., dass sein Opfer, Kollege O., ein impulsiver, redseliger Mensch ist, der aus seiner Meinung selten ein Geheimnis macht. Ferner kennt Herr I. dessen negative Einstellung zum Projekt »Alpha«. Dieses wird von Herrn G., dem Leiter des Geschäftsbereichs, forciert, obwohl kaum einer seiner Fachleute davon begeistert ist, was von denen aber bisher keiner offen gesagt hat.

Herr I. arrangiert ein gemeinsames Mittagessen mit seinem Kollegen O. und Herrn V. Dieser ist ein enger Vertrauter von Bereichsleiter G. Die beiden sind im gleichen Tennisverein und spielen häufig zusammen. Herr I. weiß das, Herr O. jedoch nicht. Beim Essen lenkt Herr I. das Gespräch gezielt auf das »Alpha«-Projekt. Herr O. reagiert wie erwartet und spart nicht mit starken Worten, um seine Ablehnung auszudrücken: »Schwachsinnsprojekt«, »das sieht doch ein Blinder, dass das nicht funktionieren kann«, »wer sich das ausgedacht hat, der hat doch keine Ahnung«. Wenig später berichtet Herr V. seinem Tennispartner von Herrn O.s Äußerungen. Der Bereichsleiter G. ist entrüstet, was zumindest in diesem Geschäftsbereich keine gute Voraussetzung für Herrn O.s weitere Karriere darstellt.

214 Die heimlichen Spielregeln der Karriere

Fall 2: Der Intrigant bringt sein Opfer durch gezielte Falschinformation dazu, gravierende Fehler zu machen. Hierbei besteht die Kunst des Intriganten darin, nicht selbst als der Urheber der falschen Information erkannt zu werden. Beispielsweise hat der Vorstand eines Konzerns für den 17. Mai eine eintägige Veranstaltung unter dem Motto »Best Practice« angesetzt. In ihr sollen ausgesuchte Abteilungsleiter aus unterschiedlichen Unternehmensbereichen über ihre erfolgreichen Projekte berichten. Auch die beiden rivalisierenden Abteilungsleiter I. und O. erhalten eine Einladung.

Zwei Wochen vorher – O. ist zu diesem Zeitpunkt im Urlaub – geht ein Rundschreiben an alle Teilnehmer mit der Information, dass der Konferenztermin um zwei Tage auf den 15. Mai vorverlegt wird. I. erkennt die Chance, O. eine Falle zu stellen. Er weiß, dass O. an diesem Tag einen wichtigen Kundentermin hat. Er geht in das Büro von O., fischt das Rundschreiben aus dessen Eingangskorb und vernichtet es. Als O. wenige Tage später aus dem Urlaub zurückkehrt, erfährt er folglich nichts von der Vorverlegung. Er besucht am 15. Mai wie geplant seinen Kunden. Zum gleichen Zeitpunkt nimmt der Vorstand auf der Konferenz O.s unentschuldigte Abwesenheit missbilligend zur Kenntnis.

Ähnlich wie das »Fallenstellen« funktioniert eine Variante, bei der der Intrigant das Opfer »auflaufen lässt«. Jemanden »auflaufen« oder »ins offene Messer laufen lassen« bedeutet, dass der Intrigant einen Fehler einfach geschehen lässt, den das Opfer von sich aus – also ohne das Zutun des Intriganten – macht. Dieser bestärkt das Opfer lediglich in seinem Fehlverhalten; oder er wartet einfach nur ab, bis die negativen Folgen für das Opfer eingetreten sind.

Ein Beispiel: Der Großkundenbetreuer O. erzählt seinem Kollegen I., er wolle den Einkäufer seines wichtigsten Kunden mit einem großen Geschenk bestechen, um einen bedeutenden Auftrag zu erhalten. I. hat diesen Kunden früher einmal selbst betreut. Er weiß aus eigener Erfahrung, wie empfindlich der Einkäufer auf Bestechungsversuche reagiert. Weil er seinen Kollegen auflaufen lassen will, schweigt er.

Gegenmaßnahmen. Eine Maßnahme, die speziell gegen Fallen oder »offene Messer« wirksam wäre, gibt es leider nicht. Sie sollten in Konfliktsituationen allgemein wachsam sein und Ihren Gegner oder Rivalen und sein Umfeld genau beobachten. Besprechen Sie unklare Situationen mit Ihren Freunden und hören Sie auf deren Warnungen. Widerstehen Sie Verlockungen. Seien Sie misstrauisch. »Trau, schau, wem!«, lautet die generelle Empfehlung.

Sündenbock

Eine ebenfalls häufig vorkommende Intrige besteht darin, jemanden zum Sündenbock zu machen, wenn in der Organisation etwas schief läuft, insbesondere wenn ein Projekt scheitert. Es geht bei dieser Intrigenvariante darum, dass eine oder mehrere Personen ihre (Mit-)Verantwortung an einem Fehlschlag auf einen Unschuldigen abwälzen – ein Spiel, das gern auch von Vorgesetzten gegenüber Mitarbeitern angewendet wird.

Gegenmaßnahmen. Jemanden zum Sündenbock zu stempeln ist eine besondere Form der üblen Nachrede. Insofern gelten die oben genannten Empfehlungen auch hier, soweit sie anwendbar sind. Hinzu kommen noch zwei weitere vorbeugende Maßnahmen:

- Wenn Ihnen bei einem Projekt, an dem Sie mitarbeiten, das Risiko des Scheiterns sehr hoch erscheint, weisen Sie am Anfang darauf hin. Sichern Sie sich ab: Verfassen Sie eine Risikoanalyse und verteilen Sie diese an so viele Leute wie möglich in der Organisation. So können Sie bei einem eventuellen Fehlschlag immer darauf verweisen, dass Sie ja frühzeitig gewarnt hätten.
- Halten Sie während der Projektarbeiten immer alles genau schriftlich fest, was Sie selbst an Beiträgen geleistet haben. So können Sie später leichter nachweisen, dass das Scheitern des Projekts jedenfalls nicht an Ihnen gelegen haben kann.

Die empfohlenen Gegenmaßnahmen gegen die vier zuletzt dargestellten Intrigen sind in Abbildung 9 dargestellt.

Art der Intrige	Mögliche Gegenmaßnahmen
• Erpressung	• Forderungen erfüllen • »Selbstanzeige« beim Chef • dem Erpresser drohen, den Erpressungsversuch aufzudecken
• falsches Spiel	• sich keine Blöße geben • Interessen und Motive von (vermeintlichen) Freunden prüfen • besondere Vorsicht beim Umgang mit intriganten Personen
• Fallenstellen	• besondere Wachsamkeit in Konfliktsituationen • auf Warnungen von Freunden hören • Verlockungen widerstehen • »Trau, schau, wem!«
• Sündenbock	• bei Projektbeginn Risikoanalyse erstellen und verteilen • alle eigenen Projektbeiträge dokumentieren

Abbildung 9:
Dargestellte Intrigen und Gegenmaßnahmen

Woran Sie Intriganten erkennen

Gustav Adolf Pourroy unterscheidet in seinem Buch über Intrigen zwischen Gelegenheits- und Dauerintriganten. Die erste Gruppe greift nur gelegentlich zu schmutzigen Tricks, etwa wenn die Gelegenheit günstig oder ein Machtkampf nicht anders zu gewinnen ist. Ansonsten werden Konflikte mit sauberen Methoden ausgetragen.

Anders die Dauerintriganten: Sie scheuen den offenen Konflikt und versuchen deshalb grundsätzlich, sich mittels Intrigen durchzusetzen. Dabei scheint es so etwas wie einen intriganten Charakter zu geben, das heißt, Intriganten zeichnen sich durch bestimmte Eigenschaften aus. Zum einen haben sie andere ethische Werte als allgemein verbreitet: Wer sich skrupellos immer wieder solcher

Intrigen und ihre Abwehr **217**

Taktiken wie »üble Nachrede« oder »falsches Spiel« bedient, zeigt weit weniger moralische Hemmungen als die meisten anderen Menschen. Ein wesentlicher Charakterzug von Intriganten ist also ihre Unredlichkeit.

Intriganten sind meist auch feiger als andere. Deshalb scheuen sie die offene Auseinandersetzung und setzen auf Maßnahmen, mit denen sie hoffen, dem Gegner zu schaden, ohne selbst entdeckt zu werden. Eine weiteres Merkmal von Intriganten ist ihr lockerer Umgang mit der Wahrheit. Viele Intrigen basieren auf Lüge oder doch zumindest unvollständiger Information, um einen falschen Eindruck zu erzeugen. Wenn Sie je den Eindruck hatten, von einem anderen Organisationsmitglied bewusst unvollständig informiert oder gar angelogen worden zu sein, seien Sie vorsichtig im Umgang mit dieser Person und mit allem, was Sie dem Betreffenden erzählen.

Außerdem zeichnet den Intriganten ein hohes Maß an sozialer Intelligenz aus. Er kann gut mit anderen umgehen, versteht ihre Bedürfnisse und Zielsetzungen, erkennt ihre Stärken und Schwächen und beobachtet genau Ihr Verhalten. Folglich kann er die Reaktionen eines anderen in einer bestimmten Situation gut voraussehen. Aufgrund seiner sozialen Intelligenz verfügt er in aller Regel auch über ein ausgedehntes Netzwerk in der Organisation. Es versorgt ihn unter anderem mit den Informationen über seine Gegner, die er benötigt, um erfolgreich gegen sie zu intrigieren.

Beobachten Sie Ihr Umfeld auf der Grundlage dieser Hinweise genau. Sie sollten den Typus des Intriganten ohne größere Probleme entdecken können. Und hören Sie sich um. Von wem wird glaubhaft erzählt, dass er in der Vergangenheit mit unsauberen Methoden Erfolg gehabt hat? Wenn Sie auch nur den leisesten Zweifel an der Integrität einer Person in Ihrer Organisation haben, seien Sie auf der Hut. Auch wenn sie Ihnen sympathisch ist, auch wenn Sie gemeinsame Interessen feststellen, Sie wissen nie genau, was der andere im Schilde führt.

Voraussetzungen für die Abwehr von Intrigen

Die bisherige Darstellung sollte verdeutlichen, was Sie tun können, um Intrigen abzuwehren, wenn Sie auf diese Weise angegriffen werden. Auch wurde aufgezeigt, wie Sie den wichtigsten Arten von Intrigen gegen Ihre Person vorbeugen können.

> Bei der Abwehr von Intrigen kommt es auf zwei Faktoren besonders an: Ihre Freunde und Ihre ständige Wachsamkeit.

Man kann den Wert eines großen Netzwerks von Personen, die Ihnen wohl gesonnen sind und auf die Sie sich verlassen können, nicht hoch genug veranschlagen. Zur Intrigenabwehr brauchen Sie Freunde auf gleicher und auf höherer Ebene (mindestens Ihr Chef und besser noch höhere Vorgesetzte). Ihre Freunde in der Organisation sind gewissermaßen Ihre »Panzerung« gegen Intrigen. Sie informieren Sie frühzeitig über alles, was gegen Sie läuft. Sie beraten Sie bei Gegenmaßnahmen und helfen Ihnen, diese durchzuführen. Wenn Sie dafür bekannt sind, viele Freunde in der Organisation zu haben, entmutigt allein schon dies Ihre intriganten Gegner.

Die zweite Voraussetzung der Abwehr von Intrigen besteht darin, ständig wachsam zu sein. Das betrifft zum einen die Identifizierung intriganter Personen in Ihrer Umgebung, insbesondere unter Ihren Freunden. Zum anderen müssen Sie vermeiden, unbedacht Dinge zu tun oder zu äußern, die man gegen Sie verwenden könnte. Schließlich sollten Sie bei Konflikten mit anderen immer mit Intrigen rechnen. Allein das geschärfte Bewusstsein hierfür wird Ihnen helfen, unsaubere Machenschaften Ihrer Konfliktgegner zu erkennen.

Das Wichtigste in Kürze

- Üble Nachrede in den Spielarten Verleumdung und Denunziation ist wohl die häufigste Intrige. Sie müssen sofort reagieren und Ihren Chef und Ihr Netzwerk einschalten.
- Je nach Einzelfall können Sie bei Erpressung nachgeben, Ihrem Chef reinen Wein einschenken oder dem Erpresser drohen, seinen Erpressungsversuch aufzudecken.
- Gegen falsches Spiel wappnen Sie sich am besten, indem Sie sich keine Blöße geben und auf der Hut sind.
- Fallen entgehen Sie, wenn Sie auf Warnungen Ihrer Freunde hören, Verlockungen widerstehen und bei Konflikten besonders wachsam sind.
- Warnen Sie gegebenenfalls vor Risiken und dokumentieren Sie Ihre Arbeit, um nicht als Sündenbock abgestempelt zu werden.
- Intriganten sind skrupellos, unredlich, feig, und sie haben hohe soziale Intelligenz und ein entsprechend großes Netzwerk.
- Als generelle Vorbeugung gegen Intrigen empfiehlt sich ein großes Netzwerk in der Organisation (einschließlich Ihres Vorgesetzten), permanente Wachsamkeit und eine möglichst »weiße Weste«.

Geben Sie mir Ihr Feedback!

Vielleicht haben Sie beim Lesen an der einen oder anderen Stelle gedacht: »Ja, genauso habe ich es selbst oder bei anderen Personen in meiner Firma erlebt« oder aber: »Nein, bei mir in der Firma läuft das ganz anders«. Wie dem auch sei: Ich bin für Kommentare aller Art dankbar, besonders wenn sie mit konkreten Fallbeispielen gewürzt sind.

Ein solches Feedback würde mir helfen, eine eventuelle zweite Auflage dieses Buches weiter zu verbessern. Ihre Meinung und Ihre Fallbeschreibungen werden selbstverständlich streng vertraulich behandelt. Sie können sie mir aber auch anonymisiert zusenden.

Prof. Dr. Jürgen Lürssen
Fachhochschule Nordostniedersachsen
Volgershall 1
D-21339 Lüneburg

Fax: 0 41 31-67 71 40
e-mail: luerssen@fhnon.de

Anmerkungen

1 Asgodom 1999, S.2.
2 Vgl. Neuberger 1995, S.22.
3 Vgl. Bragg 1999, S.231 und Neuberger 1995, S.132.
4 Pfeffer 1992, S.28-31; vgl. auch Kotter 1987, S.71-93.
5 Pfeffer 1992, S.165-185.
6 Mell 1996, S.86.
7 DuBrin 1990, S.55.
8 Drummond 1993, S.122.
9 Mell 1996, S.89.
10 Vgl. Mackay 1998.
11 Bonneau 1998, S.132-135.
12 Carnegie 1999 und Carnegie 1998.
13 DuBrin 1990, S.184.
14 Lay 1989, S.268.
15 Ulsamer 1996, S.64-67.
16 Thiele 1999, S.61-67.
17 DuBrin 1990, S.75.
18 Schur und Weick 1999, S.121.
19 McCormack 1986, S.78.
20 Schur und Weick 1999, S.59-62.
21 Vgl. zu diesem Abschnitt: Drummond 1993.
22 Schur und Weick 1999, S.125-128.
23 DuBrin 1990, S.85.
24 Kellner 1999, S.241.
25 Vgl. zu diesem Kapitel Pourroy 1988, DuBrin 1990 und Pardoe 1999.

Literatur

Asgodom, S.: *Eigenlob stimmt. Erfolg durch Selbst-PR*. Düsseldorf 1998.
Asgodom, S.: »Ich bin gut! Ich bin am besten!« In: *Die Zeit*, Nr. 41/1999, »Leben«, S. 2.
Bonneau, E.: *Durch gutes Benehmen zum Erfolg im Beruf*. Augsburg 1998.
Bragg, M.: *Auf leisen Sohlen zum Erfolg. Der diskrete Charme der Einflussnahme*. Stuttgart 1999.
Brenner, Doris: *Karrierestart nach dem Studium. Vom Einsteiger zum Insider*. Frankfurt/New York 2000.
Bürkle, Hans: *Aktive Karrierestrategie. Erfolgsmanagement in eigener Sache*. Frankfurt/Wiesbaden 1986.
Carnegie, D.: *Wie man Freunde gewinnt*. Bern/München 1999.
Carnegie, D. & Assoc.: *Der Erfolg ist in Dir*. Bern/München 1998.
Commer, H. & Marenbach, B.: *Starker Start. Wie verhalte ich mich als Berufseinsteiger?* Düsseldorf 1995.
Drummond, H.: *Machtspiele für kleine Teufel. Mit List und Tücke an die Spitze*. Landsberg 1993.
DuBrin, A. J.: *Winning Office Politics*. Englewood Cliffs 1990.
Fairholm, G. W.: *Organizational Power Politics. Tactics in Organizational Leadership*. Westport, CT/London 1993.
Garbarro, J.J. und Kotter, J.P.: »Managen Sie Ihren Chef!« In: Kotter 1999.
Greene, Robert: *Power. Die 48 Gesetze der Macht*. München/Wien 1999.
Kellner, H.: *Sind Sie eine gute Führungskraft? Was Mitarbeiter und Unternehmen wirklich erwarten*. Frankfurt/New York 1999.
Kerler, R.: *Die 66 Fehler im Management und wie Sie sie vermeiden*. München 1994.
Kotter, J. P.: *Überzeugen und Durchsetzen: Macht und Einfluss in Organisationen*. Frankfurt/New York 1989.
Kotter, J. P.: *Wie Manager richtig führen*. München/Wien 1999.
Küpper, W. & Ortmann, G. (Hrsg.): *Mikropolitik. Rationalität, Macht und Spiele in Organisationen*. Opladen 1992.
Lay, R.: *Führen durch das Wort*. Frankfurt/Berlin 1989.

Literatur

Lay, R.: *Dialektik für Manager*. 11. Aufl. München 1999.

Leeds, Dorothy: *Die Kunst der Kommunikation. Erfolgreiche Gesprächsführung im Geschäftsleben*. Zürich/Wiesbaden 1988.

Mackey, H.: *Networking. Das Buch über die Kunst, Beziehungen aufzubauen und zu nutzen*. Düsseldorf/München 1998.

McCormack, M. H.: *What they don't teach you at Harvard Business School*. Toronto 1986.

Mell, H.: *Bewerben Beruf Karriere. 300 praxisbewährte Regeln zum Erfolg*. Düsseldorf 1990.

Mell, H.: *Spielregeln für Beruf und Karriere*. Düsseldorf 1996.

Neuberger, O.: *Mikropolitik. Der alltägliche Aufbau und Einsatz von Macht in Organisationen*. Stuttgart 1995.

Noll, P. & Bachmann, H. R.: *Der kleine Machiavelli. Handbuch der Macht für den alltäglichen Gebrauch*. Zürich 1999.

Ortmann, G.:»Handlung, System, Mikropolitik.« In: Küpper & Ortmann (Hrsg.)1992, S. 217-225.

Pardoe, B. L.: *Karriere im Minenfeld. Subversive Strategien zur Selbstverteidigung am Arbeitsplatz*. Frankfurt/New York 1999.

Pfeffer, J.: *Managing with Power. Politics and Influence in Organizations*. Boston 1994.

Pourroy, G. A.: *Das Prinzip Intrige. Über die gesellschaftliche Funktion eines Übels*. Zürich 1988.

Schur, W. & Weick, G.: *Wahnsinnskarriere*. Frankfurt/Main 1999.

Solomon, M.: *Working with Difficult People*. Paramus, NJ 1990.

Staehle, W. H.: *Management: eine verhaltenswissenschaftliche Perspektive*. München 1999.

Thiele, A.: *Die Kunst zu überzeugen: Faire und unfaire Dialektik*. Berlin/Heidelberg 1999.

Ulsamer, B.: *Karriere mit Gefühl. So nutzen Sie Ihre emotionale Intelligenz*. Frankfurt/New York 1996.

Danksagung

An dieser Stelle möchte ich mich herzlich bei allen bedanken, die mich während der Entstehung dieses Buches unterstützt haben. Besonders danke ich meiner Frau Marlies und meinen Kindern David und Miriam, die zu jeder Zeit Verständnis für die außergewöhnlichen Belastungen des Familienlebens aufbrachten, die eine solche Arbeit zwangsläufig mit sich bringt. Ferner gilt mein Dank meiner Cousine Maria Tautz, die sich die Mühe gemacht hat, das Manuskript Korrektur zu lesen, und der ich einige wertvolle Anregungen verdanke. Schließlich möchte ich mich bei der für unseren Fachbereich Wirtschaft zuständigen Bibliothekarin, Frau Christine Wiesner, für ihre Unterstützung bei der Literaturbeschaffung bedanken.